U0828331

锦屏山志

方志出版社
Publishing House of Local Records

图书在版编目（CIP）数据

锦屏山志 / 连云港市海州区地方志编纂委员会编.
--北京：方志出版社，2018.3
ISBN 978-7-5144-3032-5

Ⅰ.①锦… Ⅱ.①连… Ⅲ.①山—介绍—连云港
Ⅳ.①K928.3

中国版本图书馆CIP数据核字（2018）第052650号

锦屏山志

编　　者：连云港市海州区地方志编纂委员会
责任编辑：程　倩
出 版 人：冀祥德
出 版 者：方志出版社
地址　北京市朝阳区潘家园东里9号（国家方志馆4层）
邮编　100021
网址　http://www.fzph.org
发　　行：方志出版社图书经销中心
电话（010）67110500
经　　销：各地新华书店
印　　刷：南京凯德印刷有限公司
开　　本：787×1092　1/16
印　　张：21.5
字　　数：350千字
版　　次：2018年3月第1版　2018年3月第1次印刷
印　　数：0001~1000册
ISBN　978－7－5144－3032－5　定价：220.00元

·版权所有　翻印必究·

连云港市海州区
地方志编纂委员会

（2017年5月调整）

主　　任　单晓敏　区委副书记、区政府区长

副 主 任　顾建华　区委常委、宣传部部长

　　　　　温以斌　区政府副区长

编委会下设办公室　田亚辉任主任

《锦屏山志》编辑部

主　　编　孙大伟

副 主 编　谷胜玉

顾　　问　韩世泳

编　　辑　王恒亮　马善臣　李云高　张小平

英文目录　闫秀竹

编　　务　孙寿鹏　董修霞　王敏先

锦屏山区位图

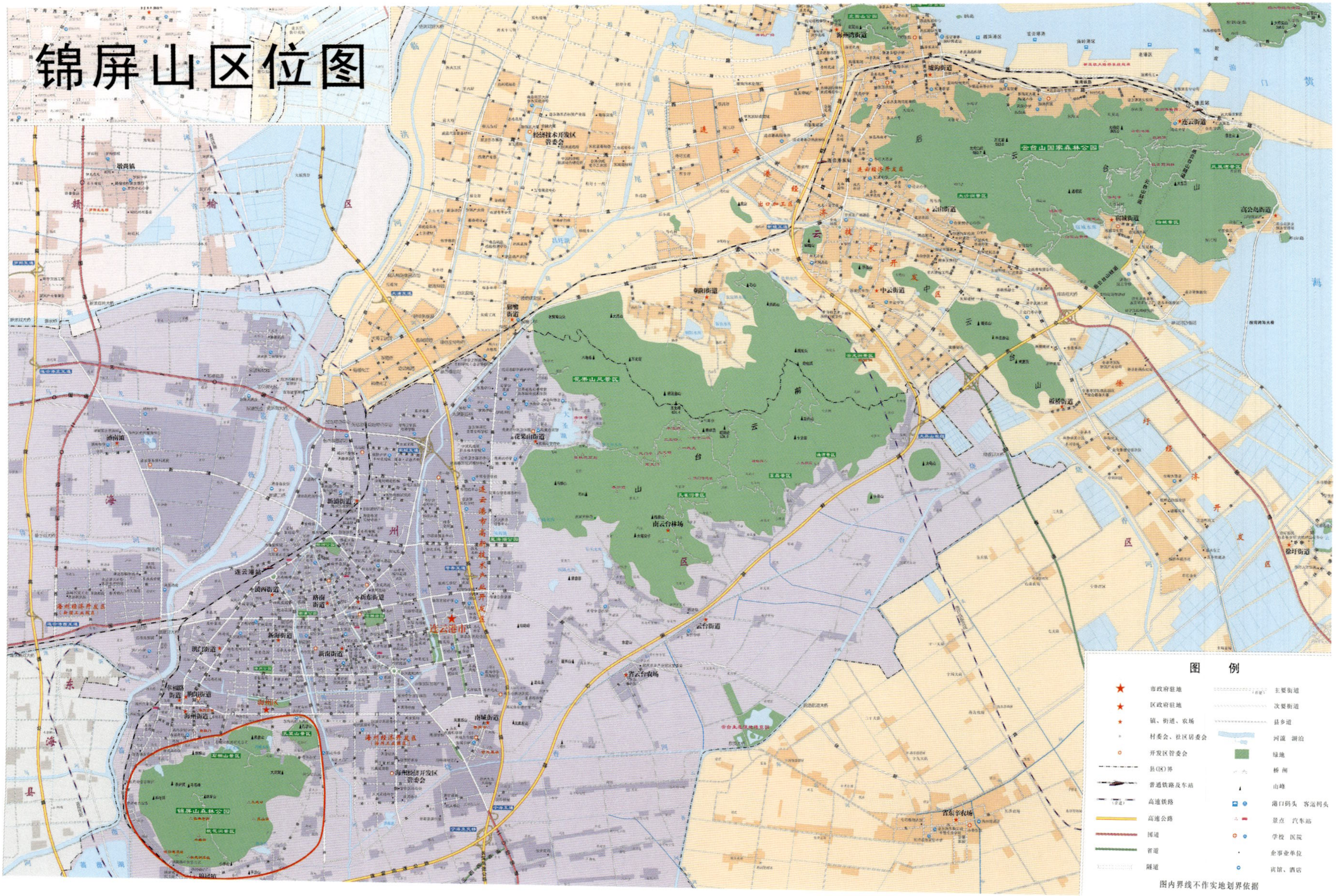

图例
市政府驻地
区政府驻地
镇、街道、农场
村委会、社区居委会
开发区管委会
县(区)界
普通铁路及车站
高速铁路
高速公路
国道
省道
隧道
主要街道
次要街道
县乡道
河流 湖泊
绿地
桥 闸
山峰
港口码头 客运码头
景点 汽车站
学校 医院
企事业单位
宾馆、酒店
图内界线不作实地划界依据
连云港市
云台山国家森林公园
锦屏山森林公园
南云台林场
海州经济开发区
经济技术开发区管委会

锦屏山地形图
1:52000
锦屏山
锦屏镇
石棚山
孔望山
钓鱼山
大虎礁
二虎礁
三虎礁
石酒杯
将军崖
桃花村
刘顶

锦屏山风景区导游图
石棚山景区
孔望山景区
桃花涧景区
锦屏山
钓鱼山

马耳峰

白鸽顶

九龙顶

万丈崖

海州锦屏山

桃花涧

白鸽涧

托山涧

尾矿坝

园林水库

双龙水库

王庄水库

白鸽涧塘坝

孔望山龙洞

白虎山牛眼洞

锦屏山金蟾洞

白虎山小石棚

塔山古道西侧藏軍洞

锦屏山大聚乐

石棚山芙蓉洞

石棚山石棚

孔望山摩崖造像

孔望山汉代石象

孔望山汉代石蟾蜍

孔望山東汉杯盘刻石

将军崖岩画

白鸽涧玄武石雕

刘志洲山石刻船画

石刻文化艺术园内的观世音石雕造像

孔望山龙洞摩崖石刻群

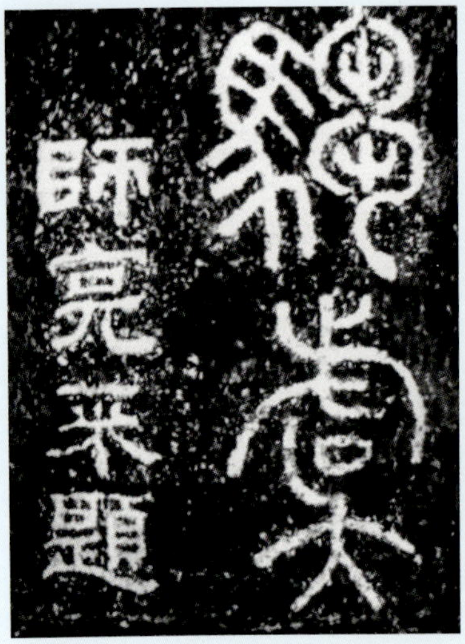

白虎山小石棚内骆虞题刻

孔望山归云飞鸟题刻

白虎山张叔夜题名

马耳峰龙祠摩崖石刻群

石棚山高行清风题刻

龙祠金大定九年题刻

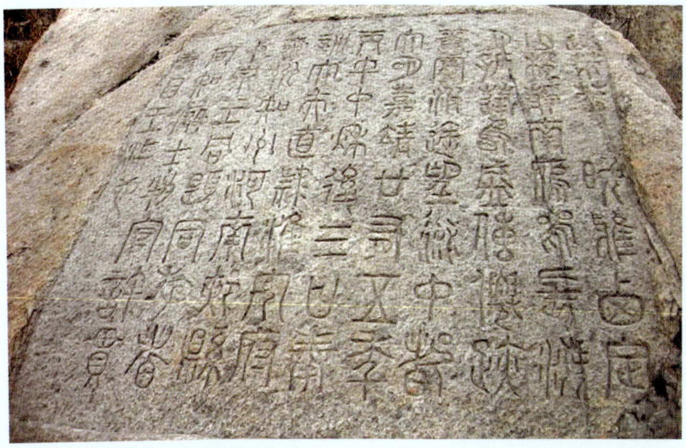

白虎山蓬莱庵诗刻

塔山古道

锦屏山内直达山顶的車行道

锦屏山内四通八达的旅游防火車行道

白虎山步游道

锦屏山头道

锦屏山旅游观光步游道

锦屏山头道至紫竹林的山路（二道）

孔望山步游道

凤凰山東麓民居

石棚山庄

园林村山坡上建于20世纪40年代之前俗称炮楼的防盗式民居

孔望山村后山西麓民居

白虎山西麓建于20世纪20年代的传教士别墅

紫竹林南侧建于20世纪60年代的护林员住房

龙洞庵

龙洞庵鸟瞰

孔望山西麓观音庵新建的大雄宝殿

深山古寺紫竹林

碧霞寺

白虎山東麓碧霞寺鸟瞰

园林寺大雄宝殿

新落成的安和寺大雄宝殿

白虎山建党纪念亭

双龙井亭

塔山文峰塔

孔望山飘然亭

石棚山交华亭

碧霞寺觉照灵塔

白虎山虎嘴石

白虎山兔石

白虎山七步龟

白虎山馒头石

蜘蛛山熊石

石棚山佛手石

石棚山蘑菇石

石棚山万花岩

访古游客

白虎山文化旅游庙会

石棚山风筝节

桃花涧旅游系列活动

踏青赏花游客

诗词学会组织的登山赏花诗会

《连云港之春》旅游系列活动

孔望山旅游系列活动

1984年10月28日下午，中共中央总书记胡耀邦（前右二）在孔望山考察龙洞石刻

2005年10月16日，中国奥委会原主席何振梁（前右一）在孔望山景区参观

2008年10月，中共中央政治局原常委、中纪委原书记吴官正（前左二）在孔望山观赏古文化遗存

2005年5月7日，中共中央政治局原常委，国务院原副总理李岚清（前左二）在孔望山观摩古迹

江苏省原省长季允石（前左二）在孔望山景区参观

江苏省原副省長張桃林（前左一）、国家博物舘考古部主任信立祥（前中）在孔望山景区考察

台湾星光寺方丈星云大师（前左一）在孔望山景区参观

《锦屏山志》审定单位

连云港市地方志办公室

《锦屏山志》评审人员

陆瑞萍　　连云港市地方志办公室副主任

姜龙才　　连云港市地方志办公室志鉴处处长

韩世泳　　海州区地方志办公室顾问、《新浦区新志》主编

张树庄　　《连云区志》主编

蔡立志　　《群山概览》主笔

樊继锦　　海州区供销社主任、锦屏山旅游开发建设管理委员会原主任

《锦屏山志》编纂协作单位

锦屏山旅游开发建设管理委员会

协助调查和提供资料人员

武佳华　高　峰　周锦松　武学传　朱成安　陈立新

刘立田　刁怀忠　王立宪　周少娟

序

巍巍锦屏，钟灵毓秀。锦屏山属云台山系，东临西盐河，西濒蔷薇河，南面平原，北抵海州城区，由锦屏山主体以及孔望山、白虎山等9座独立山体、36座山峰组成。古称朐山，后因山势陡峭，绿树葱郁，蜿蜒起伏，宛如墨黛，颇有山水画屏之意境，遂改名为锦屏山。早在6000多年前，东夷少昊部落生活居住于锦屏山麓。几千年来，锦屏山见证了海属地区的沧桑巨变，记录并传承着港城人民创造的灿烂文化。

锦屏山是连云港的城市之根。将军崖岩画记载了6000多年前中国东部沿海地区先民们生产、生活和祭祀等场景；秦朝置朐县，是市境内最早的行政建置，并立石为秦东门，为中国东部漫长海岸线上最早的对外开放口岸；孔望山汉代摩崖石刻是比敦煌石窟还早、反映佛教东传的石刻画像，南麓的东海庙是国内第一座道教庙宇。近代，白虎山下诞生了海属地区第一个中国共产党支部，锦屏磷矿作为国内早期开采的磷矿，为新中国发展作出了巨大的贡献。

锦屏山是连云港的人文之源。春秋之际，孔子曾在此登之望海，问郯子官制之道；秦汉之时，佛教西来，与道教在锦屏山建成弘法基地，留下众多的摩崖造像、石雕、石刻和庙宇；两宋年间，石曼卿于此读书，苏东坡留下《次韵陈海州书怀》等诗篇。历代名人雅士先后留下了120多处赞美锦屏山的吟咏和墨宝。

锦屏山是连云港的山水之魂。锦屏山峰峦迭翠，幽林峻岩，石塔古刹，石刻造像，遗存遍布，美不胜收，是一处风景优美的旅游胜地和人文景观众多的古文化传承之地。改革开放后，海州区加大保护投入力度，加强生态林木建设，生态环境、自然资源、风景名胜和人文景观得到了修复传承，先后建成孔望山、桃花涧两个国家级AAAA景区，为本地群众和外来游客提供了访古探幽和休闲度假的好去处。

值“十三五”开局，区委、区政府组织修编《锦屏山志》，意在记录锦屏山地区山水景观、历史变迁和风土人情，传承弘扬海属地区文化，促进锦屏山的宣传、保护和开发。本书不仅填补了海州区山志编写的空白，更承载着千年的文化、人民的期盼和时代的召唤。

中共连云港市委常委、海州区委书记　王立斌

2017年3月13日

凡 例

一、《锦屏山志》编纂坚持辩证唯物主义和历史唯物主义观念，以马克思主义、毛泽东思想、邓小平理论、“三个代表”重要思想、科学发展观、习近平新时代中国特色社会主义思想为指导，坚持求实存真，全面、系统记述海州区锦屏山的历史与现状。

二、本志记述范围以锦屏山和周边各独立山体组成的山系为中心，四周扩展到以西门路、锦屏路、朐山路、盐河南路、秦东门大街组成的环山路内侧山麓地带和刘志洲山的自然及社会经济状况，并因事而异适当向外辐射。山头、村庄和企事业单位等记述以西门路向南逆时针为序。

三、本志记述时限，上限上溯至可供稽查的发端，下限止于2015年，照片下延到2017年。

四、本志结构突出山志特点，体裁以志为主。志首设图照、序、凡例、总述、大事记。大事记以编年体为主，辅以记事本末体。本志主体部分设10章，章下设节、目，为记述的基本层次。随文设图照和表格。志体运用记述文体，横排纵述。

五、本志资料主要取自有关文献，有关部门、单位和特约撰稿人提供的文稿，以及有关专著和考察记录等。直录自史籍文献者使用明引，引文忠于原作。史籍记载不一又难以考证者，诸说并存。记述的内容有交叉者，用此详彼略或互见法处理。

六、本志纪年，中华人民共和国成立前用历史纪年，并在括号内加注公元纪年，中华人民共和国成立后一律使用公元纪年。

目　录

Main contents

总　述

锦屏山位于北纬34°31′43″~34°34′13″，东经119°6′46″~119°10′18″，地处连云港市西南部，北距海州古城1.5千米，山南侧为平原地带，东西两侧0.5~1千米处有西盐河、蔷薇河向北流去。锦屏山山系由9座独立山体、36个山头组成，南北长4.5千米，东西宽5.4千米，总面积2159公顷，山顶海拔427.7米。

一

锦屏山，是一座蕴藏着丰富自然资源的宝山。

远古时期，锦屏山先后为黄海中的岛屿和半岛。海退成陆后，成为云台山山脉最西端的一支山系。山系的基岩由下元古界的东海群和中上元古界的海州群的中、深度变质岩系组成，山体主要由变粒岩和片麻花岗岩等岩系组成。山系的主体为锦屏山，山体陡峭险峻，山头林立，雄伟壮观，山周围分布着刘志洲山、孔望山、凤凰山、焦山、蜘蛛山和白虎山等独立山体，形如众星拱月。由于长期受海洋和陆地的共同作用及频繁的地壳运动，锦屏山各种地貌比较齐全。海拔10米以上地带以陡峭的山峰、涧沟、山谷为主要特征的构造剥蚀地形，山麓地带以岗地、冲沟、园丘状台地和阶坡地为主要特征的侵蚀堆积地形，以山前平原为主要特征的洪积沉积地形等各种地貌应有尽有。山区地处暖温带和北亚热带过渡区域，光照充裕，雨量适中，气候温和，自然环境宜人，适宜农耕。

锦屏山各种齐全的地貌和优越的自然环境，在地上地下形成并蕴藏着丰富的自然资源。山下埋藏着丰富的磷矿。位于山南麓的锦屏磷矿，是国内开发最早的磷矿，自1920年创办的锦屏公司采矿始，到2015年，累计开采磷矿2800余万吨。山周围还埋藏着石英、水晶、蓝晶石、云母等矿藏。山上出产石质坚硬的片麻岩、花岗岩等建筑材料，盛产年景毛石开采及石子加工量达60万吨。山区植被主要为松、柏及麻栎等针阔叶混交林，活立木积蓄量达16万立方米；生长着各种药用植物近800种，野生动物和鸟类百余种。

中华人民共和国成立后，锦屏山建成省级国家森林公园，成立锦屏林场经营和保护生态山林；在周围山麓地带兴建了十余座水库和塘坝，拦蓄山洪，为蔬菜生产提供自流灌溉；在山坡荒地发展林果业和花卉种植。山区丰富的自然资源在受到精心保护的前提下得到开发和充分利用。

二

锦屏山，是中国东部沿海地区人类最早的发祥地之一。

1974年，在锦屏山南麓酒店村附近，发现距今1万年左右的全新世早期古生物化石。1979年，在桃花涧西侧和酒店村、小姐洞及孔望山等地陆续采集到多件距今9000年前旧石器时代晚期人工打磨而成的细石核、刮削器等石器。考古成果显示，锦屏山南麓桃花涧周围，1万年前曾有过两段人类活动。一段在1.5万~3万年前，遗留了原生层的旧石器；另一段在1万年前，遗留了细石器。反映古海州先民们对土地的崇拜和依赖的将军崖岩画及原始社祭遗址，对锦屏山地区人类的生产、生活和崇拜等活动留下了形象的记述。据国家文物局专家鉴定，将军崖岩画是国内发现的最古老的岩画，社祭遗址是东南沿海地区首次发现、唯一反映农业部落原始崇拜的祭祀场所。岩画中太阳、星象和子午线等图案，被作为中国最早的天文文物资料，陈列于北京天文馆古观象台。

三

锦屏山，是今连云港地区的历史之源。

锦屏山周围是今连云港地区的先民们开发最早的地区，其历史之悠久，重大历史事件和人文景观之多，历代官民为之注目。相传，春秋时期的鲁昭公十七年（前525年），孔子到郯国学习官制礼仪，便登上朐山北侧一个较高的山头，饱览壮丽的山海风光。此后，这个山头因孔子登临望海而得名孔望山。秦王嬴政二十六年（前221年），秦王朝在“朐山西山侧”置朐县，这是今连云港地区的第一个行政建置，是今连云港市之根。公元前212年，秦始皇在东巡时“立石东海上朐界中，以为秦东门”。朐界，即朐县和朐山范围内。这是秦帝国在中国东部漫长的海岸线上设置的唯一东大门。东汉建武元年（25年）在孔望山南麓建成国内第一座道教庙宇东海庙。孔望山摩崖石刻开凿于东汉年间，其佛道教造像比敦煌石窟还早200年。南北朝时期，在锦屏山地区建成龙洞庵、紫竹庵等庙宇。此后，唐代时日本高僧到孔望山龙兴寺寻求佛法；宋代，宋江在焦山北麓网疃海边兵败被擒，魏胜在白虎山和孔望山筑垒抵抗金兵，南宋水师招信军在刘志洲山附近海面抗击金兵；

1920年，锦屏磷矿开采；1928年，在白虎山上成立海属地区第一个中国共产党的支部。历代达官显贵和知名文人，慕名到锦屏山访古探幽，更是留下了众多佳话。石曼卿公余到石棚山读书植桃，苏东坡游孔望山、石棚山会友和凭吊先贤，陶昞游紫竹庵举办诗会，陶澍、林则徐登白虎山、孔望山游览题刻，已故全国政协原副主席、中国佛教协会会长赵朴初为孔望山摩崖造像题诗，认为孔望山地区可能是海上丝绸之路的起点……一座锦屏山，浓缩了今连云港地区的历史。

四

锦屏山，是一处风景优美、古文化遗存丰富的游览胜地。

自20世纪70年代起，锦屏山地区的考古成果不断涌现，众多的古迹和人文景观被开发展示，得到社会的公认。改革开放后，锦屏山以其优越的区位、优美的自然风光和丰厚的古文化遗存为发展旅游事业提供了十分有利的条件。1984年，在锦屏山地区率先建成孔望山风景管理处，依托摩崖石刻和龙洞庵等景点，孔望山景区的建设逐步完善。80年代末，海州区开始依托锦屏山和海州古城制定发展旅游事业的规划，构建融孔望山、石棚山、白虎山、桃花涧和海州古城为一体的“三山一涧一古城”旅游格局，先后依托将军崖岩画和紫竹庵等景点建成桃花涧景区，依托石棚、石曼卿读书处等景点建成石棚山景区，依托碧霞寺和众多的石刻建成白虎山公园。

进入新世纪，随着海州区城市化进程加快，锦屏山周围的居民区星罗棋布，锦屏山山系中的孔望山、白虎山更是耸立在居民区中间，形成山在城中城依山的壮丽景观。这些城市中的山林，山势雄奇、植被丰茂、人文景观众多，犹如城市中一座座盆景，增加了城市的灵气和妖娆。这些山林不但是居民健身、休闲的场所，更是吸引人们了解海州悠久历史、访古探幽的旅游胜地。2009年，锦屏山各景区的游客首次突破100万人次。2010年，海州区确立“大锦屏山旅游区”发展理念，成立锦屏山旅游开发建设管理委员会，统一管理大锦屏山景区的规划、开发和建设，协调锦屏山各风景旅游景区的大型旅游活动。各景区的交通等服务设施进一步完善，旅游体量进一步增大，游客不断增多。特别是春夏之间，越来越多的城市家庭在假日举家到山中休闲度假。孔望山和桃花涧两景区的日最大旅客承载量分别达1万、5.5万人次。至2013年，在锦屏山各景区先后举办了13届“连云港之春”文化旅游系列活动及各种单项比赛。2015年，孔望山景区和桃化涧景区的游客分别达72万人次和63万人次，其中清明节3天小长假分别接纳游客1.8万和3万人次。

五

锦屏山，是一处需要重点保护的城市生态山林。

中华人民共和国成立后，当地政府适时采取封山育林等措施，保护山林。随着经济、社会的发展和城市的扩容，20世纪90年代起，政府加大了对锦屏山的保护力度，多次发布通告，采取有力措施，制止和取缔山区的采石等破坏自然资源的生产经营活动，打击私自取土、盗伐林木等非法行为，出台山林防火的宣传和强制措施，风景名胜、人文景观和生态环境的保护取得了一定的成绩。但山麓地带和山间的村组公墓及散葬坟墓仍然在逐年增加，对自然景观造成一定的破坏，对山林防火带来极大的隐患。进入新世纪，政府在对锦屏山实行保护、改造和开发并重方针的基础上，进一步加大保护力度。重点贯彻落实《江苏省生态公益林条例》，锦屏林场制定并认真落实“生态公益林管理实施办法”，海州区发布护林防火通告，严防山林火灾的发生。2010年，锦屏山旅游开发建设管理委员会将锦屏山规划实施和资源保护状况细化为十项内容，对相关的镇、街道等7家单位实施年度考核，使锦屏山的生态环境、自然资源、风景名胜和人文景观的各项保护措施进一步落到实处，使古老的锦屏山更加焕发出勃勃生机。

大事记

东周:春秋至战国(前770~前221年)

鲁昭公十七年(前525年) 孔子问官于郯子,登朐山东北侧山头望海,世传其山为孔望山。

秦

始皇二十六年(前221年) 于朐山西置朐县。

始皇三十五年(前212年) 秦始皇立石东海上朐界中,以为秦东门。

东汉

建武元年(25年) 于孔望山下建东海庙。

和平元年(150年) 境内太平道(道教)兴盛。

桓帝至灵帝时期(147~184年) 在孔望山南麓西端山崖上凿成摩崖造像。

永兴二年(154年) 朐山崩(朐县境内大地震)。

熹平元年(172年) 东海相满君立东海神庙碑,记述汉桓帝永寿元年(155年)修缮东海庙缘起等事。碑背刻字“阙者,秦始皇所立,名之秦东门阙,事在《史记》”。

三国

蜀汉建兴元年(223年) 安汉将军糜竺归葬石棚山。

西晋

泰始元年(265年) 西域僧人到境内布教,佛教兴盛。

东晋

大兴元年(318年) 朐山周围蝗虫肆虐。

南北朝

南朝梁天监元年(502年) 典校秘书刘峻游览朐山并由山南渡海游郁洲山。

南朝梁天监十年(511年) 镇远将军马仙琕与卢昶战于朐山。

南朝梁天监十一年(512年) 镇远将军马仙琕于朐山北筑海州土城,用于军事驻守和防御。

北朝东魏武定七年（549年） 罢青、冀二州，改称海州，辖朐县等6郡19县，治龙沮。

北齐天保年间（550~559年） 海州移州治于琅琊郡（今海州城）。

北齐武平二年（571年） 在孔望山南麓建成龙兴寺。

北周建德六年（577年） 改朐县为朐山县。

隋朝

大业三年（607年） 改海州为东海郡，辖朐山、东海、涟水、沭阳、怀仁5县。

唐

武德四年（621年） 置海州总管府。

贞观四年（630年） 在州治（今钟鼓楼东）西建成学宫（文庙）。

贞观年间（627~649年） 在朐山北麓建成园林寺。

至德年间（756~757年） 转运使判官刘长卿游览孔望山龙兴寺。

开成三年（838年） 日本僧人圆仁到访孔望山龙兴寺（日本僧人称海龙王庙）。

五代十国

南唐年间（938~975年） 在朐山中建成紫竹庵。

宋

天圣年间（1023~1031年） 石延年（字曼卿）罢大理寺丞，通判海州。在海州期间，公余经常至石棚山读书，并以泥裹核在山上抛植桃李，花发满山。

庆历六年（1046年） 知州王信臣率僚属到朐山马耳峰龙祠求雨。

嘉祐三年（1058年） 于州治西街北侧建大慈寺。

熙宁五年（1072年） 淮东转运副使蒋之奇登孔望山观海并题名。

熙宁七年（1074年） 苏轼由杭州通判移知密州，十一月路经海州，海州陈姓知州陪苏轼登龙兴山乘槎亭观海，游览胜景。在海州期间，苏轼还携家人游览石棚山，凭吊石曼卿。

元祐四年（1089年） 驻守东武的王华曜游龙兴山并题名。

绍圣四年（1097年） 州守鲍粹率僚属到朐山马耳峰龙祠求雨。

建中靖国元年（1101年） 校书郎余授到孔望山、白虎山游览并题名。

崇宁元年（1102年） 知州蔡渊率僚属到朐山马耳峰龙祠求雨。

大观至政和年间（1107~1117年） 汝州知州张耒落职后，到海州朐山、孔望山乘磋亭等处游览。

政和元年（1111年） 知州田升之偕同僚游孔望山并题名。

宣和二年（1120年） 重阳节，知州张叔夜率僚属登白虎山并题名。

宣和三年（1121年） 宋江起义军从锦屏山北麓海上进攻海州，知州张叔夜施计擒其副将，宋江降。

南宋

绍兴十一年（1141年） 张俊抗击金兵毁海州城，令百姓南迁避战。

绍兴三十一年（1161年） 魏胜募兵三百，克取金人所占的海州城。魏胜在孔望山凭借其东临大海、南北依山的地理形势增修加固孔望山城，巡防固守，并配合李宝水师抵抗金兵的进攻。时称孔望山为巡望山。

隆兴元年（1163年） 魏胜在海州筑重城，围白虎山于城内，以利守战。

咸淳七年（1271年） 南宋水师招信军等部战船在刘志洲山附近抗击元兵，并在山上留下诸多石刻和岩画。

金

大定九年（1169年） 海州刺史耶律乎奇率僚属到朐山马耳峰龙祠求雨。

明昌二年（1191年） 海州塔山新建山路竣工。

承安五年（1200年） 户部员外郎赵福等游览白虎山并题名。

元

泰定元年（1324年） 白虎山东麓兴建碧霞宫。

至正二年（1342年） 十月，海州飓风，海水涨，溺死百姓无数。

至正二十六年（1366年） 三月，海州地震，声如雷。

致和元年（1328年） 奉训大夫廉青山、海宁州知州萧谧等率僚属同游白虎山并题名。

至元年间（1335~1340年） 朐山白鸽涧北崖，建成玄武庙。

明

洪武三年（1370年） 海州在州治西普照寺旧址重建城隍庙。

洪武二十三年（1390年） 千户魏玉在海州西城旧址筑土城，与东城相连为一城。

永乐十六年（1418年） 千户殷轼将州城砌以砖石并筑女墙，城周围九里一百三十步，高二丈五尺。

正统九年（1444年） 钦差、工部侍郎王永和游览孔望山并题名。

景泰年间（1450~1456年） 在海州朐阳门外的锦屏山北麓开凿大井，作为饮用水源。清光绪三年（1877年）州牧林达泉重修，并立“双龙井”碑于井西侧。

成化六年（1470年） 淮安府知府杨昶、海州知州陶晒等游览孔望山和龙洞并题名。

成化十年（1474年） 淮安府同知安钝、海州知州陶晒等游览孔望山并题名。

成化十二年（1476年） 海州知州陶晒偕僚属登朐山，游览紫竹庵。

弘治十二年（1499年） 工科都给事中林廷玉贬海州通判，重阳节游孔望山并留下诗刻《看龙洞偶成》。

嘉靖二年（1523年） 石棚山麓建成石棚书院。

是年 海州知州廖世昭偕僚属游览孔望山、石棚山，登马耳峰并题名。

嘉靖二十三年（1544年） 马耳峰多狼，噬人。知州钟岳率兵捕杀。

嘉靖二十四年（1545年） 重阳日，知州王同偕僚属和好友登孔望山，在龙洞前宴饮，并留下六言诗刻。

嘉靖二十五年（1546年） 知州王同中秋游孔望山，勒大字“归云飞鸟”于龙洞外西侧石壁。勒大字“高行清风”于石棚山石棚门楣。勒《蓬莱庵》诗于白虎山。

嘉靖三十四年（1555年） 倭寇36人自海州登岸，经朐山窜入淮安被歼。

嘉靖三十六年（1557年） 5月，倭寇自海州孔望山下登岸，窜至新疃残害百姓，被海州守军剿灭。

隆庆六年（1572年） 淮安知府陈文烛游孔望山并勒《孔望山铭》。

天启元年（1621年） 在朐山建成彩云观。

天启五年（1625年） 知州翁承选改朐山曰青龙山。

崇祯十四年（1641年） 8月，海州地震，朐山穿鱼洞西北峰山崩。

清

顺治十六年（1659年） 知州庞宗圣率僚属到朐山马耳峰龙祠求雨。

康熙十三年（1674年） 知州孙明忠改青龙山曰锦屏山。

康熙三十八年（1699年） 知州刘天宁游白虎山并题勒“白壁山”。

乾隆五十五年至六十年（1790~1795年） 知州任兆炯于塔山古道东侧建文峰塔。

嘉庆九年(1804年) 海州知州唐仲冕率士民于海州城东门外开挖甲子河,河自东门而北,经城河而东,至孔望山东接朐山河达于板浦。城东门外河上重建石桥,曰甲子桥。

甲子桥碑

嘉庆二十一年(1816年) 8月,知州师亮采到孔望山西麓龙神庙求雨,并在龙洞东侧题记。

是月 师亮采游白虎山并题勒。

是年 著名学者钱泳到孔望山游览并题名。

道光十五年(1835年) 两江总督陶澍游白虎山,将白虎山更名为鳌头山,并作鳌头山诗,勒石。

光绪十三年(1887年) 江苏学政王光谦视察海州,月夜登孔望山乘槎亭。

光绪十九年(1893年) 沈云沛在朐山村及盐河以东的许庄、范庄村一带开办海州种植试验场,选育优质棉花品种进行推广种植。

光绪二十三年(1897年) 海州溥利树艺公司成立,沈云沛筹资投入十万银两,在锦屏山植树,并封山育林。

中华民国(简称民国)

民国5年(1916年) 锦屏山南麓酒店庄发现赤铁矿。

民国8年(1919年) 磷矿试采,是年冬经农商部工业试验所化验,矿山开采以磷矿为主,锰矿、铁矿为副产矿。

民国9年(1920年) 锦屏矿务股份有限公司成立,在锦屏西山开采磷矿。

民国11年(1922年) 国民政府中央地质调查所经调查认定磷矿储量在200万吨以上。

民国12年(1923年) 在紫竹庵原址上修建的沈家祠堂落成。修筑的锦屏山北麓二道涧至山上祠堂的山道同时竣工。

民国16年(1927) 美国传教士、医生明乐林和戈锐义在白虎山西侧土岭上建成两幢私人别墅,当地人称南洋楼。

民国17年(1928年) 秋,中共江苏省委到海州开展建党工作的李超时、小叶和东海中学的地下党员惠浴宇在白虎山翘石下召开建党会议,成立中共东海特别支部。该支部负责东海、赣榆、沭阳、灌云四县党的工作。

民国28年(1939年) 日本侵略军侵占锦屏磷矿,在海州设立矿业所,对矿山进行大规模的掠夺式开采。日军侵华期间,在锦屏磷矿掠夺矿石共40万吨,运送日本。

是年 日本侵略军在桃花涧杀害抗日军民13人。

民国30年(1941年) 海州火车站至西山矿区的小轨铁路竣工通车。

民国32年(1943年) 河南开封到锦屏磷矿做工的3000多人和本地工人300多人感染伤寒病,死后被日本侵略军填埋于刘顶山根的矿塘中,后人称之为"万人坑"。

民国35年(1946年) 3月,国民政府从日本人手中接管锦屏磷矿。

是年 刘顶庄中共党员刘应扬、刘步珍、刘步忠3人组成海州城郊党小组。

民国37年(1948年) 3月16日,中共海州市委副书记兼组织部长李玉山遭"还乡团"袭击遇难,档案、枪支、财物被抢。次日晨,"还乡团"逮捕中国共产党员28人,全部活埋在白虎山下。

是年 11月6日 国民党军队撤离海州,中共新海工作委员会率武装人员进驻海州。是夜,设在南洋楼(义德医院南楼)内的联合国救济总署仓库中的衣物、食品等物资被群众哄抢,并引发大火,仓库付之一炬。11月7日凌晨,解放军进驻海州,迅速控制稳定了局势。海州宣告解放。

11月8日 华东军事管制委员会接管锦屏磷矿,并成立磷矿保管委员会。

11月28日 合海州及新浦、连云地区成立新海连特区。下辖新海市、连云市和云台办事处。海州地区成立锦屏区政府,治海州城,隶新海市。章子玉任中共锦屏区委书记,仲兆锦任区长。

民国38年(1949年) 8月6~20日 连日阴雨,山洪倾泻。14日,蔷薇河泛滥,西门乡50%以上庄稼被淹,房屋倒塌数百间。临沂专员公署组织新浦地区和锦屏区的机关干部、驻军及群众抗洪防汛并赈济灾民。

中华人民共和国

1950年 7月,国家投资125万千克小麦,恢复锦屏磷矿生产。

1952年 7月,锦屏区更名为海州区。

是年 12月,锦屏山区开始封山育林。

1954年 7月,锦屏山以南地区发生蝗灾,区政府组织干部、职工、学生和市民1000多人赴锦屏山南麓桃花、酒店等地灭蝗。

1956年 8月，锦屏磷矿于蜘蛛山南坡开工建设炸药厂。1958年建成投产。

是年 10月，撤销磷矿乡、棉场乡，合并建成锦屏乡。

▲ 是年底，从锦屏磷矿经海州城和新海电厂西侧与陇海铁路海州车站接轨的锦屏磷矿铁路专用线开工建设。1963年6月投入运输。

1957年 10月，锦屏磷矿中山采矿主井、东山和西山副井开始施工。

是年 锦屏山南麓九龙口古墓中出土战国时期青铜乐器编钟1套。

▲ 冬季起，在锦屏山南麓岗嘴村境、北麓园林村境，分别修建二涧水库和白鸽涧塘坝，以防治山洪、蓄水灌溉。

▲ 海州区于园林山西北角、锦屏路以东建成海州采石厂。

▲ 是年开始至1961年，济南军区68军所属部队，轮流在锦屏山地区开展国防工程的施工。

1958年 5月，锦屏磷矿在锦屏山中山建成选矿厂。

是年 冬季起，海州区在锦屏山北麓网疃村境，修建网疃塘坝。

▲ 化工部投资，于海州采石厂南侧建成锦屏化工厂。

▲ 海州区在锦屏山北麓园林村境修建园林水库，始建于唐代的千年古刹园林寺的大殿、山门等主要建筑被拆除。

1959年 园林水库建成。

是年 海州区在锦屏山北麓网疃村境，建成双龙水库，在其东侧建成凤凰山水库。

1960年 锦屏公社于刘顶村东侧山坡上建成刘顶采石厂。

1961年 连云港市于锦屏山北麓成立锦屏林场，隶属省农林厅。

1962年 连云港市于孔望山东北部山脚下，建成市蔬菜试验站。

1963年 海州区南门大队于蜘蛛山东北面山坡上，建成南门采石厂。

1964年 海州区利用冬季农闲，组织800余名城郊农民组建3个水利工程营，在锦屏山北麓开展缓坡梯田建设和条田建设，至1966年冬基本建成锦屏山北麓梯级排水体系。

1965年 4月，连云港市登山比赛在锦屏山举行。

是年 10月，以技术总监英索芳为首的柬埔寨工业代表团到锦屏磷矿考察。

1966年 6月18日，锦屏山地区降冰雹1小时，为百年一遇。庄稼、树叶全被砸光。

1967年 5月中旬，“文化大革命”期间，无人出面组织传统的“四月八白虎山物资交流大会”，群众自发将大会会场移至城内马路口。

是年 7月，部分群众组织查抄孔望山龙洞庵，推倒佛像，抄没展出文物，撵走僧尼。翌年，龙洞庵被改建为农业中学。

▲ 市结核病防治院迁入南洋楼内。

1968年 1~4月，“文化大革命”中，海州地区两派群众组织先后多次在白虎山及其周围发生武斗。

是年 于钓鱼山南侧建成兵团采石厂。

1970年 2月，锦屏公社于海州采石厂之南、锦屏路以东建成锦屏采石一厂。

是年 9月，连云港市电视转播台土建工程在锦屏山马耳峰竣工。

9月 连云港人民广播电台孔望山中波发射台在孔望山北麓开始建设，1972年1月建成启用。

是年 10月17日，中国人民解放军南京军区司令员、江苏省革命委员会主任许世友到锦屏磷矿视察。

1971年 5月1~4日，恢复举办白虎山物资交流大会。

是年 连云港石油分公司在锦屏山南麓老龙洞、岗嘴村境内，兴建锦屏油库。1975年1月建成投产。

1972年 1月，位于马耳峰的电视转播台正式转播山东电视台节目。

1973年 9月，中国人民解放军雷达兵徐州27团雷达连进驻锦屏山马耳峰。2003年，该部属济南军区空军部队。

1974年 海州区园林大队于锦屏山北麓、园林山北坡建成园林采石厂。

1975年 新坝乡于刘志洲山南侧建成新坝采石厂。

1977年 12月，引调新海发电厂的循环冷却水灌溉锦屏山东侧的朐山、狮树等村农田工程开工建设。

1978年 5月，海州白虎山物资交流大会迁至幸福路举办。

1979年 7月31日，瑞典“探险”号环球旅游船到达连云港，美、英等20个国家的游客79人在孔望山风景区游览。

是年 11月12日，考古工作者在锦屏山南麓桃花涧西侧发现旧石器时代晚期文化遗址。

▲ 11月，市文管部门专家发现锦屏山将军崖岩画。

▲ 锦屏山白鸽涧出土西汉晚期画像石。

1980年 5月，由西山、岗嘴、朐山3个采石厂组建成锦屏采石二厂。

是年 6月，孔望山龙洞庵按明代风格重建。1983年对外开放。

6月 专家鉴定孔望山摩崖造像主要内容是佛教造像，时代当在东汉（公元25

~220年),较敦煌莫高窟早约200年,故被誉为“九州崖佛第一尊”。

是年 7月27日,中央美术学院美术系主任金维诺、北京大学历史系考古研究室主任余伟超、故宫博物院副研究员步连升等4人到海州考察孔望山摩崖石刻和锦屏山将军崖岩画。

1981年 4月4日,中央人民广播电台播发连云港市锦屏山将军崖岩画和孔望山摩崖造像的考古重大发现。

是年 11月上旬,中央新闻纪录电影制片厂在连云港市拍摄4部彩色纪录片,其中一部为《孔望山汉代摩崖画像石刻》。

1982年 8月26日,桃花涧遗址、海州古墓葬、海州东汉2号墓、塔山古道、孔望山杯盘石刻被定为连云港市市级文物保护单位。

是年 9月,江苏省电视台微波传至锦屏山,连云港市居民可以收看中央1套、2套及本省电视节目。

1983年 6月30日,新浦、海州两区合并成立新海区。

是年 7月6日,将军崖岩画、孔望山摩崖造像被定为省级文物保护单位。

▲ 9月,锦屏人民公社改称锦屏乡。

1984年 5月9日,新海区成立朐阳乡,辖锦屏山北麓西门村、园林村、双龙村、网疃村、孔望山村。

是年 7月,撤销锦屏乡,改设锦屏镇。

▲ 10月28日,中共中央总书记胡耀邦游览孔望山,考察了龙洞石刻。

▲ 成立孔望山风景区管理处,归口市旅游公司。

▲ 锦屏镇于钓鱼山南坡西侧建成磷尾矿砖厂。

1986年 市政府拨款60万元,支持朐山村将66.67公顷粮田改建为菜田。

是年 6月,新海区复分为新浦区、海州区。锦屏山仍隶属海州区。

▲ 6月,孔望山风景区管理处由市园林局划属海州区城乡建设环境保护局。2001年10月,划属区旅游局。

1987年 3月4日,锦屏林场朐山西坡发生火灾,过火面积6.33公顷,烧毁林木4万多株。

是年 8月30日,孔望山摩崖造像和将军崖岩画选入中日合编的《中国五千年》一书,被列为世界著名古迹。

▲ 12月27日 锦屏山马耳峰西南坡发生山林火灾,过火面积近11公顷,烧毁林木2.95万株。

1988年 1月,孔望山摩崖造像和将军崖岩画被国务院公布为第三批全国重点文物保护单位。

是年 3月，德意志联邦共和国区州考古学家乔格·比尔一行5人考察海州孔望山摩崖造像和将军崖岩画，并与有关方面就文物保护等问题进行交流。

▲ 云台山（包括宿城、海滨、花果山、孔望山4处景区）被国务院公布为国家重点风景名胜区。

1989年 3月28日，锦屏山电视发射台附近发生火灾，山林过火面积20多公顷。

是年 11月，海州区于孔望山重修飘然亭竣工。

▲ 海州区委、区政府制定旅游规划，构建“三山一涧一古城”旅游格局。

▲ 经省民政厅批准，在锦屏山淮河顶南坡建一处经营性骨灰公墓，命名为青龙山公墓。

1990年 10月，钟鼓楼重建工程竣工。新建三间城楼及楼道、护栏等配套设施，楼高17.23米，西向题额为“镇远楼”，东向题额为“钟鼓楼”。

1991年 海州区分段治理海州主要山洪通道青龙涧。

是年 白虎山下青龙桥重建竣工，桥型由水漫桥改为石拱桥。

▲ 区政府投资15万元，修复观音庵，新建大殿、山门等建筑。

1992年 4月，以桃花涧赏花为主要内容的专题纪录片《春闹桃花涧》在中央电视台播出。

是年 5月，建成朐山垃圾处理场。

▲ 7月8日，省人大常委会副主任张耀华考察孔望山摩崖石刻和将军崖岩画。

▲ 区政府批准在双龙、园林、网疃、孔望山4个村属集体荒山废地上建立白鸽涧、龙凤山、凤凰山、孔望山公益性公墓。

海州古城牌坊

1993年 8月18日，海州区政府成立碧霞宫修复委员会。碧霞宫更名为碧霞寺。

1994年 4月，在新建路与幸福南路交会处建成秦东门城雕。

是年 5月，在幸福南路北段建成古牌坊，高16米，宽26米，全国政协原副主席赵朴初题额，南面为“东海名郡”，北面为“海州古城”。

▲ 5月10日，锦屏磷矿尾矿坝因地下排水侵蚀，堤坝倒塌，洪水、泥沙淹没陶湾村果园和农田13.5公顷。

▲ 10月，“孔子携弟子颜回、子路望海”塑像，在孔望山顶中部建成。

1995年 4月，连云港市于钓鱼山东北侧山麓，兴建市区生活垃圾填埋厂。

是年 12月19日，锦屏山北麓发生山林火灾，过火面积13.3公顷，烧毁林木1万多株。

▲ 12月30日，撤朐阳乡，建朐阳镇。

1996年 3月，朐阳镇开始建设石棚山风景区。

是年 日本传入的毁灭性害虫松干蚧侵入锦屏山，大片松林受害。区政府无偿提供防治药物，并动员社会力量参与防治。到2000年，防治面积1333.3公顷，投入资金10余万元，用工1万余个。虽经抢救，赤松林仍有大片死亡。

1997年 4月18日，锦屏镇成立桃花涧风景游览区管理委员会。

是年 5月，锦屏镇于刘志洲山南侧偏西，建成酒店采石厂。

▲ 12月27日，朐阳门易地重建，举行落成仪式。

▲ 海州区委在白虎山顶建成中共东海特别支部成立纪念亭。

1998年 9月，海州区民政局于石棚山西侧建成石棚山庄。

是年 10月，新建朐阳门广场竣工。幸福南路竣工，全线贯通。

▲ 孔望山景区建成孔望山滑索道，其中滑道长1000米，索道长300米。

1999年 石棚山景区重修交华亭。

2000年 8月，海州区政府行文批复，恢复紫竹庵为佛教活动场所，更名为紫竹林。

是年 9月，百子庵新建大雄宝殿落成，建筑面积308平方米。

▲ 10月13日，撤朐阳镇，建朐阳街道。

▲ 建成紫竹林大雄宝殿。

2001年 2月，石棚山景区仿照汉墓形制重建糜竺墓。

是年 4月1日，“连云港之春”系列旅游活动开幕式文艺演出，在石棚山举行。

▲ 9月，石棚山景区启动山海经石刻园建设，翌年建成。

▲ 陶湾村建成陶湾采石厂。

2002年 4月13日，海州区召开朐山无公害蔬菜基地筹备会，该项目获得省财政支持，基地建设正式启动。

是年 7月9日，锦屏山北麓修建花园路工地，出土汉代女湿尸。其棺内同时出土印章，确认其名为凌惠平。

▲ 8月，锦屏山北麓连接东风路和新建路的花园路建成通车。

▲ 9月，锦屏山北麓东风路建成通车。

▲ 11月9~10日，锦屏山发生山林大火。

▲ 桃花涧景区建成西山门广场，占地面积2万平方米。

2003年 3月2~9日，孔望山景区协助龙洞庵举办“梁皇宝忏大法会”，全国佛协理事、江苏省佛协副会长果光法师与杭州、无锡等地数名高僧参加。

是年 5月1~7日，举办首届孔望山文化节暨孔子登山望海、“问官于郯”2528周年盛典。《扬子晚报》等省、市媒体到会采访报道。

▲ 12月20日，国家旅游局司长刘志江到海州检查孔望山景区创国家AAAA级景区情况。

▲ 完成海宁西路两侧、新建东路北侧控制性详细规划，规划在孔望山周围建设海州新城区（暂定名为孔望山新城）。孔望山新城址北起玉带河，南至锦屏山麓，西起花园路，东至西盐河，规划总面积5.2平方千米。

双龙井游园

▲ 建成双龙井游园，游园内新建了亭、台、楼阁、假山、池塘、小桥等游乐设施，新植了绿树花草。园区面积6000平方米。

▲ 桃花涧景区于千条涧两侧建成石刻文化艺术园，建成各类观音造像202尊，又称观音园。

▲ 于锦屏磷矿中山选矿厂东侧，建成锦屏后山采石厂。

2004年 1月8日，经国家旅游局审定，孔望山景区为国家AAAA级景区。

是年 7月，位于岗嘴峰上的“小姐洞”景点，因采石危及安全，整体搬迁至桃花涧景区。

▲ 石棚山景区于塔山古道东侧原址复建文峰塔竣工。

2005年 3月26日 第五届“连云港之春”旅游节庆活动在石棚山景区举行开幕式。《扬子晚报》《新华日报》《江苏经济报》《连云港日报》等省市媒体对此进行了报道。

是年 4月5日，市长刘永忠到海州视察绿化工作，实地查看了海宁西路、孔望山景区和朐阳门广场。

▲ 4月11日，江苏省人大常委会副主任洪锦，在市人大常委会主任宋开智陪同下视察了孔望山景区。

▲ 5月7日，中共中央政治局原常委、国务院原副总理李岚清到海州孔望山景区参观。省委书记李源潮、省长梁保华、省委副书记张连珍、市领导陈震宁、刘永忠及区领导徐以广、滕雯等全程陪同。

▲ 8月5日，江苏广播电视总台《江南》栏目摄制组一行4人，到海州进行为期四天的采访，对孔望山景区、桃花涧、古城等进行了专题拍摄，纳入江苏卫视的文化专题片《江苏文化地图》，每集20分钟。

▲ 9月9日，海州实验小学举行揭牌庆典活动。

▲ 9月26日，国家旅游局常务副局长孙钢参观孔望山景区、桃花涧景区、双龙井游园。

▲ 10月1~7日，孔望山景区举办首届孔望山吴桥国际杂技艺术周活动。

▲ 10月16~17日，国际奥委会原执委、中国奥委会名誉主席何振梁及夫人到海州参观孔望山景区、桃花涧景区及朐阳门广场等。

▲ 10月，铺设白虎山上山和环山步游道竣工。

▲ 是年起至2007年春，孔望山景区先后三次共从云台山引进金镶玉竹3万株，植于景区内摩崖石刻、龙洞广场等景点周围。

2006年 3月12日，《苍梧晚报》报道锦屏山林场护林员李志金一家四代，子承父业，在锦屏山上居住看山护林，栽植苗木10万多株，同偷砍盗伐行为做斗争。李志金先后获得全国绿化奖、省全民义务植树先进工作者等几十次表彰奖励。

是年 4月2日，在孔望山景区举行“春天送你一首诗”大型诗歌朗诵会暨第六届“连云港之春”开幕式。

▲ 锦屏镇于刘志洲山以西、锦屏山以南的酒店村境内，兴建锦屏酒店工业集中区。

▲ 10月11日，孔望山一株银杏和龙洞庵内的糯米茶，经全国绿化委办公室严格审核，入选《中华古树名木》大型画册。

2007年 3月21日，孔望山景区从2005年始，先后3次从云台山引进金镶玉竹3万株，植于景区内摩崖石刻、龙洞广场等景点周围。

是年 4月7日，省首届农民体育节在锦屏桃花涧景区举行。副省长黄莉新、市委书记王建华、区委书记滕雯、区长李航等省市区有关领导参加了开幕式。

▲ 5月24日，海州区将传统的“四月八会”定性为“白虎山文化旅游庙会”，是

日开幕。

▲ 8月24日 市委书记王建华带领有关部门负责人到孔望山、朐阳门就建设山海相拥知名旅游城市进行调研。

▲ 12月2日，海州碧霞寺举行大雄宝殿、山门落成及佛像开光仪式。

2008年 9月27日，省安监局局长徐郭平、连云港市副市长施炎等到锦屏山南麓检查锦屏磷矿尾矿库整改情况。

是年 10月，中共中央政治局原常委、中纪委原书记吴官正到孔望山景区参观。

2009年 5月1日，"白虎山文化旅游庙会"开幕。本届庙会以"弘扬民俗文化、展现古城风情"为主题。

是年 5月2日，《人民日报》在头版头条位置，以图片形式报道了"海州区白虎山文化旅游庙会"盛况。

▲ 5月19日，位于锦屏山西麓原锦屏化工厂址，总投资达10亿元的中翔钢材现货交易市场一期工程竣工，并开始试营业。

▲ 10月30日，南洋理工大学南洋环境和水源研究院院长伍文桢和凯密林克科技集团总裁、连云港市政府高级顾问武冬青在市侨办主任刘娟的陪同下到海州考察，参观了锦屏磷矿尾矿库和海州开发区。

▲ 12月，连接石棚山、桃花涧两个景区，全长10千米的锦屏山旅游观光步游道竣工。

2010年 1月，海州区成立锦屏山旅游开发建设管理委员会，为区政府直属事业机构。

是年 5月16日，副省长张卫国考察孔望山摩崖石刻。

▲ 9月13日，联合国教科文组织顾问、国际岩画委员会前主席阿纳蒂考察将军崖岩画。

▲ 10月10日 市第六届社区体育节在朐阳门广场举行。

2011年 2月3~4日（大年初一、初二），锦屏山紫竹林附近发生森林火灾，过火面积58公顷。

是年 3月31日，锦屏山南坡磷矿东山油库院外发生森林火灾，过火面积1500平方米。

▲ 4月3日，一天发生两起森林火灾。一处是在马腰顶，过火面积50平方米；另一处在青龙山公墓路南，过火面积500平方米。

▲ 10月18日，海州百子庵更名为准提寺，并举办天王殿落成仪式。

▲ 青龙山革命烈士陵园投入使用，并被市、区宣传部门评为爱国主义教育

基地。

2012年 1月23日（大年初一），区委书记孙爱华、区长单晓敏前往锦屏山，检查节日期间森林防火工作，并看望了坚持值班的森林防火队员。

是年 3月24日，连云港市2012年武术节在孔望山景区开幕。

▲ 3月30日，市重大事项督查组常务副组长戴元安一行到海州区，督查原锦屏磷矿尾矿综合治理工作。

▲ 4月8日，第12届“连云港之春”系列活动“桃花之约”社区文艺会演在桃花涧风景区开幕。

▲ 4月14日，第六届江苏省全民健身运动会风筝比赛在朐阳门广场开幕。

▲ 6月10日，海州新建路全段正式更名为秦东门大街。

▲ 9月20日，“东方天书”篝火晚会在朐阳门广场举行，现场表演了反映原始先民对土地、造物神以及天体崇拜意识的《祭祀》《玄乌》《东夷风》等原始乐舞。

▲ 10月30日，海州举办建城1500周年庆典系列活动。

▲ 于孔望山中波发射台西侧建成东海名郡大酒店。

2013年 4月27日，市第六届全民健身运动会农民部各项比赛暨第九届农民体育节在桃花涧景区隆重开幕。

2014年 3月7日，连云港市锦屏山登山比赛在锦屏山举办。登山路线起点为桃花涧景区西门，经紫竹林到景区东门，全长5千米。来自市级各机关共68个代表队400余人参加比赛。

是年 5月8日，省委副书记石泰峰考察孔望山景区。

▲ 7月8日，新浦区、海州区合并成立新的海州区。

▲ 8月20日，海州区与市城市投资集团会商孔望新城、凤凰新城、白虎山市场开发建设及旧城改造相关事宜，举行孔望山景区建设与运营合作框架协议签约仪式。

▲ 12月26日，锦屏林场在锦屏山大虎礁附近新建包括两座100立方米钢筋混凝土水池、山顶有水池、山涧有水坝、山路有水车的立体式以水灭火森林消防系统1套，覆盖山林面积133.3公顷。全年无森林火灾发生。

2015年 3月20日，市旅游局组织机关党员、干部到石棚山景区参加“绿润海州”义务植树活动。

是年 8月14日，全市文明旅游广场宣传活动在孔望山景区广场开展。

▲ 8月27日，锦屏山建设管理与开发保护培训班在区政府206会议室举办。

▲ 10月25日，桃花涧景区入选2015“连云港新十景”。

▲ 锦屏林场新建森林防火数字短波无线电对讲通信基站1个、森林火险气象等级监测点1个，清理重点地段和秋冬季林下可燃物133.33公顷，森林以水灭火消防系统1套增加到2套，祭奠台达到14个。全年实现锦屏山森林火灾零纪录，森林消防专业队在2015年全省森林防火技能竞赛中获优秀奖。

2015年3月，锦屏山麓军民共建双拥林

▲ 全年完成锦屏山山体绿化及林相改造390.67公顷。

▲ 区林业主管部门和森林警察大队开展非法侵占林地清理排查专项行动，共出动警力120人次，查处锦屏山林各类涉林案件14起。其中，滥伐案件6起，擅自改变林地用途6起，非法狩猎1起，移送刑案1起。

第一章　历史沿革

锦屏山古称朐山，原为海中岛屿，随着山海变迁，逐渐成为半岛乃至最后成陆。早在史前时期，先民们就在锦屏山周围从事种植和渔猎，在多处滨海的山麓台地上建成居民聚居点。考古成果显示，锦屏山是今连云港市境内出现人类活动和先民们开发最早的地区。春秋时期，先民们的聚居点逐步发展成为小村庄、小城镇，出现了方便生产和交换的小海港，城市雏形开始显现。这些小村庄、小城镇的兴起和发展均依托于锦屏山。秦代，在锦屏山北麓滨海处设置朐县，是今市境内最早的行政建置。朐县之名，即取自朐山。此后，海州以及今市境内早期的几处行政建置所在地，如东海县、朐山县、石湫镇等，都围绕锦屏山周围设置；其间许多重大历史事件及隶属变化都在锦屏山留下了印记，形成了锦屏山周围及地上地下丰富的历史文化遗存和人文景观；锦屏山从海中岛屿到今天处处呈现出的现代文明，其过程就是沧海桑田、社会发展的缩影。锦屏山见证了古海州的全部历史。

第一节　山海变迁

锦屏山为云台山脉最西端的一支山系，属泰山山脉的分脉沂蒙山的余脉。地质资料显示，锦屏山地区构造形迹主要发生于印支期中央造山带的形成及中生代燕山运动晚期断块山的形成，新生代构造活动不明显，总体看地质构造基本稳定。锦屏山由前震旦纪变质岩系构成，其岩石的形成过程至少在19亿年前就已开始，那时地壳运动频繁，并伴有火山喷发，形成了一系列包括火山熔岩和碎屑等海相沉积物。这些物质形成岩层后，在漫长的变质过程中，生成了变粒岩、片麻状花岗岩和混合花岗岩等岩石。此后进入漫长的侵蚀时期，经过海水侵蚀、地震山崩、日晒雨淋及山洪冲刷等风化作用，坚硬的岩石突兀为山峰，松软的岩石被侵蚀为低丘和广谷，山间形成多个山洞和多条山涧，最终形成了锦屏山的地貌形态。

远古时期，锦屏山为黄海中的岛屿。随着地壳运动，海岸线不断东移，在距今6000年前，海岸线大致位于今赣榆区的青口、罗阳，东海县的白塔埠，海州区的洪门，灌云县的龙苴、伊山一线。由于锦屏山及周边的地势较高，先后有17块山麓台地露出水面，形成一片滨海的半岛状陆地，锦屏山将军崖等滨海台地上，先民们在此留下了反映其原始部落生产、祭祀等活动内容的将军崖岩画。

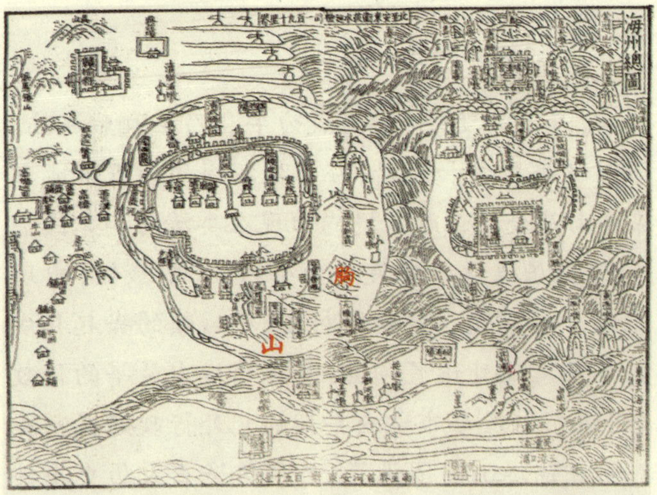

明代朐山临海　　摘自《隆庆海州志》

南宋建炎二年（1128年），黄河夺淮从苏北入海，大量泥沙东下，造成近海海域逐渐淤积成浅水滩地。明弘治七年（1494年），黄河全流夺淮从苏北摆动入海，海岸线向东淤长速度由前次夺淮后的每年54米加速为215米。清康熙七年（1668年）郯庐断裂带发生8.5级大地震，造成地壳上升，海水向东退却15千米，进一步加速了锦屏山周围至云台山之间的淤积速度。至康熙五十年（1711年），海岸线推进到今连云区猴嘴街道以北和今海州区南城街道以东一线，海州城北、东二面逐渐形成滩涂，锦屏山周围的孔望山码头、刘志洲山码头逐渐废弃。乾隆五十九年（1794年），新浦一带逐渐成陆。进入19世纪，锦屏山周围除东北角有一片称之为“小海”的滩涂外，已是沧海桑田。

第二节　山名演变

一、朐　山

锦屏山原名朐山。朐山之名起于何时已不可考，但至少在秦代之前已称朐山。清《嘉庆海州直隶州志》载：“山名始见司马彪《续汉书·五行志》也。而《太平寰宇记》引旧经云：‘秦始皇东巡至朐山’。乐史谓此时已有朐山之名。”秦代在今海州地区置朐县。朐县之名，取自朐山。

马耳峰

二、马耳山

清顾祖禹《读史方舆纪要》在论述锦屏山时称：“上

有双峰如削，俗呼马耳峰。"《云台山志》称："朐山本名马耳山。"

三、南大山

因锦屏山位于海州古城之南，当地百姓称锦屏山为南大山。

四、青龙山

锦屏山主峰马耳峰旁有龙潭，水甚清冽，龙潭旁有一水蚀岩洞，俗称"青龙洞"，下有青龙涧。明天启五年（1625年），海州知州翁承选将朐山改名为青龙山。

五、锦屏山

从海州古城南眺，锦屏山蜿蜒于古城之南，陡峻挺拔，郁郁葱葱，宛若墨黛，颇有山水画屏之意境。清康熙十三年（1674年），海州知州孙明忠在今鼓楼东侧的州衙内南望此山时称："此山列于州制之前，花草秀发，似锦屏然。"遂将青龙山改名为锦屏山。

第三节　山城兴废

一、朐县故城

春秋战国时期，朐山以东是大海，朐山与其北面的孔望山之间是天然的港湾，港湾南侧背靠朐山的集镇逐步发展成为古朐港。朐山南侧的板浦等集镇已开始生产海盐。秦王政二十六年（前221年），在这些港口和集镇的基础上设置朐县，并兴建朐县县城。该城废于何时无明确记载。成书于公元6世纪北魏年间的《水经注》载："朐山西山侧有朐县故城。"说明此前该城已废。

二、海州古城

南北朝时期，梁武帝天监十一年（512年），镇远将军马仙琕在锦屏山北紧临大海的一片高高的台地上修筑海州土城。城围1.5千米，设东西两城门，东门位于今甲子桥西侧，西门即今钟鼓楼。土城规模不大，主要用作军事防御。南宋绍兴三十二年（1162年），为抵抗金兵入侵，在城西侧修筑土城，并在城外筑双重土城，将白虎

古城海州全景图

山围在城内，形成山城一体，便于防御。明洪武二十三年（1390年），在西城故址上修复土城，与东城连为一体。永乐十六年（1418年），土城外加砌砖石，形成了海州古城最后的规模：城墙高8.3米，南北长1千米，东西宽1.5千米，面积约1.5平方千米，东西南北各设城门一座。1956年，海州古城城墙被拆毁。

三、孔望山城

孔望山城位于海州城东3千米。前人曾认为孔望山城即朐县故城。海州居民一直称此处为“古城”，至今孔望山村仍有古城队。古城依山势建筑，延绵起伏。东城墙从山的东南麓山腰一直向南，与后小山（又名凤凰山）平行时折而向西，与后小山山脊相连。西城墙由孔望山的西南坡山腰一直向南，同样与后小山西坡相连，整个城墙长约2700余米，城内占地约33.33公顷。城的平面是东西长、南北窄，目前残存的城基最宽处为20米。古城设东、西二门，西门位置明显，门内山石地面尚存车辙。

1979~1981年，连云港市博物馆在城墙的剖面上发现汉唐时的陶片、瓦当，在城的地基处（剖面地层）发现莲花瓦当，在城内发现汉墓。另史载唐刘长卿等人以此城为背景咏海州山海风光的诗多首，因而初步推断，此城应建于唐。宋金交战时期，魏胜凭借此处东临大海、南北依山的地理形势修筑加固，作为军事要塞，与李宝水师配合抵抗金兵的进攻，故孔望山也曾称“巡望山”。

四、石湫镇

北宋年间，“在州东南十里朐山下”的石湫河畔设镇，名石湫镇，镇区位置在今锦屏镇陶湾村和岗嘴村境内。今锦屏镇大部分为石湫镇属地。清嘉庆年间（1796~1820年），海州官府田粮册记载石湫镇有大粮田八顷四十八亩二分六厘，芦苇小粮田二十七顷九十一亩五分一厘，一麦田五顷二十九亩。清末，石湫镇渐废。民国18年（1929年），撤石湫镇。

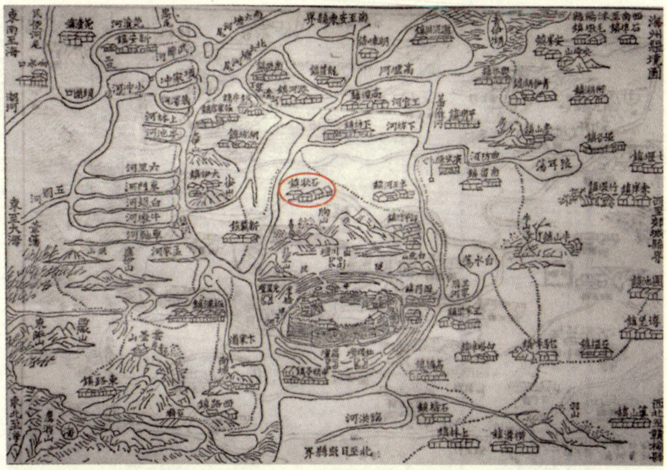
石湫镇位置图

——摘自《嘉庆海州直隶州志》

第四节　隶属变化

锦屏山，春秋时属郯国，战国时易为楚地。秦时属东海郡朐县。南北朝东魏年间属海州朐县。北周武帝建德六年（577年），取县内朐山之名，改朐县为朐山县，锦屏山属朐山县，隶朐山郡。至明代，"洪武初，复曰海州，以州治朐山县省入"。锦屏山仍属朐山县。清代，海州升直隶州，锦屏山属海州。

中华民国时期，锦屏山属东海县。

中华人民共和国成立后，锦屏山属新海连市锦屏区。1952年7月，属海州区，其中，山东北部朐山村向西至网疃村山麓属棉场乡，山北部网疃村以西至园林村属西门乡，山南部岗嘴村向西的山麓属磷矿乡。1956年10月，棉场乡与磷矿乡合并成立锦屏乡。1961年9月，锦屏山北部属连云港市海州区，南部属锦屏公社（锦屏公社为市直管）。1983年6月，属连云港市新海区。1986年6月，属连云港市

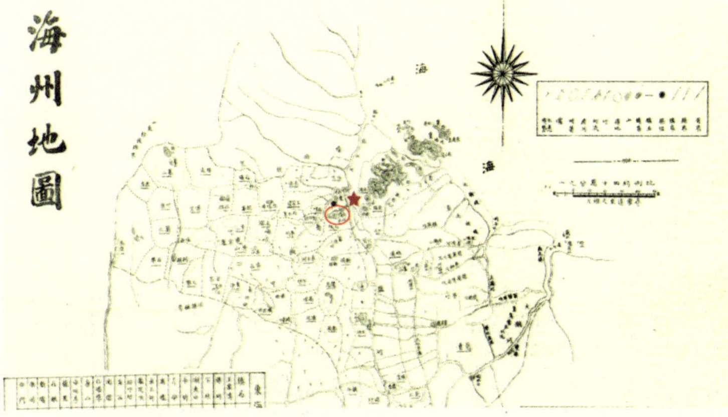

民国年间锦屏山属東海县

海州区。2014年，原新浦区、海州区合并为新的海州区，锦屏山仍属海州区，山南北两片分属锦屏镇和朐阳街道管理，山林属国营锦屏林场管理。

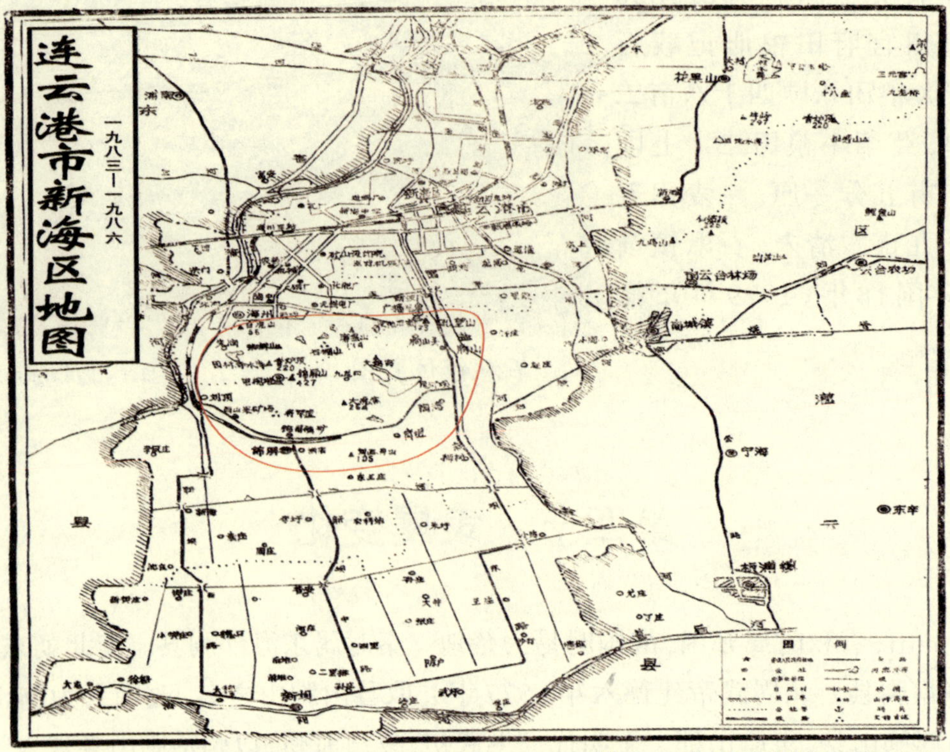

—摘自《中共海州区组织史》

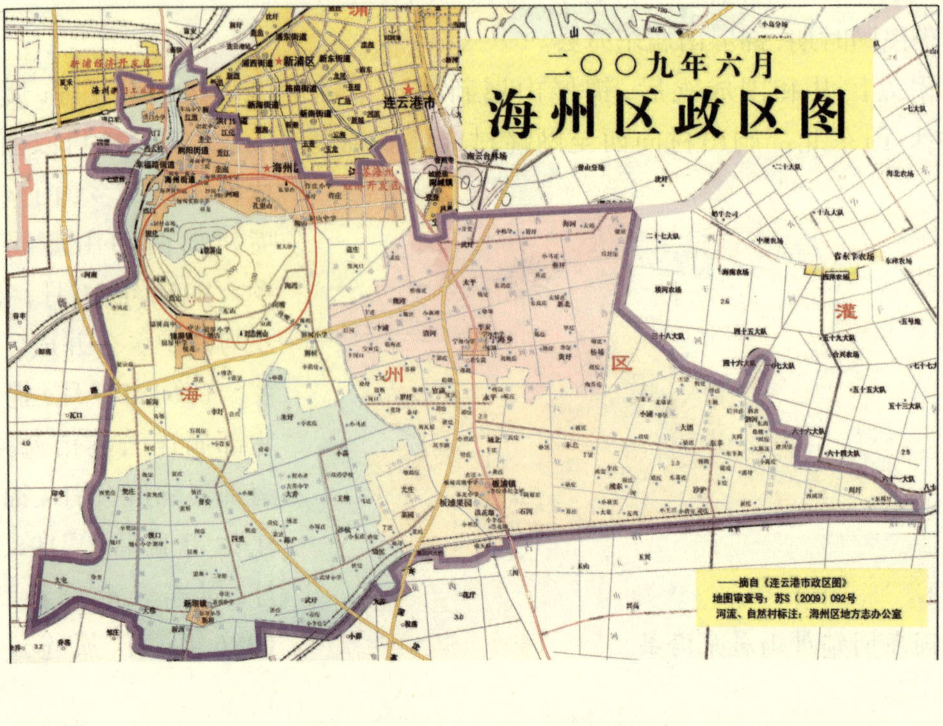

第二章　自然环境

第一节　地　质

第二节　地　貌

第三节　气　候

第四节　资　源

锦屏山山头林立，山涧、丘陵、台地、缓坡等地貌齐全。山区地处暖温带和北亚热带过渡区域，寒暑分明，光照充裕，雨量适中，无霜期较长，气候温和，空气清新，自然环境宜人，适宜农耕和人类活动。经过多年的经济开发与建设，锦屏山为社会提供了丰富的自然资源。地下，埋藏着丰富的磷矿资源；山上，为省级国家森林公园，活立木蓄积量达3.7万立方米；出产花岗岩毛石、石子等建筑材料；周围山麓土壤适宜林木生长，已开发为成片的果园和花卉苗木生产基地；山麓建有十多座水库和蓄水塘坝，库容总量近220万立方米，可为山下周围的蔬菜生产提供灌溉便利。

第一节　地　质

一、地层及地质构造

锦屏山地区的基岩由下元古界的东海群和中上元古界的海州群的中、深变质岩系组成。从震旦纪以来，进入相对稳定的台地发展阶段，表现为长期隆起、遭受剥蚀，故缺少震旦纪至第三纪的沉积。

在地质构造上，锦屏山周围分布着几条断裂带。海（州）—泗（阳）断裂带在锦屏山西侧通过，从海州北临洪口太平庄经西印庄、沭阳韩山到泗阳，亦称海韩、海沭断裂带，蔷薇河的走向大体与这条断裂一致。海泗断裂长100多千米，断裂走向10°~15°，倾向南东，倾角70°~80°，经过锦屏山北西向20余千米，属深大断裂，为新华夏系断裂。邵桑断裂从新坝和锦屏山之间穿过，走向北东，倾向南东。另外，锦屏山东山矿体部分有一组4条近东西向的断裂构造，规模较小，断距不大，多数消失在200米以内。

锦屏山山体内地质构造以褶皱为主。规模较大的褶皱构造为锦屏山倒转背斜，倒转背斜呈北东走向，与中国东部新华夏构造带走向一致。该背斜自锦屏中山到临洪口入海，陆地部分总长约30千米，背斜东西宽5.5千米。其核部由朐山组混合岩组成，两翼由锦屏组含磷岩系组成。西翼为倒侧转翼，在西山、刘顶山一带，含磷层倒转，倾向42°~52°。东翼为正常翼，陶湾磷矿和新浦磷矿均分布于该背斜地带。

二、工程地质

低山丘陵区　主要分布于锦屏山、孔望山，为起伏较大的低山地形，标高在

40~427米，岩性为混合岩、混合花岗岩及白云斜长片麻岩，浅部裂隙发育，据地基承载力可分为三个岩组：全风化—强风化岩280~1000千帕，中风化岩1000~3000千帕，微风化岩3000~6000千帕。

山前洪坡积区 分布在锦屏山山前，北坡较发育，宽度1~3千米；南坡较窄，宽度200~800米，标高5~25米，为山前倾斜缓坡地形。岩性为粉质黏土及含碎石黏土，硬塑，地基承载力150~350千帕。

冲海积平原区 分布在锦屏山周围的平原地区，地面标高3~5米，厚度为5~30米，上部由软黏土及淤泥质土组成，承载力较差，为50~65千帕。中下部为可塑—硬塑黏性土夹中密砂层组成，地基承载力150~250千帕，底部为基岩。

锦屏山西部 从海州古城向南，经园林村至巴狗庄锦屏路两侧，地层比较简单，下部多为硬质岩，可建高层建筑或工厂。沿锦屏路再向南，刘顶村周围紧邻锦屏山山体，属山麓台地，地势较高，地层多为硬质混合花岗岩和混合片麻岩。此地虽可作高层建筑使用，但西距铁路太近，中间又有锦屏路，地方狭小。

锦屏山南部 锦屏镇南侧桃花村、酒店村向东至刘志洲山的地域为冲海积平原，其表层黏土仅1~1.5米，黏土下为1.5~8米海淤，淤下为中砂1.5~3米，砂下有2米左右黏土，土下即为全风化云母片岩或白云质大理岩。大理岩中有分布不规则的溶洞，洞径1~4米不等。故此处不适宜建高层建筑，只可建五层以下居住楼或1~2层工厂车间。

锦屏山东南部 岗嘴村附近地域属山麓台地，地层简单，海相沉积不厚，一般为1~3.5米，下部为一层砂和一层黏性土，土下即为硬质岩。此地可开发高层建筑或工厂。陶湾村附近地域，江苏勘探队已探明其下有一磷灰岩矿体存在，储量602万吨左右。其地如开发利用，需征得连云港市国土资源局同意。

锦屏山东部 朐山村附近地域紧邻山坡，属山麓台地，虽有海相沉积，但不厚，地表以下2~7米即为硬质岩石，可建高层建筑或工厂。

锦屏山北部 孔望山、网疃至海州古城沿秦东门大街一线，路南侧大部分为山麓台地，为低山丘陵区；路北侧为山前洪波积区，海相沉积不厚，为2~2.5米，以下即为硬质岩石。这一地域可开发高层建筑。

三、土　壤

锦屏山山体周围土质，缓坡地以黄板土为主，青砂板土次之，潮棕土又次，土层平均厚度22.1厘米。

棕壤类 分布在锦屏山及其周围的山前洪积平原带，包括锦屏山山脊和陡坡的酥石岭砂土及离山体较远的板土，其成土母质为片麻岩、混合花岗岩的残坡积物。土层深厚、质地偏砂，PH值7.6左右，为水果和花卉生产基地。

潮土类　为黏性盐潮土土属，分布在锦屏山南侧近山的黄泛海积平原和地势较高、排水良好的地方，位于锦屏镇刘顶、桃花、酒店、朐山、陶湾等村境内，其成土母质为片麻岩、沙页岩风化物，在河流搬运、沉积及地下水活动影响下，经耕作熟化而成。土质黏重，通透性差，保持性良好，虽不易耕作，却是利用良好的一种农田土壤。

四、地质灾害

地震　锦屏山地区位于华北地震区的南缘，西近郯庐断裂带，是地震多发地带。西汉文帝元年（前179年）至民国37年（1948年），发生有感地震24次；元至正十四年（1354年）至1990年，有记录的地震234次，但震中大部分不在境内。本区域只有小震发生，多为1~2.5级，3级以上很少；境内震级较大的是元至正十四年发生3.5级地震、明弘治八年（1495年）发生5级地震，震中都位于锦屏山南麓。大部分有感地震，震中不在海州境内，因同处一断裂带而受到波及。如清康熙七年（1668年）七月二十五日郯城大地震，海州官廨民居大部倒塌，城倾十之二三；宣统元年（1909年）震中位于南黄海的赣榆6.7级地震；1937年8月1日震中位于山东菏泽的地震；1948年5月23日震中位于山东威海东部海底的6级地震。

滑坡、崩塌、塌陷　锦屏山南麓因20世纪20~30年代人工露天采磷，致山体塌陷，塌陷处上方山体裂缝增大、松动，暴雨季节造成大面积滑坡。孔望山东坡下部因人工开挖形成一小型山体滑坡。锦屏山东南侧磷矿堆积的尾矿砂，1994年5月10日，因大雨造成一段堤坝坍塌，形成泥沙流，淹没陶湾村果园和农田13公顷。

2005年，锦屏山白鸽涧山坡上巨石因雨水冲刷松动，毫无征兆地滚落下来，致涧内洗衣服的两名妇女身亡。

锦屏山南麓因受东山、西山采空区影响导致地面塌陷地质灾害，目前处于不稳定状态，地表产生多处地裂缝，影响面积达3.09平方千米。

第二节　地　貌

一、地　形

锦屏山在海州古城之南拔地而起，雄伟壮观，山头林立，陡峭险峻。5米等高线以下均为缓坡，每条山涧出口处均有山麓台地。其中阳坡较缓，5~35米等高线之间为15~30度的斜坡，35米等高线以上为大于30度的陡坡；阴坡陡峭，均为15~45度的陡坡，很少有缓坡。全部山体缓坡面积679.2公顷，斜坡面积877.27公顷，陡坡面积602.47公顷。

构造剥蚀地形 主要位于锦屏山海拔10米以上地带，岩石比较坚硬，抗风化能力强，形成较陡峭的山峰。山坡北陡南缓，岩石裂隙以垂直及层面裂隙为主，沿裂隙风化，切割或受构造影响形成多处涧沟、山谷。

侵蚀堆积地形 主要位于锦屏山山麓堆积及山前冲积扇地区，由片麻岩、片麻岩风化而形成的碎块及砂砾组成。地表标高10~50米不等，其中海拔20~50米地段与构造剥蚀地貌犬牙交错。侵蚀堆积地形主要表现形态为岗地，分布于锦屏山四周山麓，其中2/3在山北侧。锦屏山北侧的大片岗地，历经山洪长期冲刷，形成若干块四周深沟（10米左右）、中间突起的山麓台地，面积较大的有17块。海州古城便是建造在最大的一块山麓台地上。历代一些重要的建筑物也都是建在台地上，如东海庙、朐山古城、社稷坛、先农坛、蒲神庙、碧霞宫、园林寺等。由山麓至平原地带逐渐形成冲积扇，许多环山道路就是利用这一地形特点修筑而成。

洪积沉积地形 由砂、黏土、砂土、砂质黏土、淤泥形成的平原地区，以及地表标高3~4米的山前平原多属此类型，多为洪积和海相沉积区。锦屏山以南的平原面积124.4平方千米，地面高程3~4.5米，略向东南倾斜，是海州区主要农作物分布区；锦屏山以北为平原地区，6平方千米，海拔4~5米，以种植蔬菜为主。

锦屏山地形图

二、山　系

锦屏山在海州古城南1.5千米处，东傍西盐河，西濒蔷薇河，南面为平原地带，东西长5.4千米，南北宽4.5千米，总面积2159公顷。山系由9座独立山体、36个山头组成，主体为锦屏山。

锦屏山 为锦屏山山系的主体山体，由20个山头组成，面积1578公顷，占锦屏山山系总面积73%。锦屏山山体由西山、中山、东山3条山脊组成，均为西北—东南走向。西山脊上自北向南坐落着石龟顶、刘顶山、万丈崖和将军崖4个山头；中山山脊上自北向南依次坐落着香炉顶、头道门、马耳峰、张果老洞顶、哼虎窝、石酒杯、狼窝掌、龙生顶、小枣山及中山10个山头；东山脊上自北向南依次坐落着白鸽顶、九龙顶、大虎礁、二虎礁、三虎礁和夹山6个山头。山头中海拔400米以上的1个，300米以上的4个，200米以上的8个，100米以上的4个，100米以下的3个。

锦屏山山顶海拔427.7米，主峰为马耳峰，海拔416.9米。山顶位于马耳峰东侧500米左右，地势平坦，没有形成山峰。以前人们根据目测，认为马耳峰最高，20世纪60年代经仪器测量，确定马耳峰东侧的山顶海拔427.7米，高出马耳峰10.8米。因此，出现了主峰马耳峰不是锦屏山海拔最高处的现象。

独立山体　锦屏山山体及周围坐落着刘志洲山、青龙山、孔望山、凤凰山、磨盘山、石棚山、蜘蛛山及白虎山9座独立山体。其中，刘志洲山体包括刘志洲山、岗嘴峰、平顶山及哑巴山4个山头；青龙山山体包括塔山、淮河顶、白鸽窝、钓鱼山及前小山5个山头；磨盘山山体包括磨盘山、焦山2个山头。

锦屏山山系情况表

表2-1

<table>
<tr><th colspan="2" rowspan="2">山体名称</th><th rowspan="2">编号</th><th rowspan="2">山头名称</th><th colspan="2">地理坐标</th><th rowspan="2">山顶海拔（米）</th><th rowspan="2">面积（公顷）</th><th rowspan="2">位　置</th></tr>
<tr><th>北纬</th><th>东经</th></tr>
<tr><td rowspan="15">锦屏山</td><td colspan="3">山体</td><td>34°32′56″</td><td>119°8′8″</td><td>427.70</td><td>1578</td><td>海州区中部，古城南1.5千米</td></tr>
<tr><td rowspan="4"></td><td>1</td><td>石龟顶</td><td></td><td></td><td>299.40</td><td></td><td>锦屏山西侧，刘顶村东偏北</td></tr>
<tr><td>2</td><td>刘顶山</td><td></td><td></td><td>266.00</td><td></td><td>石龟顶东南侧</td></tr>
<tr><td>3</td><td>万丈崖</td><td></td><td></td><td>252.00</td><td></td><td>刘顶山南，西山采矿厂东</td></tr>
<tr><td>4</td><td>将军崖</td><td></td><td></td><td>48.20</td><td></td><td>万丈崖山头南端的后小山上</td></tr>
<tr><td rowspan="10">中山山脊</td><td>5</td><td>香炉顶</td><td></td><td></td><td>220.00</td><td></td><td>马耳峰西北</td></tr>
<tr><td>6</td><td>头道门</td><td></td><td></td><td>355.00</td><td></td><td>马耳峰西</td></tr>
<tr><td>7</td><td>马耳峰</td><td></td><td></td><td>416.90</td><td></td><td>海州城正南，锦屏山主峰</td></tr>
<tr><td>8</td><td>张果老洞顶</td><td></td><td></td><td>310.00</td><td></td><td>马耳峰南、偏东</td></tr>
<tr><td>9</td><td>哼虎窝</td><td></td><td></td><td>254.50</td><td></td><td>张果老洞南</td></tr>
<tr><td>10</td><td>石酒杯</td><td></td><td></td><td>218.00</td><td></td><td>哼虎窝山头东南</td></tr>
<tr><td>11</td><td>狼窝掌</td><td></td><td></td><td>249.00</td><td></td><td>石酒杯南</td></tr>
<tr><td>12</td><td>龙生顶</td><td></td><td></td><td>125.00</td><td></td><td>石酒杯南偏西</td></tr>
<tr><td>13</td><td>小枣山</td><td></td><td></td><td>102.20</td><td></td><td>狼窝掌正南</td></tr>
<tr><td>14</td><td>中　山</td><td></td><td></td><td>44.00</td><td></td><td>龙生顶南</td></tr>
</table>

续表2-1

山体名称	编号	山头名称	地理坐标		山顶海拔（米）	面积（公顷）	位置
			北纬	东经			
锦屏山 东山山脊	15	白鸽顶			348.60		马耳峰东
	16	九龙顶			334.60		白鸽顶南
	17	大虎礁			264.00		哼虎窝东
	18	二虎礁			160.00		九龙顶南
	19	三虎礁			60.50		九龙顶南
	20	夹　山			105.90		狼窝掌正南
刘志洲山	21	刘志洲山	34°31′30″	119°9′00″	105.90	250	锦屏山山南
	22	岗嘴峰			87.10		岗嘴村南
	23	平顶山			59.50		锦屏镇东、岗嘴峰西
	24	哑巴山	34°31′12″	119°8′54″	34.40		刘志洲山南
青龙山	山体和主峰		34°34′35″	119°9′15″	143.70	300	
	25	塔　山			125.00		锦屏山北坡东部
	26	淮河顶			143.70		锦屏山东部
	27	白鸽窝			137.00		锦屏山东部、塔山东南
	28	钓鱼山			125.00		锦屏山东部、白鸽窝东南
	39	前小山	34°34′8″	119°9′8″	15.00	1	钓鱼山南
孔望山	30	孔望山	34°34′1″	119°10′9″	123.00	73	锦屏山东北，东与西盐河、盐河南路相倚
凤凰山	31	凤凰山	34°33′43″	119°10′5″	37.80	10.33	孔望山南侧
磨盘山	32	磨盘山	34°33′53″	119°9′2″	114.20	20	孔望山西南
	33	焦　山			71.80	16.67	磨盘山南
石棚山	34	石棚山	34°33′52″	119°9′1″	71.20	20	磨盘山西南
蜘蛛山	35	蜘蛛山	34°33′35″	119°7′53″	119.80	11	石棚山西
白虎山	36	白虎山	34°34′1″	119°7′20″	64.80	13.3	海州古城西南

三、山　头

锦屏山西山山脊

石龟顶　位于园林山南，刘顶村东侧，与马耳峰、头道门对峙；山顶平缓，一高峰忽然从山崖上隆起，似一只头伸向南的硕大乌龟，故名石龟顶。山头海拔 299.4 米，山体从海拔25米以上，均为大于25度的陡坡，土壤为粗骨棕壤，70%山体为黑

松、赤松、湿地松所覆盖，20%为裸岩，10%为针阔叶混交林，混交树种主要有麻栎、山槐、刺槐等，与林下灌木生长均佳。刘顶村在山前台地上。山头西北角是全市最大的采石企业刘顶采石厂。石龟顶两侧与刘顶村之间，蕴藏有丰富的磷灰石矿藏，锦屏磷矿曾在此建有矿井，浅层矿藏采掘后，形成塌陷区。1965年前后，海州区和锦屏镇在塌陷区北端曾建小矿井采磷。

石龟顶

石龟顶北侧原有一山头名园林山，位于海州古城南偏西3千米，园林水库西南侧，海拔93. 4米。因坐落于古园林寺西侧、现园林村境内，故名园林山。山体面积约13.3公顷，通体裸岩，山势陡峻，平均坡度30度以上，南麓与海拔299. 4米的石龟顶山头连脉，其山势如下山猛虎，故又称下山虎。此山无植被，只有几株疏落赤松生于岩缝之间。东山麓为山前台地，土层深厚，土壤肥沃，皆为棕壤土，辟为菜园和果园。果园栽有苹果、梨、桃、葡萄等果树；菜园种植水泡萝卜、白菜、黑菜等四季应时蔬菜。山头东北处建有园林水库，库址坐落于园林寺旧址上。1952年，建成海州采石厂，在该山头北、西两侧开山采石。至1990年，经过近40年的开采，此山头已经消失。

刘顶山　位于石龟顶东南，由两个小山包组成，海拔相近，为266米。刘顶村位于此山头西侧。刘顶山整个山体为黑松、湿地松和赤松覆盖，在山顶两个山包之间有一块山中洼地，生长着繁茂的刺槐纯林。山体植被与石龟顶大致相同。

万丈崖　位于刘顶山之南，锦屏磷矿西山采矿场正东，海拔252米。因该山西侧皆为大于60度以上陡峭山坡，更有数丈高的独立危崖耸立山顶，故称为万丈崖。此山头西侧为锦屏磷矿的严重塌陷区，从山顶到山脚如刀斧所劈齐刷刷地下陷，使半个山体支离破碎，加之山体陡峭，抵近观察，使人惊心动魄。著名画家陈大羽1981年称赞“此山比山

万丈崖山头

水画还漂亮”。万丈崖山下是锦屏磷矿的主要矿区，据勘查，400米以下深处蕴藏着丰富的优质磷矿石。

将军崖　在万丈崖山头东南，锦屏镇桃花村北，海拔48.2米，面积8.67公顷。因此山北端陡崖处刻有将军出行图崖刻，故名将军崖。由于山体矮小，土壤贫瘠，岩石裸露，林木生长不旺，一直不为人重视，村人称之为后小山。直到1979年11月，此处发现了将军崖岩画，才名声大振。

将军崖岩画是国内目前发现年代最早的岩画，史学界誉为“东方第一天书”。它反映了上古时代东夷农业部落的生产、生活和祭祀等活动，闪烁着华夏文明的光辉。1988年，被列为国家级文物保护单位。这一带风景秀丽，环境幽雅。每年阴历3月，“桃花漫岩隙”，踏青游人络绎不绝，是桃花涧风景区的重要旅游景点。将军崖山下，蕴藏着200多万吨磷矿资源，但为了保护文物，锦屏磷矿放弃了此段矿藏的开采。

锦屏山中山山脊

香炉顶　在头道门北马耳峰下，白鸽涧东畔，有一拔地而起的山峰，从西北向东南看犹如一尊硕大的香炉放置于山巅，海拔220米，这一山头就是香炉顶。东南与马耳峰连体，西北面绝壁陡崖。山体岩石裸露，岩缝间生长着稀疏的赤松和山草；白鸽涧两畔基本上为落叶阔叶树与赤松混交林，其余地段皆为黑松和赤松林。山头西北处，在20世纪60~70年代曾辟为采石场，后为保护这一山头，于70年代停采。

头道门　位于香炉顶南、马耳峰正西，海拔355米。从海州园林寺登马耳峰，必须经过马耳峰与头道门之间的峡谷，名为“退三步”，即进一步退三步，形容其地势十分险峻；停步北瞰，近90度的百米陡崖，令人毛骨悚然，有置身天际之感；仰望，马耳峰与头道门两山头耸立两旁，若两根巨大门柱，故称此西侧的山头为头道门峰。南眺则满目青山滴翠，磷矿井架高耸，山前农田万顷；俯视北方，蔷薇河自西而来，蜿蜒东去，海州、新浦市区尽收眼底。此山从山脚起，皆为大于30度以上的陡坡，海拔200米以上的山体，其坡度在60度以上。此山中下部为混交林和黑松、赤松林，上部80%为裸岩，只在石缝间生有低矮的柘树、算盘子等小灌木。

马耳峰周围地形

马耳峰　位于海州城正南，山头北侧有两块巨崖，东西凌空而立，形似马耳，故名马耳峰。海拔416.9米。山头下有青龙洞，洞旁有青龙潭，为明代州府求雨之处，洞周围有多处题勒。马耳峰山头由三个呈品字形的小山岭组成：北边为马耳巨石形成的小山岭，西边为连云港电视转播发射台所在山岭，东边是锦屏山制高点——锦屏山顶。山顶部较平坦，微有起伏，有平坦开阔地，并建有房屋及雷达设施，有公路直通山上山下。此山头植被丰茂。1949年前还是荒山秃岭。1950年起为国营林场山场，经过封山育林和人工造林，山头林木葱郁，主要树种为黑松、赤松和湿地松。

张果老洞　在马耳峰正南偏东，海拔310米。山顶有一厅室大小的山洞，洞顶有一硕大棋盘，传说为仙人张果老与吕洞宾对弈处，故名。该山头顶部植被稀少，生有柘木、算盘子及酸枣等耐干瘠小灌木；中下部生长阔叶树为主的针阔混交林，主要树种有麻栎、山胡椒、赤松等。在山头西南方的山间平坦地段，有千年古寺紫竹林及其他建筑物废墟。此处背风向阳，土层肥厚，地势平坦，林木茂盛。此山头西面为刘顶山及万丈崖，中间为桃花涧，自古以来就是春秋游山的好去处。

哼虎窝　在张果老洞南，海拔254.5米。此山头山势较为平缓，植被与张果老洞相同，但林木茂盛，是猫头鹰栖息、出没的地方。猫头鹰在当地俗称哼虎，故名哼虎窝。

石酒杯　位于哼虎窝山头东南，因山顶有似酒杯状巨石，故得名。海拔218米，呈25度以上陡坡。植被以赤松、黑松为主，间有落叶阔叶树木，生长较好。锦屏林场曾在林冠下栽植板栗，但因未及时伐除杂生灌木，板栗长势不旺。

狼窝掌　在石酒杯山头以南，海拔249米。因山头地形似手掌，又因20世纪50年代以前人迹罕至，有狼为窝，故名狼窝掌。多为25度以上陡坡，山上赤松、黑松林茂密，山南侧有一大片针阔混交林，底栖植物以白茅居多。

龙生顶　此山头面对沈家祠堂，沈家为图吉利，取名隆盛顶，被演变成“龙生顶”，海拔125米。又因其在锦屏磷矿和锦屏镇驻地以北，当地俗称后山顶。南侧与中山一沟之隔，东侧为千条涧，西侧为桃花涧。此山头地势平坦开阔，土壤深厚，小气候环境优越，生长着以阔叶林为主的针阔叶混交林，树种以刺槐、山槐、麻栎、赤松、野桃为主，间有人工栽培的法桐、山楂、槐树及板栗。南坡陡峭，土层浅薄，长有赤松和黑松纯林，底层草灌不盛。

小枣山　在狼窝掌南，海拔102.2米。此山多生野枣，故称小枣山。山头除约20%裸岩和山南陡坡外，其余地段皆为黑松和赤松覆盖。20世纪60年代修筑的锦屏山环山公路，由此乘车可直达紫竹林和马耳峰，为电视发射台进出山顶的主要通道。

中山　位于龙生顶南，海拔44米。因锦屏磷矿有三座矿井，其东名东山矿井，西为西山矿井，中间主矿乃称中山矿井，中山矿井所坐落的小山便称中山。

锦屏山东山山脊

白鸽顶　在马耳峰正东1000米处，为一孤立山头，海拔348.6米。20世纪50年代之前，此处岩鸽较多，当地俗称岩鸽为白鸽，故称此山头为白鸽顶。此山自上而下均为30度以上的陡坡，人迹罕至，植被茂盛，满山为赤松、黑松、湿地松覆盖，树下灌木生长亦很茂密。

九龙顶　位于白鸽顶之南，海拔334. 6米，因白鸽顶、马耳峰、九龙顶等多条峰脊发源的数条山涧汇集于此山头东侧的山口而下泄，故此山口名为九龙口，涧为九龙涧，此处山头亦名九龙顶。山体东南至西北走向，为大于25度的陡坡，植被生长较好；其东、南两侧裸岩较多，山头植被以、黑松和赤松为主。

九龙顶

大虎礁　在九龙顶南、哼虎窝正东1千米处。因山顶有岩礁似虎，在一条山脊上依次分布着3个山头，此大山头称大虎礁，海拔264米。大虎礁山体裸岩较多，占山体面积的30%，植被多赤松、黑松疏林。

二虎礁　与大虎礁处于同一条山脊上，在大虎礁的东南低下方，海拔160米。植被、土壤同大虎礁。

三虎礁　与大虎礁、二虎礁处于同一山脊，位于二虎礁的东南，海拔60.5米，比大虎礁、二虎礁低，故称三虎礁。山体呈15度以上斜坡，植被以黑松和赤松为主。南麓曾辟为采石场，为保护山林，1984年停采。

夹山　因夹于三虎礁、狼窝掌及平顶山之间而得名，海拔105.9米。山体中上部为15度以上斜坡，山麓为缓坡台地。植被以黑松和赤松为主。

元朝以前，这里是海州地区的重要海港，地属石湫镇，人口密集，建有城镇，至今还有名叫“前陈（城）”“后陈（城）”的村庄。民间有“船泊夹山口，浪打胸山头”的说法，是对夹山一带当时地形地貌的生动描述。

刘志洲山

该山体位于锦屏山南侧，锦屏镇驻地正东1千米处，由刘志洲山、岗嘴峰、平顶山、哑巴山4个山头组成，总面积2.5平方千米。刘志洲山为该山体主峰。此山因人而名，其史无考。据传有三：一传刘志洲为地方上一位仗义除暴的士绅；二传为依山聚众、叛逆朝廷的农民起义的领袖；三传为一清正州官，被贬后隐居此山。众说纷纭，但有一点是共同的，即刘志洲为百姓所爱戴，故以其名命山。

刘志洲山　在平顶山南，海拔105.9米，南北走向，山体长1.5千米，东西两面海拔25米以上为陡坡。植被良好，以黑松和赤松为主，间有刺槐和麻栎等阔叶林木。25米以下为缓坡，砂质棕壤，辟有果园20公顷。

刘志洲山麓西侧，为酒店文化遗址。元代以前，此山是锦屏山前的海中半岛，周围皆可泊船。东侧是海州古海港的主要港区。南端东侧现仍存有海船闸遗迹。宋与金辽之战，此处为争夺要地，经常呈拉锯之势。此山周围文物处处，遗迹遍布。

岗嘴峰　居刘志洲山体东北端，海拔87.1米，山嘴伸入村庄内，故名岗嘴，山头便称为岗嘴峰。又因山顶有一深、阔均近2米的自然石洞，传说为神仙小姐居住的地方，故名小姐洞。此山头与平顶山连脉，南部较缓，东、北部陡峭，西部与平顶山相连。南坡35米以下为15度左右的缓坡，土壤为棕壤和黄黏土，土层肥厚，林木茂盛，多为居民区；35米以上为30度以上陡坡，土壤为粗骨棕壤，土层浅薄，植被稀疏，主要植物有山槐、麻栎及少量赤松。

唐宋时期，岗嘴峰下曾有国家中部的主要海港，也是宋代水师抗金的主战场之一。南宋绍兴三十一年（1161年）前后，南宋浙西路马前军副总管李宝水师屯兵于此抗金。咸淳七年（1271年），南宋水师招信军等部在此抗击入侵的元军。岗嘴南发现了两处宋代船刻岩画和"招信军"石刻等，就是这段历史的遗迹。20世纪末，岗嘴峰山头因采石劈为陡壁，山顶小姐洞岌岌可危。2004年7月，小姐洞被整体搬迁至锦屏山。岗嘴峰经采石已大部分消失。

平顶山　在岗嘴峰西，刘志洲山北，海拔59.5米，东西走向，山体长约500米，山顶平缓，有两个不甚明显的小山包，故名平顶山。阴坡为15~45度陡坡，土壤为黄黏土，较肥沃，生长着刺槐、麻栎及赤松混交林，土层深厚处已辟为果园和梯田；阳坡为10~35度坡面，50%以上为裸岩，土层极其浅薄，石缝隙间生有少量麻栎和赤松，多为小老头树；山顶多黑松和赤松，生长较为整齐；山底蕴藏着丰富的磷矿资源，山体西北部矿体出露，可以露天开采。1918年，矿工于庭华就是在这里发现了磷灰矿石，锦屏磷矿亦于1919年在此建矿。该处表层和中层磷矿资源都已被开采殆尽，剩有7公顷的露天矿坑和近13公顷的磷矿塌陷区。1979年市政府将此处列为危险区，禁止人畜进入活动。

哑巴山　为刘志洲山向西南延伸的小山包，海拔34.4米，面积约3.3公顷，山顶为叠石，原意为压扒的山，后演变成哑巴山。山头岩石上有明显的海蚀平台。山顶为裸岩，山体为肥厚的棕壤，植被茂盛，以刺槐为主，胸径都在20厘米以上，树高10米以上。与刘志洲山交界处建有葡萄园。

哑巴山虽小，却有丰富的文化遗存。南宋绍兴三十一年（1161年）八月，金帅完颜亮举兵南下，主帅蒙恬镇国成为魏胜的刀下鬼。为配合义军魏胜，李宝水师屯兵夹山、刘志洲山，哑巴山亦是当时的屯兵之处。现在，哑巴山上还有水寨、古炮台、石砌的防地等遗址，山头的岩石上还留有战船岩画和招信军（招信军为泗州地）等刻字。

青龙山

青龙山山体位于锦屏山主山体东北方，以塔山古道为界，是锦屏山山系中仅次于锦屏山主山体的第二大山体，由钓鱼山、淮河顶、白鸽窝、塔山和前小山5个山头组成，海拔均在100~150米，主峰为淮河顶。山体面积300公顷。因和白虎山分别位于海州古城东西，故有"左青龙，右白虎"之说。

淮河顶　在马耳峰东北4千米处，为青龙山山体最高峰，海拔143.7米。为粗骨棕壤，土层浅薄，厚度仅20厘米左右。山场使用权：山北为孔望山村集体所有，山东为朐山村集体所有，山体中上部为国营锦屏林场所有。山头顶部为黑松和赤松林，中下部植被以赤松和麻栎混交林为主。该山头裸岩较多，故有多个采石场分布，北部为孔望山采石场，东部为朐山采石场和青龙山采石场。山脚土壤肥沃，多为夜潮棕壤土，有果园27公顷，主植苹果、梨和桃，间种各种蔬菜。

塔山　因清代在该山头建有石塔，故名塔山。位于淮河顶西1千米处，与钓鱼台、白鸽窝坐落于同一山脊之上，海拔125米。塔山与白鸽顶之间有一山坳，塔山古道逶迤其中。古道依山势而筑，平处铺以块石，斜坡凿成台阶，陡峭之处劈成凹槽、踏步。两侧山势嶙峋、怪石林立，谷中林木葱郁、深邃清幽。

白鸽窝　位于塔山东南，与塔山居同一山脊之上，海拔137米。山峰崖石陡峭，人迹罕至。旧时山上有许多岩鸽栖息于此，故称此山头为白鸽窝。此山植被丰茂，黑松、赤松和湿地松林木稠密，间有少量杂树，以麻栎、板栗居多。

钓鱼山　位于白鸽窝东南，海拔125米。在元代以前，山下皆为大海。山头上巨崖高耸，形成一个陡台，相传姜太公曾在此山头钓鱼，故名钓鱼山，亦称"钓鱼台"。此山植被主要是赤松、麻栎和刺槐等，林木覆盖率为70%，有大面积岩石裸露。山西侧有锦屏磷矿尾矿坝，山南面建有磷矿尾矿砖厂和采石场，东侧有磷灰石矿藏，1958年曾开采，后因采掘困难而停采。1990年始，在钓鱼台南坡建青龙山公墓。1995年，在钓鱼山东北侧建成垃圾处理厂，市区大量生活垃圾在此堆放、掩埋，对周围的空气、地下水造成较大污染。

前小山　位于钓鱼台山头西南，尾矿坝南，山体面积1.33公顷，海拔15米。1956年锦屏磷矿尾矿坝修筑前，坝址内的山湾中坐落有上、下叶庄和前、后陶湾4个村庄，该小山头居村庄之南，故称前小山；1957年上述4庄迁建于小山东南0.5千米处，随之又称该小山为西小山，但多数人仍称前小山。小山上建有尾矿坝管理站。以小山为中心，周围建有果园20公顷，有梨、苹果、葡萄等。

孔望山

位于锦屏山东北端，海州古城东3千米，为一独立山体，山体面积73公顷，海拔123米。《舆地要览》载："孔子问官于郯子，尝登此山，以望东海，故名。又名古城山，山畔有故城基址。"据《淮安府志》载："山巅有墨池，峰西侧有孔望亭，立孔子神像，后废，知州孙明忠复建。"此墨池为东汉晚期先民们祭祀东海龙王的遗迹。《嘉庆海州直隶州志》载："孔望山有龙洞，唐时为龙兴山。"宋金交兵之际，义军首领魏胜在此山设兵巡望，又名巡望山。

孔望山，山虽不高，但挺拔伟岸，林木葱郁。阳坡30米以下为小于15度的缓坡；30米以上和阴坡均为大于25度的陡坡。缓坡上分布砾石岭砂土和砂质黄黏土；陡坡上50%以上为裸岩，土壤为砾石岭砂土。岩石以混合岩为主，杂有片麻岩。山体土层、植被相同。主要树种有黑松、赤松、栓皮栎、柏树、朴树等；山前有古城果园，山后有孔望山果园。

孔望山，山不高而秀，林不深而幽，万木丛中隐现古刹，整个构图清静幽雅，犹如城市中的山林盆景。山体上下周围，古迹和人文景观遍布。山头西南端有东汉佛教摩崖造像，依山石凿成，现为国家级文物保护单位。孔望山南麓山脚处有龙洞，洞内外有宋元明清诸代石刻24处，篆楷隶行各体俱全。龙洞东侧有龙洞庵，迄今已有1400多年历史，是连云港市最古老的庙宇之一。1711年前，此山曾为观海之处。朐山头与南城苍梧山之间的恬风渡，原为一片大海。人们站立孔望山东望，可见来往船帆如梭，落日辉映海面，金波鳞冽，十分壮观，当时被列为海州八景之一，名为苍梧晚渡。1984年以后，以孔望山为中心建成风景区，每年接待中外游客10多万，是市区居民休闲健身的好去处。

孔望山

凤凰山

亦称朐山头，坐落于孔望

山南侧500米左右，因其昂首东南，尾拖西北，山头几株赤松，犹似凤冠，故称凤凰山。海拔37.8米，面积10.33公顷。宋代，此山头以东是浩瀚的大海，南宋绍兴三十一年（1161年）八月，金主完颜亮大举南侵，魏胜率海州军民在这里展开了一场激烈的抗金保卫战。至今，当年用巨石垒筑的工事和埋锅造饭的灶坑等遗迹尚存。

该山头山体小巧玲珑，林木疏落有致。20世纪60年代初，曾在山顶建有一景观亭，后于“文化大革命”中被毁坏。此山上半部土壤为粗骨棕壤，山麓为沙心黄土，山脚为棕壤土。植被有赤松和阔叶杂木。山的东南端坡度30度以上，南、西两面平缓，为密集的民宅区，居住有100多户果农，四周为连片的果园，栽种苹果、梨、白桃及蔬菜等。

磨盘山

位于孔望山西1千米处。因山头岩石重叠若磨盘状，故名。此山体由两座山头组成，北端主山头谓磨盘山，南端小山头谓焦山。

磨盘山　海拔114.2米，面积20公顷，因山体陡峭，巨石重叠，山地多为裸露岩石，故植被稀疏，只在石缝中生有部分黑松、赤松、灌木和野草。东、西、北山麓为山前台地。东侧为网疃遗址和网疃汉墓群，出土了大量文物。20世纪80年代初出土的汉代独木楸树套廓，树径1米余，至今未腐，说明在汉代海州山区林木繁茂，为研究这一地区的气候、土壤、植被及人文等提供了重要的实物依据。山周围土层深厚，为砾石沙壤土和砂石棕壤，灌溉条件较好，作物生长良好。

焦山　与磨盘山连脉，位于磨盘山南200米处，海拔71.8米，面积16.67公顷。土壤为火石夹心黄黏土，只生有少量耐旱耐瘠的红草和刺槐，每到秋后，焦黄如烧，故称焦山。经过60多年的人工造林育林，大部山体已被黑松覆盖。但山麓部分白浆土十分贫瘠，寸草不生。土层稍厚处栽有小面积山楂树，长势较弱。南麓为墓地，生长着茂密的刺槐。

石棚山

位于白鸽顶正北，磨盘山西南，为一独立山体，海拔71. 2米。明《隆庆海州志》载：“山上有巨石如棚立岩上，因名石棚山。”清《嘉庆海州直隶州志》载：“石棚山有巨石复压岩上如棚，因名。”“一名万花岩，又名锦岩山。”山体呈15度以上斜坡，土层浅薄，土壤贫瘠，只生有黑松和赤松，石缝间生长杂草，林下植被稀少。山北侧有王庄水库，使山前坡地得以较好的开发，有果园和菜地。

石棚山以风景名胜见长，有宋代名人的游踪，明、清的题刻，奇岩怪石，遍布山间。早在明清时就被列入海州八景，定名为“石室春风”，现已列为省级文物保护单位。

蜘蛛山山头

蜘蛛山

为锦屏山北麓一个独立山包，位于石棚山正西1千米处，海拔119.8米，面积11公顷。山体呈圆形，有数条小山脊向四面八方辐射，通体山石裸露，呈灰白色，很像一只巨型蜘蛛趴伏于此，故名蜘蛛山。此山与石棚山之间有一发源于马耳峰的黑涧，1958年于涧末兴建双龙水库，为果菜生产带来灌溉之便。山东侧建有南门采石场。

白虎山

位于海州古城西南100米处，为一孤立的小山包，曾名孤山。因山体含白云母较多，白石嶙嶙，他山都青，此山独白，形若伏虎，故名白虎山。海拔64.8米，面积13.3公顷。明《隆庆海州志》记："出州治西南一里，形如虎踞。"清《嘉庆海州直隶州志》记："高三十五丈，周围二里，形如虎踞，淮扬道霍炳改名白壁山，《淮安府志》作白壁山。"现在山东侧虎之尾仍有"白壁山"3个大字。又因形似鳌头，清代两江总督陶澍有《鳌头山》诗刻于山巅，并命之为鳌头山。但终因该山虎态逼真，群众喜闻乐见，故一直称为白虎山。

白虎山虽小，但景点、奇石比比皆是，有唐至民国年间的摩崖题刻20多处。晚霞照耀，云母晶莹，为海州著名一景，历代海州志都将其列为朐阳八景之一，名为"虎峰夕照"。山东麓，有一座建于元泰定六年（1329年）的古寺庙碧霞宫，这里是著名的白虎山庙会的发源地。1928年，在这座山上诞生了中国共产党海属地区第一个党支部。新世纪之初，白虎山周围建满居民住宅区，修筑了登山道路，建成白虎山公园。

白虎山

四、涧

头道涧　亦称朱涧，位于锦屏山西北侧，发源于马耳峰、头道门峰，全长2.75千米。

二道涧　位于头道涧西

侧，头道（从园林村登紫竹庵古山道）东侧，发源于头道门峰和石龟顶。

上述二涧在头道的人工山道起始处东侧会合，西北向出山，经朱涧（园林村自然村）、西门村赵庄东侧山涧（当地人称西沙窝）北流，一部分汇入停水坝，一部分西流排入蔷薇河。1959年以后，涧水出山后排入新建成的园林水库。1975年以后，山洪暴发时沿新建成的园林水库溢洪沟经白虎山西侧排入青龙涧。

蚂蟥涧　位于锦屏山西侧。发源于万丈崖，南行至将军崖北侧折向东与桃花涧会合，流入八一河。全长1.1千米。

桃花涧　位于锦屏山南侧。发源于马耳峰南侧，经万丈崖与哼虎窝、龙生顶之间的峡谷，出山后穿过桃花村，向南汇入八一河。全长4.4千米，为锦屏山最长的山涧。涧水流经的山谷，景色优美，春季桃花满坡，故名桃花涧。此涧历史悠久，古迹甚多，有古人类活动遗址、将军崖岩画等；山涧上中段筑坝建成桃花潭，以下有头道坝、二道坝等拦水工程。每年春夏之交，游人如织。1996年以后，开发建成桃花涧景区。

千条涧　位于锦屏山南侧。由发源于哼虎窝、石酒杯、狼窝掌等山头的多条山涧汇合而成，故称千条涧。涧水经龙生顶与小枣山之间的山谷，在中山东侧穿酒店村向南汇入八一河。全长3.1千米。

老龙涧　亦称二涧，位于锦屏山南东侧。发源于马耳峰，经大虎礁、二虎礁、三虎礁西坡与张果老洞、哼虎窝、石酒杯、狼窝掌、夹山东坡之间的山谷，汇入二涧水库。二涧水库向下分成两涧，一涧向东经陈后庄流入西盐河，一涧向南穿岗嘴庄至岗嘴峰东侧入岗嘴小河，东泄西盐河。全长4.2千米。

托山涧　位于锦屏山东南。发源于马耳峰，经九龙顶与大虎礁、二虎礁、三虎礁之间的山谷，在尾矿坝西侧出山，至陶湾村与九龙涧汇合流入西盐河。全长4.1千米。托山涧上部无污染源，水质好，是修筑用于饮用水的小型水库的理想库址。

九龙涧　位于锦屏山东侧。发源于塔山、白鸽顶与九龙口之间，向南经尾矿坝西侧至陶湾村西与托山涧汇合，向东泄入西盐河。全长4.2千米。

九龙涧

吴窑涧　位于锦屏山东北侧。发源于白鸽窝与塔山，向北流入吴窑塘坝和凤凰山水库。全长2.3千米。

龙窝涧　位于锦屏山北部东侧。发源于白鸽顶，经石棚山南侧、西侧向北流入王庄、张庄水库。因王庄水库原有深潭称龙窝，故此涧称龙窝涧。

簸箕涧 位于锦屏山北部偏东。发源于白鸽顶和马耳峰，向北流入双龙水库。全长1.8千米。

黑涧 位于簸箕涧西侧。发源于马耳峰北坡，是锦屏山北坡最明显、几乎成垂直角度的一条大涧，山洪暴发时，海州城区均可看到涧水呈白练状凌空下泻。

白鸽涧 位于锦屏山北部偏西，发源于头道门峰和香炉顶，涧水西北向流至园林公墓东侧出山，注入白鸽涧塘坝和三八、项顶塘坝。山洪暴发时由项顶塘坝溢洪道排入青龙涧。

青龙涧 青龙涧为古城海州的一条主要排洪沟，起自锦屏山北麓双龙村山坡，向北穿过东风路在谢小楼东侧折向西，沿海州古城南、白虎山北西行，绕古城西折向北，在古城水关门外向西北再折向南入蔷薇河。暴雨时，锦屏山北麓的主要山涧如簸箕涧、黑涧和白鸽涧的山洪以及锦屏山北麓大量地表水都汇入青龙涧。1955年，海州玉带河开挖后，山洪暴发时涧水分流：主流向北经新海电厂院内向东，过幸福路排入玉带河；少部分洪水在西门分闸处北流经铁路二号桥洞至沙坝桥入蔷薇河。每次山洪过后，青龙涧内都积下一层黄沙，涧内沙层厚达1米多深，当地人称沙窝。晴好天气，青龙涧内碧水黄沙、细流清澈。城内外居民或在沙窝中掘泉取水饮用，或在涧内洗衣。蓝天白云之下，青龙涧是一道亮丽的风景。1959年，双龙水库建成后，山洪得到节制，溢洪时大部分经青龙涧排入玉带河，青龙涧中碧水黄沙的景观不复存在。该涧全长3.7千米。

五、山洞

天然山洞 锦屏山山洞面积均不大。主要有位于马耳峰北侧的青龙洞、紫竹林东侧的金蟾洞、马耳峰正南偏东于哼虎窝北的张果老洞、位于刘志洲山东北岗嘴峰上的小姐洞、位于孔望山南坡的龙洞、位于焦山南坡的穿鱼洞、位于白虎山北侧山顶下的牛眼洞和白虎山东南部半山腰的小石棚等（详见各风景区记述）。

金蟾洞

封土石室 封土石室又称藏军洞或土墩，位于锦屏山、塔山南坡阳面和塔山古道两侧。据1989年11月南京博物院和连云港市博物馆联合调查显示，云台山、锦屏山地区共有封土石室200多座，其中塔山30余座，大多分布于山腰，山麓地带极少，门多朝阳或面向开阔地。石室左右墙壁用自然或略经加工的石块垒砌，由下而上逐渐内收，上面用几块巨石封顶，后壁多用一块整石板，前面留过道为进出口，室内空间成覆舟状，平面呈方形、“凸”字形或“瓦刀”形。室内长2~3米、大者达10余米，宽1~3米，高1.3~2.4米，门高约1.2米。小者可居1~2人，大者可容20人。顶部巨石上封以泥土，形成馒头状土墩，环墩砌一圈散状石墙，以加固石室。建筑石材均取自当地，现大部分石室顶部封土已不存，封顶条石多毁。对这些封土石室的来历，有“藏军洞”“墓葬”“烽燧墩”“民居”“祭祀遗址”五说，大部分专家和研究成果更倾向于“春秋战国时的军事设施”和“唐代的墓葬”两种说法。

人防工事 自1957年起，驻军在锦屏山地区开展国防施工，在锦屏山、孔望山、白虎山等处建成多处坑道式人防工事。20世纪70年代中期，海州地区机关和企事业单位在锦屏山北麓挖凿了一些防空坑道。当时，机关和事业单位工作人员每周一天到防空洞用手推车向外运爆破后的碎石，中午送饭在工地吃，下午继续干。另外，锦屏磷矿炸药厂、连云港石油分公司锦屏油库内都有人工开掘的山洞作为贮存设施。

六、塌陷区

锦屏磷矿露天和坑下开采已有近百年历史，其矿层、围岩和夹石多为硬质岩石。中华人民共和国成立前后多为露天开采，露采时因剥离围岩，矿体开采后即形成较大矿坑，最深处可达5~20米。1958年后，因表层矿体向下再采困难较大而转为坑下开采。该磷矿体为倾斜矿体，倾角在45~70度，下部矿体被采出后，上部硬质岩石会自然塌落，又因抽、排水影响而引起地面下沉，地表山体开裂和塌陷形成移动盆地。当矿体被采出后，其上部岩石失去支撑，平衡条件被破坏，随之会产生弯曲塌落。随着采空区的不断扩大，地表凹地不断发展而形成凹陷盆地，即地表移动盆地。

东山塌陷区 此区在刘志洲山北部边缘，锦屏山南部，距山体约350米。据1990年对东山塌陷区测量结果显示，其形态为葫芦形，东西平均长367米，南北平均宽174米，塌陷面积63858平方米。若将塌陷区填平到正零米标高，需充填岩石35.8万立方米。

西山塌陷区 此塌陷区位于刘顶村东南万丈崖山头下，南为冲积平原，北为高山，岩石多为混合花岗岩和混合片麻岩，岩石致密坚硬，山体倾角较陡，一般在50~65度。矿体坑下开采后，山上岩石开裂，塌落严重，2010年已开裂到正65米标高处，因离公路较远，未进行治理。此塌陷区形成的深沟上宽约50米，下宽5~10米，长600米，开裂面积为143万平方米。若将此长沟填平，需充填土石方17.4万立方米。

西山塌陷区南端

七、水库　塘坝

每逢夏秋暴雨季节，锦屏山周围山麓经常会遭遇突然暴发的山洪，造成灾害。中华人民共和国成立之前，由于战乱频仍，民生凋敝，锦屏山林遭官伐民刨，全部被毁，水土流失严重，更加剧了雨季的山洪水患。特别是山北麓植被稀少，自东向西，几乎每隔百米左右即有一条被山洪冲割而成的近20米深的涧沟。雨季山洪悬空直泻，地表雨水沿坡北下，汇集于古城之南的青龙涧，形成洪峰，环城西流，几乎每年夏季都在沿线造成损害。1955年“白虎山庙会”期间，青龙桥（当时是水漫桥）东西，多家百货店、杂货店、饭店在干涸的青龙涧中搭建帐篷、设置摊点营业。四月初七夜间降暴雨，凌晨山洪暴发，虽然人员及时撤往岸上，但大量百货商品、饭店的面粉、餐具、桌凳等都被洪峰冲走，商家损失惨重。

20世纪50年代，锦屏山周围建成大面积菜田，成为市区的蔬菜基地。历史遗留下来的井水戽灌已不适应蔬菜生产的需要，在山麓兴建水库拦蓄山洪、灌溉农田势在必行。海州区人民政府号召全区“利用山区优势，兴建水库、塘坝，发展自流灌溉”。从1957年冬季到1978年，在锦屏山周围陆续建成承接山洪、自流灌溉的小型水库和塘坝多座。其中，水库有二涧、园林、双龙、凤凰山、王庄、张庄6座，均为小型，总库容量191.3万立方米；塘坝为白鸽涧、网疃、三八、项顶、吴窑、塔山和陈庄7座，蓄水总容量27.3万立方米。

园林水库　位于锦屏山西北麓古园林寺遗址，现园林村境内，建于1959年。主要承接锦屏山北侧偏西的头道涧、二道涧山洪，集水面积1.51平方千米。坝顶高程24.9米，库容45.9万立方米，最大库容高程22.88米，最大溢洪流量46.37立方米/秒，灌溉面积33.3公顷。

二涧水库　位于锦屏山南麓偏东，岗嘴村境内，建于1957年。主要承接老龙涧山

二涧水库

洪，集水面积1.61平方千米。坝顶高程17.5米，库容48.19万立方米，最大库容高程15米，最大溢洪流量51.7立方米/秒，灌溉面积17.33公顷。

凤凰山水库 位于锦屏山北麓偏东，网疃村境内，建于1959年。主要承接吴窑涧山洪，集水面积0.73平方千米。坝顶高程17.4米，库容24.92万立方米，最大库容高程15.7米，最大溢洪流量15.7立方米/秒，灌溉面积20公顷。

王庄水库 位于锦屏山北麓网疃村境内，建于1965年。主要承接龙窝涧山洪，集水面积0.56平方千米。坝顶高程31.9米，库容23.17万立方米，最大库容高程29.15米，最大溢洪流量16.09立方米/秒，灌溉面积13公顷。

张庄水库 位于锦屏山北麓网疃村境内，建于1966年。主要承接龙窝涧山洪，集水面积0.25平方千米。坝顶高程20.6米，库容25.21万立方米，最大库容高程18.88米，最大溢洪流量14.3立方米/秒，灌溉面积13.3公顷。

双龙水库 位于锦屏山北麓网疃村境内，建于1959年。主要承接锦屏山北坡簸箕涧、黑涧的山洪，集水面积0.75平方千米。坝顶高程32.32米，库容23.88万立方米，最大库容高程30.34米，最大溢洪流量23立方米/秒，灌溉面积20公顷。

吴窑塘坝 位于锦屏山北麓孔望山村境内，建于1965年。集水面积0.5平方千米，蓄水容量3.12万立方米，灌溉面积6.7公顷。

塔山塘坝 位于孔望山村境内，建于1976年。集水面积0.4平方千米，蓄水容量5.6万立方米，灌溉面积4.7公顷。

网疃塘坝 位于网疃村境内，建于1958年。集水面积0.1平方千米，蓄水容量0.48万立方米，灌溉面积13.3公顷。

陈庄塘坝 位于网疃村境内，建于1978年。集水面积0.05平方千米，蓄水容量1.2万立方米，灌溉面积4公顷。

白鸽涧塘坝

白鸽涧塘坝 位于园林村境内，

建于1957年。集水面积0.6平方千米，蓄水容量2.83万立方米，灌溉面积4.7公顷。

三八塘坝 位于园林村境内，建于1960年。集水面积0.1平方千米，蓄水容量4.9万立方米，灌溉面积4.7公顷。

项顶塘坝 位于白虎山村境内，建于1961年。集水面积0.6平方千米，蓄水容量4.93万立方米，灌溉面积23.3公顷。

八、河流

锦屏山西、南、东三面，离山麓不远处都有河流过境，暴雨季节承接山洪，旱季向山麓的水库补水，发挥排灌功能。

蔷薇河 该河自锦屏镇刘顶村入海州区境，在锦屏山西侧北流，经临洪河入海，离锦屏山最近处仅500余米。这条河流是连云港市主要的饮用水水源，同时又发挥巨大的航运和排灌效益。其最大行洪流量是600立方米/秒；灌溉农田面积6300公顷，占全区粮、菜、果田的92%。1986年，在锦屏山西麓建成刘顶、纪口以及下游的多处排水涵闸接长工程，排除山洪暴发形成的内涝面积22平方千米，占全区排涝总面积的14%。纪口二级泵房，在旱季提蔷薇河水补入锦屏山北坡的园林水库和三八、项顶塘坝，补水功效780立方米/小时；另一补水线路是通过取自蔷薇河的电厂循环水向锦屏山北麓的张庄、王庄、双龙和凤凰山水库补水，2005年后，由于电厂循环水停供，此项补水工程停止。

盐河 盐河是一条古老的运盐河，南从淮阴盐河船闸起，至海州区新坝镇三岔村入海州境，经锦屏山东麓北去，河流离山体最近处仅500余米。盐河兼具航运和排灌功能，是锦屏山东麓泄洪的主要排水通道。海州区建成与盐河平交的排水河道及大中沟9处，排水面积130平方千米，排出之水入盐河后再经善后河、烧香河和排淡河东排入海。由于内河航运需要，盐河水位常年保持2米左右，山洪暴发后宣泄不及可达3米，对两岸3米高程左右的农田造成威胁。

八一河 该河前身称磷矿小河，由锦屏山南侧桃花涧山洪水自然冲刷而成，是承接山南麓山洪的主要通道。1986年，为使其导引山洪兼排两岸农田积水，通过刘顶涵洞接通蔷薇河为源头，向东在锦屏镇狮树村汇入盐河，全长8千米，并改名八一河。

第三节 气 候

锦屏山紧邻海州城区，气候基本相同，属暖温带南缘湿润性季风气候区，处于暖温带和北亚热带的过渡地带，兼有二者的气候特征：四季分明，气候温和，光照充足，雨量适中，雨热同季，适宜工农业生产和人类居住，有利于喜温、喜光、喜凉作物的生长和成熟。

一、四季特征

春季　4月5日至6月10日计67天。此季节气温回升缓慢且不稳定。进入5月以后气温才稳定上升，其时阳光和煦、少雨干燥，春旱较突出。5、6月间，由于北方冷空气频频南下，有时会形成冰雹等不稳定天气。

夏季　6月11日至9月11日计93天。此季节炎热多雨。由于受东亚季风影响海州地区进入雨季，在太平洋副热带高气压控制下天气炎热，而副高的进退加上北方冷空气切入，常常酿成暴雨。其时光照强、时间长，热量大，降雨多，湿度大；有时受台风活动影响会带来大量降水和大风。

秋季　9月12日至11月7日计57天，为一年中最短的季节。其特点是秋高气爽，风微天晴，气候宜人。昼夜温差大，利于秋熟作物发育成熟和秋收秋种。少数年份的秋季连阴雨天气也会影响到农业生产。

冬季　11月8日至翌年4月4日计148天，为一年中最长的季节。海州地区此季节的大部分时间处于强大而单一的冬季季风控制之下，大陆高压稳定，天气较冷，雨雪稀少。每年平均受三、四次寒潮影响，造成剧烈降温并伴有雨雪天气。

二、气象要素

气温　据最近20年观察，锦屏山地区年平均气温在11.6~14.6℃之间。常年最冷月1月平均气温为0.9℃，最热月7月平均气温为27.0℃。一年中最冷季节是冬季12月至次年2月，平均气温2.5℃；最热季节是夏季6~8月，平均气温25.8℃。极端最低气温-13.2℃，出现在1990年2月1日；极端最高气温40.2℃，出现在2002年7月15日。夏季≥35℃的高温天数5.6天，其中，1994年≥35℃高温天数19天，1989、1999两年均无≥35℃高温天数。

锦屏山中高高低低共36座山头分布在总面积2159公顷的山区范围中，形成了山区小气候。其显著特征是气温随山的高度增加而逐步降低。年平均最高气温垂直递减率为0.8℃/100米，7~8月山麓和山顶最高气温相差3.4℃；年平均最低气温垂直递减率为0.6℃/100米。前一年12月至次年1月山麓和山顶最高气温相差2.6℃。

降水　近20年间，锦屏山地区年平均降水量889.0毫米。其中，2000年降水量达1374.3毫米，为年最大降水量；2002年降水量达549.3毫米，为年最小降水量。月平均降水量最多的是7月，241.3毫米；最少的是12月，14.1毫米。全年降水量主要集中在6~8月，累计降水量占全年62%；前一年12月至次年2月，累计降水量只占全年6%。7月，最少降水年份出现在1989年，为104.1毫米；最多降水年份出现在2004年，为431.6毫米。12月，最少降水年份出现在1987、1999两年，均无降水，最多降水年份出现在2001年，为37.2毫米。

受山区小气候的影响，锦屏山地区在每年7~8月的雨季降水量要比海州城区略多。其主要原因是大雨过后，山间丰富的植被蕴藏了大量雨水，蒸发量大于平原地区，早晚或气温降低时在山间形成云雾或局部降水。海州民间有"南大山戴帽子（山间云雾）必有雨"的说法。

日照　锦屏山地区年平均日照时数2298.9小时。年内各季日照时数分配不均，呈春季多冬季少的规律。其中4~6月日照时数656.3小时，比12月至次年2月日照时数483.9小时多出172.4小时。一年中以5月日照时数最多，为236.1小时，平均每天日照7.6小时；1月日照时数最少，为158.3小时，平均每天日照仅5.1小时。日照时数在全年分布有两个峰值，分别出现在5月和雨季结束后的9月。这种双峰型的日照对果木和农作物生长、成熟极为有利。

第四节　资　源

一、植物资源

粮食作物　水稻、小麦、玉米、高粱、山芋等。

油料作物　花生、大豆、芝麻等。

蔬菜　小白菜、萝卜、黑菜、西红柿、辣椒、茄子、马铃薯、丝瓜、冬瓜、南瓜、黄瓜、扁豆、蚕豆、韭菜、大蒜、洋葱、胡萝卜、芹菜、莴苣、菠菜等。

野菜　马兰头、蒲公英、蕨菜、山马菜、荠菜、灰条菜、枸杞头、苦苣菜、马齿苋、水芹、野苋菜、小蒜、蒲儿菜、碎米荠、红花、黄花金针菜、百合等。

果品　苹果、梨、葡萄、桃、杏、李、沙果、棠梨、柿、枣、石榴、板栗、山楂、樱桃、胡桃、无花果等。

林木　赤松、黑松、竹、枫、榛、楝、栎、栗、桑、枣、橡、梧桐、杨、槐、榆、柏、桧、椿、柳、泡桐、水杉、绵槐、蜡条、杉木、火炬松、湿地松、香樟、紫荆、银杏等。

药用植物　锦屏山地区药用植物近800种。宋代苏颂《图经本草》一书中，以

海州常山

海州香薷

桔梗

忍冬（金银花）

海州命名的药用植物就有海州青木香、海州卷柏、海州葛根、海州通草、海州石韦、海州莰藈、海州漏芦、海州蜀漆（海州常山）、海州山踯躅、海州豨莶、海州山茱萸、海州圞荆、海州骨碎补等13种。明清两代的海州志书中，记载的海州野生药用植物主要有：何首乌（赤、白二种）、五加子、五加皮、金银花、菟丝子、天南星、车前子、香附、麦门冬、天门冬、旋覆花、夏枯草、牵牛、桑白皮、元胡索、天仙藤、地骨皮、土牛膝、马芹子、柴胡、槐角、槐米、地榆、荆芥、桔梗、菖蒲、射干、商陆、鹤虱、元参、蒲黄、大戟、枳实、茴香、芫花、草乌、苍术、百部、山药、木贼、威灵仙、白蒺藜、紫花地丁、王不留行、郁李仁、覆盆子、益母草、茵陈、苍耳、瓜蒌、川芎、天麻、蛇床子、苦参、百合、舒筋树、拳参、矢藤、络石藤、爬山虎、艾叶、蒲公英、艾蒿、地肤子、臭梧桐、野菊花、松花粉、芍药、牡丹、碧桃、芙蓉、海棠、蔷薇、凌霄、金丝荷叶、月季、山茶、天竺、石竹、蜀葵、金沙、水仙、金盏、鸡冠、木槿、山红合、金灯、黄雀、木樨、良羞、孤灯、绣球、粉团、金凤、木香、鸳鸯、迎春、探春、佛见笑、百日红、千丝桃、千叶莲、滴滴金、榴、梅、菊、兰、蕙荷、芭蕉、虎须、绣墩、茭莎、芝、莞、茅、杜鹃、栀、吊兰、仙人掌、仙人鞭、仙人锏、仙人球、仙人山、蟹爪、万年青、夹竹桃、枸杞、野山楂、无花果、酸枣仁、马鞭草、龙葵、刘寄奴、庵闾子、大蓟、小蓟、三棱蒲、竹芫荽、半夏、赞荎、紫茅、大青叶、酸枣、金针子、岗橘子、山泼泼、山红草、盐蒿、狼牙根、金三棱、碱草、鹅不食草、水竹叶、野芦苇、芦通、蒲草、浮萍、水藻、狗尾草、白茅、稗草、鸡眼草、牛舌棵、草囊、灰灰菜、竹鞭菜、野苋菜、蜈蚣花、扒根草、野芹菜、野芫荽、荠菜、马齿苋、小蒜等。

二、古树　名木

解放初期，锦屏山地区保存下来的著名古树有龙洞庵院内外的圆柏、侧柏、流苏、国槐各1株，朴树2株；园林寺银杏2株；碧霞宫银杏、松、柏各1株，楸树3株，以及古城内外的古树多株。这些珍贵的古树大多在20世纪50年代被砍伐，幸存下来的已被市政府列为文物（古树名木）并挂牌保护的有以下几株：

流苏树　又称糯米茶。在孔望山龙洞庵内，树高9米、胸围1.4米，树龄800多年，雄性。该树姿态优美，至今仍枝叶茂盛，春夏（5月）花繁，似白雪压枝，花瓣狭长线状，若流苏，馨香怡人。嫩叶和花晒干后泡茶，口味香浓、清雅。流苏树为国内特有的珍贵绿化观赏树木，亦是制作盆景的好材料。

龙洞庵内的古树名木，左为圆柏，右为流苏

圆柏　在孔望山龙洞庵内。树高11.6米、胸围2.17米，树龄1200多年，树上有3个木瘤。

朴树　在孔望山龙洞庵内。树高10.0米，胸围1.95米，树龄400多年，属省级保护树种。

另有树龄200余年的侧柏1株、树龄100余年的国槐1株，均位于龙洞庵西侧的山坡上。

三、动物资源

环节动物门　蚯蚓、腮虫、鳞虫、水蛭等。

软体动物门　蜗牛、蛞蝓、丁螺、田螺、泥蚶、毛蚶、锥实螺等。

节肢动物门　虾、蟹、蜜蜂、蚕、紫胶虫、蝈蝈、蝴蝶、蜻蜓、蚊、蝇、虱、蚤、蜈蚣、蜣螂、天牛、萤烛、白蚁、蝗虫、蟋蟀、蚂蚁、蝎子、蜘蛛、螳螂、萤、土鳖虫、蝇虎等。

脊椎动物门

两栖纲　青蛙、蟾蜍等。

爬行纲　蛇、蜥蜴、乌龟、鳖等。

鸟纲　鸽、秃鹫、鹰、鹭鸶、鹞、斑鸠、啄木鸟、喜鹊、野鸡（雉）、白鸥、猫头鹰、白头翁、芙蓉、画眉、百灵、鹦鹉、娇凤、鱼眼、麻雀等。

哺乳纲　刺猬、蝙蝠、狐狸、山猫、獾、老鼠、黄鼠狼、田鼠、貂等。

家畜　猪、牛、羊、马、驴、骡、兔子、狗、猫等。

家禽　鸡、鸭、鹅等。

养殖鱼类　鲫鱼、草鱼、鲢鱼、黑鱼等。

四、矿　藏

有色金属　锦屏山紫竹庵附近有铅、锌等金属矿点，经勘探为C1级储量，铅962.63吨、锌752.36吨，伴有铜、银、镉、铍等元素，其他还有少量的金、铀、锰等矿藏。

非金属　锦屏山周围有石英、水晶、蓝晶石、云母等矿藏，但储量不多。

磷　锦屏磷矿为中国北方最大的磷矿产地。含磷地层为海州锦屏含磷组，矿体形态呈层状：上部为白云石英片岩、白云质大理岩夹磷灰岩；中部为变粒岩、大理岩及绿泥云母片岩；下部为云母石英岩夹磷灰岩、含磷大理岩，底部为含砾白云石英片岩。自1954年9月始，进行大规模钻探，查明该磷矿储矿量大、品位高、矿床类型特殊，在地质学上被称为“海州式磷矿”。其主要分布在海州—大浦一带，至今发现大小磷矿体30余个，主要工业矿体集中在锦屏等矿区。先后发现过西山、东山及陶湾三个中型以上矿床。西山矿体是全区较大的矿体，长约200~800米，矿体延深可达550米，厚度5~35米，平均厚度为23米。

矿石类型主要有细粒磷灰岩、磷灰石云母片岩及锰磷矿。矿石品位，五氧化二磷含量一般为13.22% ~29.82%。2005年，西山、东山两矿床磷矿矿山储量越来越少，至2005年年末保有量仅200多万吨，2010年已停止开采。陶湾磷矿是区内三大矿床之一，保有总储量合计694.5万吨，矿体五氧化二磷平均品位20.98%，是锦屏磷矿的接替资源。

建筑石料　锦屏山山石为片麻岩、片麻花岗岩，石质坚硬，是良好的建筑石料。刘顶、园林、朐山、岗嘴等地有建筑石料开采塘口，年开采量及加工石子60万吨以上。2004年10月，市政府发布《关于禁止违法开山采石的通告》后，区内加强对环境和风景名胜的保护，采石量急剧下降，年产量40万吨左右。

砖瓦黏土　锦屏山北麓朐阳街道境内存在大量黄板土，土层深厚，土质黏重，是烧制砖瓦的原料。

第三章　文物　古迹

锦屏山历史悠久，一万年前就有人类繁衍生息，全新世早期古生物化石和旧石器时代遗址、将军崖岩画，生动地记载着远古时期海州先民们的活动。进入封建社会，秦始皇重视海州的战略地位，在今锦屏山地区立石为秦东门。锦屏山地区既是儒家文化重要的传承之地，孔子曾登山望海，又是道教创立地之一和佛教东来的初传场所，儒、道、释三教在锦屏山地区有着众多的遗存。孔望山摩崖石刻是中国最古老的具有佛、道教内容的造像；石曼卿、苏东坡、林廷玉、陶澍等一批中国历史上著名的政治家和文化名人，在锦屏山留下了珍贵的吟咏和墨宝，汉至清历代的题刻达120处；现代陆续发现和出土的众多地上、地下文物，一批史前遗址，保存下来的古建筑、出土的汉代女尸和历代古墓葬，诠释着锦屏山地区古文化的深厚底蕴和丰富多彩。改革开放后，政府加大对这些珍贵文物的保护力度，对损坏了的文物进行修复，在保护的同时进行开发利用。

第一节　遗　址

一、史前遗址

桃花涧遗址（含将军崖旧石器时代晚期遗址）　位于锦屏山南麓桃花涧西侧，其中包含位于将军崖岩画南侧80米的将军崖旧石器时代晚期细石器文化遗址。此处遗址坡积物厚约2米，面积约5000平方米，于1979年被发现。通过采集和试掘，得到的石器标本有舟状石核、两极石核、漏斗状石核、半锥体石核、刮削器、尖状器、人工石片和小石叶等。据中国科学院古脊椎动物与古人类研究所鉴定，这批石器标本为旧石器时代晚期文化遗存，并认定该遗址是当时发现的中国东部沿海地区唯一含有小石叶工业的遗址，对研究古文化发展和古人类迁徙有重要意义。特别是有些石核的制作技术与日本出土的石核有颇多相似之处，又为中日古交通研究提供了实物资料。1982年，遗址被市政府公布为连云港市第

桃花涧遗址

一批文物保护单位，公布为文保单位时不含将军崖旧石器时代晚期遗址。2004年10月至2006年1月，南京博物院、连云港市文管办、博物馆联合对距桃花涧遗址西南约300米的将军崖旧石器时代晚期细石器文化遗址进行调查、发掘，初步弄清了当地原始地层面貌及特点，探明遗址面积为2万平方米，发现1处石铺生活面、2处很可能属于灶坑的遗迹，找到了产出石制品的原生层位，得到石制品1500件，用料有石英、燧石、水晶等10余种。这些石器有使用和修理过的痕迹，年代距今约1~2万年，且上中下层石制品显示出某些发展和继承关系。初步观察表明，江苏北部地区从更新世晚期到全新世不仅存在较晚的细石器文化，还存在稍早的旧石器时代晚期文化。它们的文化面貌与近年在鲁南青峰岭等地点发现的石器地点面貌接近。在将军崖遗址附近，大约1万年前曾经历过两次人类活动：一次大约在2万~3万年前，保留下原生旧石器层位；一次在1万年左右，遗留下细石器文化。但这些还需测年数据的支持。将军崖旧石器时代遗址考古试掘，不仅对研究连云港地区人类活动的历史具有重要意义，而且对研究晚更新世以来中国东部海平面变化和海岸变迁也有重要价值。

二涧遗址 位于锦屏山东麓南端的二涧口。1958年发现，1959年11月至12月、1960年3月28日至4月20日，江苏省文物工作队先后两次对遗址进行发掘，发掘总面积为336平方米。清理属青莲岗文化墓葬7座，属龙山文化灰坑7个和1处烧土面，共出土重要文物100余件，陶片2500余片。遗址地表为汉代文化层，下层叠压着龙山文化和青莲岗文化。龙山文化层比较薄，厚10~50厘米，青莲岗文化层居遗址中部，文化层厚达50至60厘米。

龙山文化层出土的陶器以砂质灰陶或黑陶居多，泥质次之，红陶更次之。陶器以轮制、模制为主，手制陶很少见，器形有罐、盆、鼎、碗、蛋壳黑陶杯、黑陶豆等，纹饰有附加堆纹、刻划纹、弦纹和波浪纹。少数陶器有镂孔，鼎足多鸟头形（俗称“鬼脸足”）。出土石器有小石锛、半月形刀、穿孔石斧、三棱形石箭头等，骨器有骨箭头和角器残柄。青莲岗文化层出土砂质红陶最多，泥质红陶次之，砂质灰陶最少，陶器以手制为主，器形有鼎、壶、釜、钵、碗、罐、盘、盆、瓿、陶拍、纺轮等，纹饰有划纹、指甲纹、堆纹、齿纹和乳钉纹。陶器中以钵、壶最多，器外有一层红色或紫色陶衣。石器有斧、刀、钵、箭头、杵、砺石等，骨器有骨饰和骨针等，墓葬皆为单身葬，全为头东足西仰身直肢葬式，以红陶钵覆盖死者头部，随葬品极少。

二涧遗址的发掘，从地层上解决了龙山文化与青莲岗文化的先后关系，通过在二涧地表采集和对已出土遗物的分析，该遗址还含有岳石文化遗物，证明二涧新石器时代文化是有发展序列的，即从青莲岗文化至龙山文化再到岳石文化。1982年，此遗址被市政府公布为连云港市第一批文物保护单位。

陶湾遗址　位于锦屏镇陶湾村西。为新石器时代、商周遗址，总面积约8000平方米，于1960年发掘，文化层厚约1.5米，出土有新石器时代夹砂红陶器和石器等，还有商周时期的灰陶绳纹鬲足、几何印纹硬陶片和黑皮陶片等。1982年，公布为连云港市第一批文物保护单位。

马腰岭遗址　位于锦屏镇陶湾村西北。为新石器时代、商周遗址，于1960年被调查发现，遗址现存高出地面3米的土墩，南北长80、东西宽30米，文化层厚约1米。采集到新石器时代泥质平底碗、夹砂红陶罐腹片，商周时期绳纹鬲足等，地表还曾采集到打制石器。1982年，与陶湾遗址合并被市政府公布为连云港市第一批文物保护单位。

土船顶遗址　位于朐阳街道园林村。为商周遗址，遗址总面积约3500平方米，于1981年被发现，文化层厚约2米。地表采集到商周时期红陶及灰陶鬲足、鬲口、豆把（古代盛食器）残片和砺石、石斧（残）以及几何印纹陶片等。遗址中含木炭，并有多处火烧痕迹。1982年，被市政府公布为连云港市第一批文物保护单位。

九龙口遗址　位于锦屏山九龙口下。遗址有两个圆形土墩，东墩在1957年出土战国编钟9只，整个遗址高出地面约3米，面积有6平方米。1959年底和1960年4月，江苏省文物工作队徐州分队新海连市组先后两次对遗址进行了调查和试掘。发现地表下10~35厘米为战国文化层，其下为厚70厘米左右的商代文化层，上层出土陶器，陶色有红、灰、黑三种，器形有罐、盆等，纹饰有细条纹和几何印纹。下层出土陶器有砂质、泥质灰陶两种，器形有鬲、罐等，纹饰有绳纹和附加堆纹，另外还出土2件砺石和石锛、铜簇各1件，陶片329片。1982年，被市政府公布为连云港市第一批文物保护单位。在1984年文物普查中，连云港市博物馆考古工作人员在遗址地表采集到几何印纹硬陶、软陶片数百片，还在遗址上发现俗称“藏军洞”的封土石室数座。

二、历史时期遗址

秦东门　秦始皇三十五年（前212年）立石于东海上朐界中，以为秦东门。朐界，即朐县和朐山范围内。但具体地点在何处，古籍有明确记载的为两处。南朝的《续汉书》引《博物志》云：“县东北海边植石，秦所立东

孔望山麓秦东门广场

门。”宋代的《太平寰宇记》也认为“秦东门在朐山县（北周建德年间以朐县改名）北四里，”其地当为今孔望山。汉末崔琰《述初赋》中也曾有“倚高舻以周眄兮，观秦门之将将”之句，谓在海船上就能望到秦东门阙，可以想见其巍峨高大。另一处记载秦东门位置的是明代的《万历淮安府志》，“马耳峰旁有龙潭，清甚，始皇立石其上以为秦东门。”认为秦东门石阙位于朐山的马耳峰。

海州城墙遗址 海州古城自南北朝修建后，历经兵火和自然灾害的破坏，多次重修。清康熙七年（1668年），郯城大地震，海州古城墙倾坍十之二三。康熙二十四年又遭大水，城墙坍塌十之六七。乾隆三十二年（1767年），知州沈涟修墙浚壕，城池修筑坚固。至20世纪50年代初，海州古城墙基本完好。1956年，海州城墙被拆除。至2015 年底，残存夯土城墙4段：原钢窗厂东侧段，甲子桥以南段，旗杆巷南巷头以东段，原朐阳门以西段；城外廓尚存谢小楼以西段、朐阳门广场以东段、南园新村青龙涧北侧段、白虎山以西及市第四人民医院院内南侧段等4段。

玄武庙遗址 位于锦屏山白鸽涧北侧山脊上，建于元至元年间，庙内石雕“龟蛇二将”尚存。

雨霖庵遗址 位于锦屏山北麓头道上部西侧。建成年代不详，民国年间毁圮。

碓臼庵遗址 位于锦屏山南麓将军崖西北250米处，为北宋至明代遗址。庵建于北宋，毁于明。现基础尚存，长12米，宽10米。基石上有高浮雕石虎2只，其下有“元祐二年”款，元祐二年即1087年；其西南侧3米许崖壁上刻有一龛，龛中有浮雕残佛像一尊；东南山崖上有石臼一处。此遗址属1988年公布为全国重点文物保护单位的将军崖岩画保护范围内。

彩云观遗址 在紫竹庵东300米处。明天启元年（1621年）道士薛全仁建，下有金蟾洞。

玉泉庵遗址 在马耳峰山头下方，有石洞，上有石刻：“延佑七年（1314年）道人左得正创建”。明永乐元年（1403年），道人倪广正重建。

哑巴山炮台遗址 位于哑巴山东南端山嘴，筑于宋金之际。尚存炮槽半座，长1.7米、残宽0.2米、深0.75米，呈半圆形。东侧尚有架炮台一处，长0.17米、宽0.13米、深0.08米。1995年，纳于刘志洲山宋金交战战场遗址内，被省政府公布为第四批江苏省文物保护单位。

刘志洲山宋金、宋蒙交战战场遗址 位于锦屏镇刘志洲山、哑巴山，为南宋遗址。遗迹保存有岩画、戍守城垣、炮台、船闸及零星题刻等。戍守城垣由巨石垒成，残存长约500米、宽4.7米、高约3米。其北端石上有三处岩画，刻船10艘。第一处刻船5艘，呈扬帆航行状，第二处刻4艘、第三处刻1艘，均为锚泊状。在一处画面底部似有隶书题刻，字迹已漫漶。在刘志洲山北坡还有“招信军”“招信总部”“苏总管”等零星题刻。1995年，被公布为第四批江苏省文物保护单位，名“刘志洲山宋金交战战场遗址”。2004年2月，在此又陆续发现了四组船画石刻、一组楼阁石刻、一组人物石刻，另外新发现多处有关“招信军”“安淮军”“咸淳七年”的题刻及有关金国、金人等文字题刻。据岩画所刻船只形制及“招信军”等题刻，并伴有大量宋金遗物，再参照南宋初期金兵三围海州，海州军民奋起抵抗，李宝水师“锚泊东海”助战以及宋金在海州的战事等史实，证明刘志洲山、哑巴山一带是宋金、宋元交战战场的遗址。

龙洞庵石佛造像出土点　1961年海州师范学生曾在龙洞庵下的土层里采集了7尊石佛造像，其中3尊完整、4尊残损，均为青灰色片麻岩质地。内有确切纪年的2件，分别为北齐“武平二年”“武平三年”（武平二年为571年），其他5尊年代相当。7尊佛造像分别是：高浮雕佛头像，残高16厘米、宽10厘米、厚4厘米，高肉髻，面部丰满圆润略长，鼻梁高隆，上通额际，长眉鼓眼，高颧骨，嘴唇厚而上翻，一说为北魏时期作品，也有学者认为是唐代作品；武平二年造像，高浮雕，有背光，残高17厘米、宽14厘米、厚4厘米，高肉髻，面目清秀，双目微闭，唇较薄，脖颈下断失，背光后面有铭文：“武平二年四月为父母□像一躯”；武平三年造像，高浮雕，有舟形背光，高25厘米、宽11厘米，高肉髻，面目清瘦，双目微合，嘴唇紧闭，鼻梁短而鼻头大，脖颈细长，外披通肩式袈裟，跣足直立于平台上，衣式为宽袖垂摆，背光后有铭文：“武平三年十二月八日请□□□弟子□其上为□造石像一躯”；坐佛像，有舟形背光，高24厘米、宽11厘米，高肉髻，面目清瘦，双目微合，嘴唇较薄，脖颈细长，双手合十，结跏趺坐于平台上，出土时背光后原有铭文，被采集者磨去，应为北齐作品；接引佛2尊，残高分别为27厘米和15厘米，均跣足立于座上，下有石插榫头，胸以上断落，北齐作品。这批造像今藏于市博物馆。

孔望山城遗址　位于朐阳街道孔望山村孔望山、凤凰山。古城沿山脊而建，东西长640米、南北宽550米，总面积约29公顷。据清《嘉庆海州直隶州志》记载：“孔望山，……山脊有城址。”并引清《读史方舆纪要》：“……又名古城山……《地理新书》以为海州故城也。”

孔望山古城遗址

孔望山古城西门遗址

清《江南通志》也认为此处为“古海州城”。1980年、2000~2004年多次考古调查发现：古城原设东西二门，现存西城门。西城门外还有瓮城，现已不存。古城北城垣保存基本完整，沿孔望山山脊修建，现存宽度约2米、高1~3米；南城垣沿凤凰山山脊而建，较完整，现存宽度5~8米、高约4米；东、西城垣建在两山之间的空地上，以西城垣的保存状况为最好，现存宽度约10米、高5米以上；东城垣除在孔望山东南山坡、山脚尚有一段以及在山南果园内尚存的两个土堆外，其余部分地表已无存。城垣构筑方法有三种：西城垣和南城垣西段直接在较平缓的基岩上夯筑而成，城外设有城壕；南城垣中段、北城垣和东城垣的北部均建在山脊或山坡上，其墙体下部用石块砌筑内外挡土墙，内部填土夯实，然后逐层向上夯筑；南城垣外有城壕，并发现其筑城工具为集束夯，夯层厚度约15~20厘米。有一条宽约5米的道路穿过城垣，连接东西二门。另发现北、南、西城垣外筑有马面（城门所在城墙或其他一段城墙，与两侧城墙平面的凸起部分）。在西城门北侧顶部发现由青砖砌筑的台阶和由城内登向西城门顶部的马道。从城垣断面上显示的叠压关系、城垣底部出土的瓷片、砌筑台阶的青砖以及城垣外筑有马面判断，此城筑于宋代，而且不是行政经济型的城市遗址，是一座全国罕见的、保存较为完整的宋代军事城堡。1982年，被市政府公布为连云港市第一批文物保护单位，名“孔望山抗金古城”。

乘槎亭遗址　位于孔望山顶杯盘刻石西南半山坡一平坦石坪上，建于宋，毁于元。亭以张骞乘槎仙化故事命名，为古代文人墨客登临观海之处。尚存立亭柱洞4眼，略呈长方形排列，边长3.7米，柱洞直径13厘米、深14厘米。

仰止亭遗址　位于孔望山龙洞石刻西南半山坡约150米处，建于北宋，毁年不详。尚存立亭柱洞6眼，呈长方形排列，东西长6.2米，南北宽3.6米，柱洞直径13厘米，深10厘米。此处为历代文人登山游宴之所。20世纪80年代末，在原亭址上恢复重建，取名飘然亭。

东海庙遗址　位于孔望山南侧，为东汉至宋代遗址。据清《嘉庆海州直隶州志》引赵明诚《金石录》“东海庙碑”条记载：东海庙始建于东汉初，重建于桓帝永寿元年（155年），灵帝熹平元年（172年）重修，毁于宋金时。在约1000平方米范围内可见大量东汉绳纹、弦纹板瓦、筒瓦及云纹瓦当。2001年在孔望山摩崖造像南50米、“馒头石”西10米处，发掘出一座面阔7间约35米、进深3间约15米的建筑基槽，槽宽1.5~2.5米，柱洞直径0.4米以上大型宗教建筑基址1处。另出土4个汉代云纹瓦当和板瓦、筒瓦残件及大量南北朝至唐代遗物。

龙神庙遗址　位于锦屏山北麓、网疃村东与孔望山村交界处。

茶庵遗址　位于网疃村内路南侧，系古海州城内官民迎来送往场所。

谢小楼遗址　坐落在双龙井东侧、青龙涧北侧的一座土岭上，为民国初年海州士绅谢希愚兴建的一组开放式乡村别墅。土岭上部建有一幢两层小楼，楼下客厅名为“悠然堂”，岭下有厅房、花圃、石拱桥等建筑，花圃内遍植菊花等花草，取陶渊明“采菊东篱下，悠然见南山”之意。新中国成立后，小楼“悠然堂”为小学教学点，后为民居，20世纪60年代改建为平房。青龙涧上的石拱桥尚存。

蒲神庙遗址　位于观音庵西侧的土岭上，20世纪80年代后为民居。

蓬莱庵遗址　在白虎山之阳，小石棚洞南侧。元代道士骆道一创建，于明洪武十九年、永乐十六年两次重修。其北侧山腰面东石壁上有明嘉靖二十五年（1546年）海州知州王同的蓬莱庵诗刻。

第二节　古墓葬

一、战国墓

九龙口战国墓　位于锦屏山九龙口下，为战国时期墓葬。1957年发掘，叠压在九龙口商代文化层上层。地表为圆形土墩，直径9.5米、存高3.7米。为竖穴土坑木椁墓，棺椁已朽，出土一套9只青铜编钟。1982年，此墓与九龙口遗址合并被市政府公布为连云港市第一批文物保护单位。

孔望山西城门墓群　位于孔望山西南麓孔望山古城西城门北侧10余米的土城墙下，地属1982年公布的连云港市第一批文物保护单位孔望山抗金古城保护范围内。2002年，在解剖西城墙时被发现。计有3座，系构筑于孔望山西南一条南北向延伸、顶部较为平缓的岗地顶部，被古城墙叠压，编号M2~M4。三墓分布较为集中，其中M4位置偏南。M2、M3封土的南部皆遭破坏，M4封土已无存。其时代从战国到西汉。

2号墓（M2）（在三座墓的最东侧）　为一同茔异穴墓，包括方向、形制相近的两个墓坑，分别编号为M2-1、M2-2，各有封土。M2-1在棺木北侧发现随葬品5件，集中放置于坑底北侧中部，摆放整齐，未经扰动，有夹砂红褐陶小壶、泥质灰褐陶罐各2件，漆耳杯1件（保存状态极差，未能取回）。M2–2棺内被盗扰，人骨架无存，仅在东南角发现残玉剑璏1件。木棺南侧为边厢，内部放置摆放整齐的随葬品22件，其中陶器有泥质灰陶壶、鼎各2件，钵、盘、泥质灰褐陶盒各1件，夹砂灰陶小壶3件、未能修复的罐、豆、杯、匙等共6件，漆器有可辨器形的耳杯3件、盒2件，不能辨形的器物1件。其年代为战国晚期。

3号墓（M3）（在M2西，相距0.5米） 墓坑上半部为土坑，下半部为凿石坑。棺内有随葬品7件，除1件置于馆的中部外，其余均集中摆放于棺北侧。棺外东侧另有随葬品3件。随葬品中石器有黛板、拭各1件，陶器有泥质灰褐陶罐3件，铜器有镜1件、钱若干，铁器有环首削1件，骨器有簪1件以及漆器1件。其年代均为西汉。

4号墓（M4）（在M3西南侧） 坑内棺具已腐烂，发现粘连一体的铜钱2枚，其北侧有陶罐2件。其年代为西汉。

二、汉　墓

霍贺墓　位于网疃村焦山北麓，为西汉晚期霍贺及其妻合葬墓。1973年3月，由南京博物院发掘。墓由墓坑、椁室、木棺三部分组成，墓坑为竖井式，椁室用楸木块拼构。室置两棺，椁、棺间有一层薄顶板。有脚厢。死者皆头东脚西。男70岁以上，一次葬。女40余岁，二次迁葬。随葬品90余件，有漆奁、漆耳环、漆案、木砚盒、鸠杖、铜镜、印章、铜饰件、铁剑、铁环首书刀、铅丸、釉陶壶等，其中一环首书刀近环首处阴刻“宜官腆二千石”六字，为确定墓主身份提供了依据。1982年，并入海州古墓葬群，被市政府公布为连云港市第一批文物保护单位。

侍其繇墓　位于网疃村焦山东麓，为西汉晚期侍其繇及其妻合葬墓。1973年12月，当地农民在挖土时发现，由南京博物院发掘清理。墓由墓坑、木椁、木棺三部分组成。墓坑内置两椁两棺，南北并列，皆长方形，东西向。南棺、北棺皆系用整段楸木刳空而成，椁、棺间有一层薄顶板，北椁北侧和南椁南侧各有一长方形边厢。随葬品计102件，以漆木器为主。漆器有奁、盒、盘、碗、耳杯等，木器有剑、刀、杖、棍、枕形器等，另外有铜壶、铜镜、带钩、五铢钱、玉眼盖、玉鼻塞和陶器以及竹筒残片、栗子、枣核等物，龟钮银印一枚，长宽皆为1.4厘米，印面有“侍其繇”三字阴刻篆书，证明墓主人为俸禄二千石的官吏。1982年，并入海州古墓葬群，被市政府公布为连云港市第一批文物保护单位。

西郭宝墓　位于锦屏山东侧黄石崖，南距岗嘴村二涧遗址300米。该地多年来陆续发现汉代墓葬多座。1985年4月23日，连云港市博物馆在此清理西汉晚期墓葬一座，出土文物50余件，墓主为东海太守西郭宝。此墓为竖穴土坑木椁墓，头向195°，为单椁、单棺。在椁之外镶以边厢，用以放随葬器物。随葬器物中以漆木器为主，木器中有8件雕工精美、造型生动的木俑。其中武士俑2件，高52厘米；侍俑2件，高34厘米，是素面女性俑。名谒2件，在墓主头侧，长21.5厘米、宽6.5厘米、厚0.8厘米，木质光滑、细腻。一件上有3行13字的隶书体墨书，文："东海太守宝再拜请足下郭子笔"；另一件为3行11字的隶体墨书，文："东海太守再拜谒西郭子笔"。

桃花涧画像石墓 位于锦屏山南麓的棕红色黏土堆积台地上。1979年，桃花大队为采石运输切断台地，发现一座石椁墓。墓室为长方形土室，四周用四块有画像石的长方形石块围砌，墓底用7块厚约9~12厘米不等、形状不规则的石板铺成。墓室顶部有覆盖材料，墓室经五花土填实。上以封土堆成。墓早年被盗，室内仅见莽钱"货泉"和"大泉五十"。墓门长164厘米、高73厘米，面向墓室，内刻铺首衔环三。阴线刻痕，粗率滞直，构图简略。北壁椁板长230厘米、宽75厘米。面向墓室有一刻面，阴刻3个立阙。左右两阙对称，顶部均为3个三角形的装饰，中间立阙，象征墓主人活动的主楼，柱上两侧各有斗拱。顶立一凤鸟，头部一细线表示冠胜。主楼与右阙间刻人，腰佩剑，手扶杖，似为门亭长。墓西壁长217厘米、宽73厘米。面凿阴线竖纹，并刻有对称的十字连环纹，环纹均用两个同心圆组成，画面中心刻有一常青树，一凤鸟。墓南壁长235厘米、高73厘米，画面镌刻由阴线组成的菱形图案。这一墓葬虽经早年盗掘，但还是一个有代表性的新莽时期（约公元9年~公元25年）的画像石墓。

白鸽涧画像石墓 位于锦屏山北麓。1979年被发现，为一长方形竖穴，用四块凿刻画像石椁板围砌成墓室。墓底利用基岩、石椁内放置木质葬具。棺外发现口径约10厘米黑陶罐和五铢钱20余枚。墓室与壁椁板中间刻梯形十字连环纹，左侧刻常青树一株，北壁画像石长167厘米、宽80厘米，刻铺首衔环于画面正中，西壁石素面无刻画。其时代为东汉早期。1982年，并入海州古墓葬群，被市政府公布为连云港市第一批文物保护单位。

锦屏林场果园墓群 位于孔望山西麓锦屏林场驻地果园，为西汉墓葬群，已探得4座。1980年，发掘2座西汉晚期竖穴土坑木椁墓，棺椁已朽。1号墓出土西汉釉陶器；2号墓出土陶马俑、彩绘虎纹黛板盒等。1982年，并入海州古墓葬群，被市政府公布为连云港市第一批文物保护单位。

孔望山墓群 位于孔望山南麓石象东侧水池附近梨园中，为西汉墓葬群。1986年，在此勘查发现多座汉墓。已发掘2座竖穴土坑木椁墓，出土木俑若干及西

白鸽涧海州古墓葬群

汉釉陶器一批。地属1982年公布的连云港市第一批文物保护单位海州古墓葬群范围内。

白鸽涧墓群 位于白鸽涧北，为西汉墓葬群。1985年、1998年、2004年在此先后勘查发现汉墓6座。1985年发掘2座竖穴土坑木椁墓。出土西汉釉陶器、丝织带、竹笥等。地属1982年公布的连云港市第一批文物保护单位海州古墓葬群范围内。

白鸽涧汉墓（2004） 位于园林村白鸽涧一民居庭院下，2004年村民建房时被发现。为竖穴土坑木椁夫妻合葬墓，其中一口棺具长2.4米、宽0.8米，另一口棺具长2.6米、宽0.55米。出土有笄、铜镜、五铢钱、石黛板等。初步判断时代为西汉后期。

石棚山墓群 位于石棚山附近，为西汉墓葬群。1983~2002年，多次勘查发现近20座汉墓。先后发掘8座，其中有单人墓和夫妻合葬墓，均为竖穴土坑木椁墓。出土的西汉中、晚期遗物中，有铜镜、木俑、釉陶罐、壶、丝织品、五铢钱等。2002年7月9日，修筑花园路时发现的一座夫妻合葬墓中还出土了一具女性湿尸，伴出青铜龟钮印，确认其名为凌惠平。地属1982年公布的连云港市第一批文物保护单位海州古墓葬群范围内。

双龙汉墓 位于网疃村花园路北首。2002年7月7日花园路修筑时被发现，7月8至19日进行抢救性发掘，共有墓葬2座，编号为M1、M2。两处墓葬分别出土了一批汉代遗物，特别是编号为M1的墓葬出土了一具保存完好的汉代马王堆型女尸。这也是中国境内出土的第二具西汉湿型女尸。M1为二椁四棺竖穴土坑墓，椁室周围填充10余厘米宽的青膏泥。墓室内置二椁室即北椁室和南椁室。椁室均有脚厢，但未见随葬品。北椁室内置棺3具，由南往北编号为1、2、3号棺，其中2号棺为男性，其椁板上刻有“东公”隶书，3号棺内出土了“凌惠平”女尸。该墓葬葬式为仰身直肢葬，随

发掘清理中的双龙汉墓

葬品也较为丰富。其中，1号棺出土一件女木俑，还出土了连弧纹铜镜、铜钱等。2号棺出土一批木牍，主要是名谒，另出有铁剑、毛笔、板研、梳篦及铜镜、龟钮印、桥钮印、五铢钱等。出土的名谒上记载了河南太守、河南都尉、东海太守、弘农太守曾派下属拜谒墓主人，显示墓主人身份不低。3号棺内出土有漆方盒、线绕、彩绘尺、针筒、梳篦、衣物疏及铜四乳四螭镜、带皮绶龟钮印等。铜龟钮印印文清晰，文“凌氏惠平”。4号棺出土一套七子漆奁盒、铜钱、木梳等。

M2位于M1东南约2.5米，为竖穴土坑一椁双棺一脚厢夫妻合葬墓，墓室长2.80米、宽1.66米、深2.20米。椁与棺严重腐朽，遗骸已腐烂。脚厢内出土木俑，棺内出土铜钱、铜镜、铁剑、漆绘方奁、纱冠等。依据出土文物判断，M2时代为西汉中晚期至新莽时期。

戴胜墓　位于双龙村。1975年10月发掘，西汉竖穴土坑木椁墓，出土青玉猪一对、玉剑璏、铜印各一件。印文“戴胜之印”。

网疃公墓区墓群　位于网疃村公墓区内，为西汉墓葬群。1964年发掘一墓，出土黄玉猪一对。1981年发掘一座竖穴土坑木椁夫妇合葬墓，棺具用整段楸木刳空而成，出土釉陶壶、罐、五铢钱和丝织品等。1996年，在此调查发现10余座汉墓。1997年清理一座西汉土坑木椁墓，出土龙头铜刷、铁书刀、牛角发夹、砚台、毛笔头、硬笔头以及五铢钱等。地属1982年公布的连云港市第一批文物保护单位海州古墓葬群范围内。

小焦山墓群　位于网疃村小焦山北坡台地，为西汉墓葬群。1992年发掘一座竖穴土坑木椁夫妻合葬墓。棺用整段楸木刳成，椁板为楸木制成。墓内出土20余件遗物，有漆鞘铁剑、书刀、漆奁盒、耳杯、回纹铜镜等。地属1982年公布的连云港市第一批文物保护单位海州古墓葬群范围内。

饮马池西汉墓　位于网疃村境市制砖厂东南坡，1998年发掘，为西汉竖穴土坑木椁墓，一棺一边厢。棺用整段楸木刳空而成，尸骨已朽。边厢出土釉陶器9件，有鼎、瓿、盒，器形偏小。另出有漆器3件。地属1982年公布的连云港市第一批文物保护单位海州古墓葬群范围内。

张庄西汉墓　位于网疃村张庄，1981年清理，为西汉中晚期竖穴土坑木椁墓，出土铜镜、木俑等。1982年，并入海州古墓葬群，被市政府公布为连云港市第一批文物保护单位。

吴窑墓群　位于孔望山村吴窑，西汉中晚期墓葬群。1980~1997年发现15座，1984年发掘3座。这3座墓同处于孔望山西麓台地上，地表为一高土墩。1号墓为一夫二妻合葬，出土漆奁盒、铜镜、玛瑙耳坠、釉陶器等文物13件。2号墓在1号墓西2.5米处，单棺无椁，早年被盗。墓主骨骼仍存，身体两侧各出铁剑1柄，另出五铢钱数枚。3号墓在2号墓西2米，竖穴土坑一椁一棺一厢，棺内保存墓主骨骼。头骨附近随葬漆奁盒、铜镜等。地属1982年公布的连云港市第一批文物保护单位海州古墓葬群范围内。

吴窑水库西岸墓群 位于孔望山村吴窑水库西岸。2000年7月27日至8月4日，为配合高速公路建设，市文管办、博物馆对此地高速公路取土场进行考古调查，清理西汉早期墓4座、宋代石筑水井1座。西汉早期墓均为竖穴土坑木椁墓，墓坑呈长方形，单人葬，棺椁均已朽。棺内文物多残朽，仅见一残损铁剑。棺椁外出土有灰陶罐、瓮残片。

海州制砖厂墓群 位于网疃村境市制砖厂、南门制砖厂院内，为西汉（含新莽）、东汉、西晋、五代十国、宋代墓葬群。自20世纪80年代以来，先后在此发掘汉墓9座、西晋墓1座、五代十国墓2座、宋墓数十座。地属1982年公布的连云港市第一批文物保护单位海州古墓葬群范围内。

西汉3号墓（南门制砖厂院内、市制砖厂北侧、叠压在古海州城城壕下） 1986年清理，依发掘次序编号为M3，为西汉中晚期竖穴土坑木椁夫妻合葬墓。出土铜镜、木梳、铁剑、书刀等遗物7件。

西汉4号墓（南门制砖厂院内） 1988年清理，依发掘次序编号为M4，为西汉中晚期竖穴土坑木椁夫妻合葬墓，出土釉陶壶、瓿、木俑、铁剑、玉带钩等遗物10余件。

市制砖厂1996年汉墓（市制砖厂院内） 1996年清理，为竖穴土坑木椁夫妻合葬墓。男性棺内骨骸较完整，出土时尸身上还留有丝织物残迹，脚下有一双已腐烂的麻草鞋，出土有残铁剑、书刀、木衣物券、竹头簪、五铢钱等；女棺内尸骨已朽，出木梳、五铢钱等。

市制砖厂新莽墓（市制砖厂院内的三道崖、叠压在古海州城外郭下） 1990年9月发现竖穴土坑木椁墓3座，其中2座已遭破坏。1座完整者为竖穴土坑木椁墓，一棺一边厢。棺内出土“大泉五十”铜钱24枚以及边廓上带一周朱绘纹饰的木刀、木剑各1件；边厢内出土“大泉五十”铜钱32枚以及名刺2件，其中1件名刺上有墨书“孙〔望〕”字样。墓葬时代当为新莽时期。

市制砖厂汉画像石墓（南门制砖厂院内） 1984年发掘，东汉画像石墓，已遭毁，出土门阙、铺首纹画像石4块、铜镜1面。

东汉2号墓（石棚山石棚东侧） 1981年发掘，为东汉晚期砖石结构墓葬，依发掘次序编号为M2。墓葬由甬道、前室、后室三部分组成，东西长7米、南北宽3.12米。甬道为斜坡式土筑。前室平面呈正方形，顶为四隅卷进式构造。后室平面作长

東汉二号墓

方形，顶以13块块石逐步内收迭砌而成。墓门向西，开于前室西壁，以两块石封门，封门石外有砖砌门垛，上置条石为额，下置垫石为础。前后室有门相通。门由两块条石作立柱，上置条石作楣，门柱与楣间有凿槽咬合，后室东西两壁皆有石柱，柱下有础。墓底以砖铺作人字形纹，墓顶用砖石迭砌，墓壁系采用一顺一丁法以青砖砌成。墓内葬具已朽烂，随葬品有铜弩机4件、辟邪1件和大量鹅卵石。据出土文物推断，此墓大致筑于东汉晚期。这种砖石结构东汉晚期墓，在连云港市属首次发现。1982年，被市政府公布为连云港市第一批文物保护单位，名“东汉二号墓”。

孔望山北东汉墓　位于孔望山北秦东门大街北侧、市纺织厂南围墙外，1995年发掘，系东汉竖穴土坑木椁墓。墓开口于地表下约4米，墓主为一男性。在棺外棺面上死者头部位置出土一陶罐。棺内出土一件残铁剑和少量“五铢”钱。地属1982年公布的连云港市第一批文物保护单位海州古墓葬群范围内。

网疃东汉墓群　位于网疃村。1997年调查发现2座东汉长方形券顶砖室墓，其中一座墓顶已塌，采集到东汉花纹砖等。地属1982年公布的连云港市第一批文物保护单位海州古墓葬群范围内。

三、魏晋至近现代墓

海州制砖厂西晋墓　位于海州南门制砖厂院内，地属海州制砖厂墓群。1981年清理，依发掘次序编号为M1，系长方形券顶砖室墓，葬具已朽烂，出土青瓷镇墓兽、虎子等。

海州唐墓　位于海州东门外，1979年春发掘，出土木俑一组4件，其中木骑马俑1件、侍俑3件。1982年，并入海州古墓葬群，被市政府公布为连云港市第一批文物保护单位。

海州制砖厂五代墓　位于网疃村境市制砖厂和南门制砖厂院内，地属海州制砖厂墓群。1979年、1988年发掘2座五代长方形券顶砖室墓。1979年发掘的墓内置木单棺，出土陶瓷器等；1988年发掘的墓出土白瓷碗、瓷粉盒、铜镜、铜杯等文物。

刘顶五代墓　1982年发掘于锦屏镇刘顶村，是一座橄榄形的砖室墓。墓室西北两壁用砖斜置平放层层交错迭砌，至墓口始呈横迭式起券，内收至墓顶处收拢。墓室长2.96米、高0.86米。前宽1.04米，后宽0.54米。室内置有头厢，葬具似棺，但无盖。随葬品有青瓷瓜棱执壶、黄釉四系罐、莲瓣形茶托、白瓷奁盒、青瓷奁盒、釉陶盂各1件以及白瓷碗2件、银镯2只、银钗4件、铭文为“官都省铜坊匠人谢修”的铜镜一面、“开元通宝”钱50余枚。此墓为五代墓。

园林墓群 位于锦屏山北麓园林村，为五代十国、北宋墓葬群，1982年发掘。在东西长15米、南北宽25米范围内发掘4座五代十国至北宋时期墓葬。1982年，并入海州古墓葬群，被市政府公布为连云港市第一批文物保护单位。

1号墓（墓群之南） 南唐时墓。为近长方形砖壁石顶墓，墓内木棺及骨架已残朽，墓主为女性。出土青瓷执壶、白瓷碗、盂、盒、釉陶罐、枕、漆茶托、银手镯、发钗、“官都省铜坊”铜镜及“开元通宝”铜钱等。

2号墓（1号墓东） 北宋时期墓葬。为前后室砖墓，前室平面近椭圆形，东侧附有一小耳室。后室为长方形。墓内有木棺一具，出土影青瓷盏托、菩萨头像、碗、釉陶枕、陶砚、铜镜及“太平通宝”“天禧通宝”铜钱17枚。

3号墓（1号墓西北） 为长方形砖壁石顶墓，墓无前壁，其余三壁用乱砖迭砌，很不规整，墓顶盖以4块大石，无铺地砖，未见人骨架，仅在墓外西南角有一残破的泥质灰陶盆。

4号墓（1号墓北20米） 为北宋初墓。为带短甬道前后室砖墓，前后室皆以碎砖乱石迭砌而成。墓顶已遭破坏。墓内有木棺一具，骨架散乱于前后室，为男性，出土影青瓷碗、白瓷碗、釉陶罐、碗、陶盆、钵、银发钗、球纹铜镜及“开元通宝”铜钱等。

海州制砖厂宋墓 位于网疃村境市制砖厂和南门制砖厂院内，墓地原是一高出地面约2~3米的黄土岭。1973年8月，南京博物院和连云港市博物馆相继对该墓地内的数十座宋墓进行了科学的发掘与清理。墓葬均系砖室，墓室平面除少数是腰鼓形或椭圆形外，其余皆作长方形券顶，墓壁多用长条形素面砖并以“三顺一丁”式砌造而成。随葬品中以瓷器居多，主要器形有碗、碟、托盏和奁盒等，有些器形如托盏和奁盒等，不仅制作精良，而且造型优美。值得注意的是，海州宋墓出土的瓷器几乎包括了宋代的各个窑口，因而从侧面反映了海州确是唐宋时期较为重要的交通和商品贸易中心之一。1982年，并入海州古墓葬群，被市政府公布为连云港市第一批文物保护单位。

宋昭墓 位于白虎山北麓。宋昭于宣和四年（1122年）以朝散郎编管海州，卒于戍所。其墓碣文曰：大宋左朝散大夫、奉旨赐谥忠毅、宋公讳昭之墓。宝祐三年（1255年）十二月立。

白虎山宋墓　位于白虎山南麓，1996年发掘，为宋代长方形券顶砖室墓。墓壁用砖“三顺一丁”砌造。南北两壁有砖雕直棂假窗。墓内出土酱釉碗等。地属1982年公布的连云港市第一批文物保护单位海州古墓葬群范围。

青龙涧北宋墓　位于白虎山北麓青龙涧南侧。1998年4月30日清理，为北宋晚期砖石墓。墓距地面3.3米。墓穴呈长方形，用青砖一顺一丁砌就。墓顶用10块精细加工的长条石铺平。夯土做底，未铺砖。棺内有骨架，已朽，单人仰身直肢葬式。出土陶瓷器6件、石器1件、漆木器5件、金属器4件，计有黄釉陶坛、茶叶末釉瓷盒、茶叶末釉瓷盒盖、白瓷盒、“程家造□”影青釉瓷盒、莲花形青白瓷盖、砚石小盒、漆盒、漆镜匣、漆钵、木梳、木篦、银笄、锡钵、“高家造”湖州镜、“大观通宝”铜钱各1件。地属1982年公布的连云港市第一批文物保护单位海州古墓葬群范围内。

吴窑宋墓　位于孔望山村吴窑，编号为吴窑1号墓、2号墓。1号墓1983年清理，出土巩县窑大瓷碗1件、景德镇窑、繁昌窑瓷器若干。2号墓为北宋夫妇合葬砖室墓，墓室面积约20平方米，地面平铺一层1000多枚“太平通宝”钱，出土白瓷、影青瓷片。地属1982年公布的连云港市第一批文物保护单位海州古墓葬群范围内。

涧西宋墓　位于双龙村涧西组、朐阳门南100米。2001年3月30日清理，为砖石墓。墓室上盖青石板，四壁及底为砖构。墓室南端已遭挖掘机破坏，北端为委角。墓室内未见棺木及遗物。从其形制、结构判断，当为宋墓。地属1982年公布的连云港市第一批文物保护单位海州古墓葬群范围内。

双龙金墓　位于双龙村涧西组，西距朐阳门约200米。2001年3月23至27日发掘，为竖穴土坑砖石结构夫妻合葬墓。墓圹内为砖砌墓椁。两个棺室内置石灰、石屑浇浆棺具2具，无棺盖，但出土时棺口表面有一层厚约1厘米的浇浆板，类似汉墓棺顶的“天花板”。出土有金笄、金耳坠、银钏、银如意、铜镜、风字砚及“元丰通宝”“正隆元宝”铜钱等。此墓为连云港市境内首次发掘的金代墓葬。墓内出土的金质文物也是连云港地区首次正式发掘的金质饰品。地属1982年公布的连云港市第一批文物保护单位海州古墓葬群范围内。

刘　墓　位于孔望山南山坡。刘瑄于明永乐年间任海州知州，为官清廉，卒于任所，贫不能归，下葬时州民争为负土，岁时祭之。

张朝瑞墓　位于孔望山村凤凰山南麓。张朝瑞（1536~1603年）字子祯，海州人，明隆庆进士，官至南京府丞、掌大鸿胪，被考核为“天下清官第一”。其墓在清《嘉庆海州直隶州志·墓冢》中有载，现为民居所压。墓前神道两侧石兽大多被毁。市博物馆尚藏其石虎、石羊、石猴各一尊。另有一尊石猴遗于朐山中学对面干渠西侧、朐山村居民区小沟边。据当地居民讲，还有一尊石马掩埋在其墓所在民居下。

1982年，并入海州古墓葬群，被市政府公布为连云港市第一批文物保护单位。

袁芳墓 位于园林村园林水库，为明代砖墓，出土《淮阳海州袁君刘氏夫妇合葬墓志铭》一方，知墓主为袁芳。地属1982年公布的连云港市第一批文物保护单位海州古墓葬群范围内。

证因和尚灵塔 位于白虎山东麓青龙涧南，清光绪年间僧人墓葬，1999年南园新村建设工地出土，现存碧霞寺内。灵塔由花岗岩雕作，喇嘛塔形，现存塔身等石构件。塔身为鼓磩形，高1米、腹径0.9米、上下端径0.6米。腹上有竖刻阴线碑文，碑文刻在一阳文壶门中，共三行，曰："光绪九年（1883年）十二日穀旦/证因大和尚果公玉灵/阖镇监立"，楷书，字径5厘米。壶门上饰覆莲纹璎珞宝盖，下饰莲花一朵为座。地属1982年公布的连云港市第一批文物保护单位海州古墓葬群范围内。

沈云沛墓 位于锦屏山南麓坡积台地上。墓前有神道，夹道有石人、石兽，墓边立"清授光禄大夫沈公雨人墓志"石碑，以块石镶嵌为边。其母吴氏付葬其右，墓旁立"清封一品夫人沈母吴太夫人墓志铭"。1967年4月，此墓被掘毁。墓志现保存于连云港市博物馆。

第三节 古建筑

一、钟鼓楼

钟鼓楼原是始建于南北朝时期梁武帝天监十一年（公元512年）的海州老城的西门。老城为土城，建在一块高高的山麓台地上，设东西两座城门，城门上都建有箭楼，主要用作军事防御。

钟鼓楼

南宋绍兴三十一年（1161年），金兵数万人围攻海州，被海州守城军民杀得大败。西城门及其箭楼饱受战争的创伤，仍作为海州城重要的御敌堡垒而屹立于世。为抗击金兵，海州军民在老城西侧修筑土城。宝祐三年（1255年）以后，海州在西城开挖河道，引蔷薇河入城，并在老城西门下的护城河上建成清宁桥。这样，西城门既是御敌的堡垒，又是军民及粮草物资等进城的要道，发挥着重要的作用。

明朝洪武年间，在西侧土城故址上修建海州城，与老城联为一体。原东城的西门不再发挥其御敌作用，鉴于其位置在城中央，东有州府，西有儒学，钟声可达全城，城门上的箭楼被改作钟鼓楼。其功能主要是早晚报时，或遇有大事，鸣钟以召集军民。嘉靖二十四年（1545年），知州王同重修废圮多年的钟鼓楼，并亲笔题名为镇远楼，同时作《镇远楼记》记其盛事，勉励全城军民"闻斯钟也，其各早兴，勤尔正业，毋怠勿荒"。清乾隆三十二年（1767年），钟鼓楼又一次大修。大修后的钟鼓楼，城门高4米，内径3.15米，长10.38米，砖石结构，基石高1.9米，上以砖砌作券形拱门。1990年10月，海州区人民政府拨款重修，并立《钟鼓楼重修暨扩建广场记》碑，记述修复过程。这次重修后的钟鼓楼，面阔三间，为齐鲁建筑风格，市内书法家杜庚（已故）题额，正面曰"镇远楼"，背面曰"钟鼓楼"。钟鼓楼城门为连云港市文物保护单位。

二、文庙戟门

文庙戟门位于海州区原中大街小学院内。戟门是海州文庙大门内的第一进房屋，位于原状元桥北侧，初建于明洪武三年（1370年），成化十二年（1476年）海州知州侯镗重修。戟门现存五间，中间三间为过道，东西两侧各一间耳房，在东西山墙内，各嵌明碑一块。据明《隆庆海州志》，明代戟门只三间，四面无墙壁，东西无耳房。现存戟门，大部结构带有浓厚的清初风格。究其原因，康熙七年（1668年）大地震，戟门等文庙大部分建筑毁圮，至康熙五十年（1711年），戟门方由知州杨宗礼主持修复。20世纪50年代后，戟门用作海州中大街小学的办公用房。20世纪80年代，被市政府公布为连云港市文物保护单位。

文庙戟门

三、谢家洋房

谢家洋房位于海州中大街，系民国23年（1934年）海州地方士绅谢希愚建造的仿北欧民居建筑风格的私人洋房，20世纪50年代后为海州公安分局办公用房。

谢家洋房

该建筑由荷兰人设计，青岛人施工，与连云港火车站办公大楼、钟楼为同期建筑。民国24年连云港建港，荷兰承包商的建港办事处曾由南京搬至此楼办公，并安装海州第一部电话，以便与南京联系。洋房坐北朝南，高7.5米，14间，建筑面积256平方米。屋正中砌有壁炉、火墙（夹层）通向楼上下层各屋，供冬日取暖之用。楼台基较高，有三层石踏步。门厅宽大，两侧有4个房间，正厅南北山头墙上绘有西式图案，后有走廊，两侧都是相对房间。整个楼房结构左右对称，线条明快，大倾斜屋面，上复以大瓦，屋顶前后坡面中间开荷兰式天窗。前院中辟一园，左右各植金桂、银桂，院墙中辟月洞门，将庭院与外界隔开。该洋房为连云港市文物保护单位。

四、福音堂

福音堂位于南中街东，美国牧师明乐林、戈锐义于民国9年（1920年）所建的西式宗教建筑。该堂坐北朝南，中部钟楼高8.5米，3层，每层1间。一层为教堂大门通道，建有蘑菇石拱形门；二层单间，建有楼梯；三层为钟楼，四周开圆形窗洞。楼顶四周为砖砌女儿墙，墙高0.8米。钟楼东西配房为硬山式对称建筑，共4间，高6米，二层，每层东西各一间与钟楼通连。钟楼北为教堂。教堂东西长13米、南北宽5.2米，石砌墙体，石灰抹白。该教堂为海州区文物保护单位。

福音堂

五、蒋　宅

蒋宅位于海州蒋巷东首，为蒋家私人住宅，建于明崇祯七年（1634年）。宅为四合院，现存客厅3间，东厢房3间，建筑面积150平方米。大门东向，位于宅东南，为屋宇式。大门对面有

蒋宅

影壁（已拆）。院内西侧有影壁一座，前有石台花圃。前院与后院隔以中门院墙，在住宅中轴线上，界分内外，垂花门砌砖仍保持着明代的建筑格式。墙顶为清水脊悬山与披沿相连。中门内两侧悬挂“威镇金台”和“桔井传长”漆匾，体现了屋主的家世。客厅坐北朝南，面阔10米，进深5米，脊高5米。硬山出檐，金字木梁架，顶覆小瓦。客厅前走廊长10米、宽1.6米；廊柱4根，柱高2.3米；廊内均饰以木雕彩绘。客厅前条石踏步3级，高0.6米。距客厅南8米建有东西向亮纱脊长廊10米，和客厅平行。此四合院前井后园，中轴排门。天井乱石铺地，周围砌30余块巨大条石，光滑平整。东厢房改动较大，无披沿，超手廊已拆除。原建筑在主厅后还有后花园，基本上为明代前庭后园的建筑风格。院内有百龄石榴树一棵，金镶玉竹一片，将古宅衬托得素雅幽静，古老而深沉。蒋宅是目前海州保存最完整的古民宅，为连云港市文物保护单位。

六、南洋楼

位于白虎山西侧，始建于民国16年（1927年），德国人建造，为美国牧师明乐林、戈锐义私人别墅，因北侧的义德医院内此前已建成一座洋楼，故海州人称此处为南洋楼。洋楼分东、西两幢，楼距20米，为别墅内主要建筑。别墅内还同时建有中楼（海州解放当夜失火烧毁）、东院库房楼以及花园、草坪、绿化带、“洋井”和水池。整个别墅呈西洋式建筑风格，占地2400平方米。东楼为戈锐义别墅，坐东朝西，尖顶出檐，3层，高13米，面阔11米，进深11.5米，建筑面积288平方米，共15间；楼底附设地下室，钢筋混凝土基础；楼顶四

南洋楼

面坡面建有对称式天窗；二楼南向建有阳台，西向建有西式门厅；楼内门窗、壁炉、烟道、楼梯等设施齐全。西楼为明乐林别墅，坐西朝东，高8米、面阔19米、进深16米，建筑面积600平方米，2层，共14间；楼底建有地下室，钢筋混凝土基础；二楼建有阳台，一楼东向建有门厅，楼内装饰设施同东楼。20世纪80年代初，西洋楼被市第四人民医院拆除，原址建成肝炎病房，目前只余东洋楼和东院库房楼。东洋楼（传教士别墅）为连云港市文物保护单位。

七、塔山古道

位于孔望山西南吴窑的塔山上。古道由古海州出东门，经塔山山脊西侧，南下穿过山谷，沿九龙涧东侧山坡，逶迤南接岗嘴夹山口古海港，是宋金时期海州南下至淮安的一条重要通道。古道现存的一段长约450米，宽2.6米，依山势铺凿，地势低平处铺以块石，斜坡处凿成台阶，坡缓处顺势修筑成平整山石路面。古道东侧两米处在突出地面1.5米高的摩崖上有一块金明昌二年（1191年）的石刻《新设山路记》，记述了金人和海州土著居民共修石湫桥、开山筑路的史实。该古道为江苏省文物保护单位。

塔山古道

八、谢小楼石拱桥

位于谢小楼遗址南侧的青龙涧上，建于民国初年，是谢小楼的配套建筑。桥为拱形石结构，俗称“龟腰桥”，南北长8米，东西宽2.7米，高3米，桥面铺以长条石，有石栏杆，残存石桩4根，桩高0.8米。该桥为海州区文物保护单位。

谢小楼石拱桥

九、双龙井

位于海州老南门外，现朐阳门广场西北侧。原名沙井，也叫大井，井南几米处，东西两侧各有一口小井，三井成一个“品”字形，故又名“品泉”。海州城内诸井皆咸，唯此井甘美，冬夏不竭。井内有两个石雕龙头，泉水从龙口中喷流不息。明代曾在此建“品泉亭”，作为海州胜迹之一，供人游览和品茗休息。

双龙井最早开凿于明代景泰年间。《嘉庆海州直隶州志》曾收录陈宣州志中的《明曹忠重修大井记》，明嘉靖年间又大修一次。清光绪三年（1877年）州牧林达泉又行重修，并立“双龙井”碑于井西，至今犹在。

双龙井底部的两个出水龙头

几百年来，双龙井一直是海州人主要饮用水源之一。1965年和1982年，区政府两次拨款复修双龙井，并在井的四周筑起圆形围墙，加高井台，隔断污染源，公布井水使用文明公约。2003年，扩建为双龙井游园，有亭、台、楼阁、假山、小桥、池塘、绿树花草等，面积6000平方米。2015年，区政府又新修了游园北大门和东大门，增添了相关设施，建成供市民游憩、品茗的袖珍式园林。该井为连云港市文物保护单位。

双龙井

十、碧霞宫

位于白虎山东麓，当地人称奶奶庙、南庙。始建于元泰定元年（1324年），清顺治年间重修，为祭祀碧霞娘娘的场所，建筑为明末清初风格。1993年，碧霞宫更名为碧霞寺。其中，中殿3间为宫内主要供神场所。1997

碧霞宫

年碧霞寺修建大雄宝殿时，将中殿按原制式向南整体搬迁25米。2005年，碧霞寺兴建大雄宝殿时被拆除。后殿5间，保存完好，门东侧立有碧霞宫为连云港市文物保护单位的碑文。后殿西墙壁有一块顺治十年（1653年）的《灯油田记》碑，是清康熙七年（1668年）地震后重修时嵌入的。

第四节　石　刻

一、岩　画

将军崖岩画　位于锦屏山南麓的后小山西端，因崖壁上原有人、马像而得名。岩画共有四组，前三组分布在崖下一块混合岩构成的覆钵状山坡上。南北长22.1米，东西宽15米。岩画的线条宽浅，有的断面呈"U"形。面壁光滑，盖以石器敲凿磨制形成。1981年经国家文物局专家鉴定，距今约4000年，是中国迄今发现最古老的岩画。

第一组（A组）岩画，在山坡西侧，全长4米，宽2.8米，以人面和农作物图案为主，编号为Al ~ A34。图案为阴线刻，刻痕一般深度为1厘米，最浅者0.4厘米，宽度在2~3厘米。其中人面相10个，头向88度，最大的高90厘米，宽110厘米。人面多有头饰，以网纹为多，也有复线角纹和弦纹头饰。人面脸颊上多刻有杂乱斜横线条，眼睛用同心圆表示。这些人面相除A6为着裙人物外，大都无四肢，躯干仅为一根上至头顶经颔下的线条表示，而且都与下面的农作物图案衔接，农作物图案为由下向上的辐射状线条。

第二组（B组）岩画在山坡南侧，长8米，宽6米，为鸟兽、类星象图及各式符号，编号为Bl ~ B97。其中大多数兽面头向北偏东60度，刻痕宽平，最宽者4厘米，但较A组浅，刻痕上布满麻点状浅坑，为凿痕。在B组岩画的东部，兽面、动物头骨图案比较集中，数量也多。两个鸟头像，形象清晰。在B组岩画西半部大量的双圈圆点、单圈圆点以及圆点和线等符号规律地分布呈带状，长达6米。

将军崖岩画

中间有短线将它分成四节，有的圆点后有短线相连。这是一幅类星象图。B组岩画的中央有三个呈三角形排列的太阳图案。在这组图案的东部有一根长约5米的人工刻线，宽约4厘米，经鉴定，系一根子午线，其方位角XN ～ S=176°24′52″。

第三组（C组）岩画在山坡东部，地势最高，由人面和各种符号组成，编号是Cl ～ C22。C组岩画中的4个人面像，两个有头饰。C21羽饰，C11倒三角饰，两个无头饰（C10、C3）。其表现手法与A组不同，这里用圆点和短线表示人的眼、鼻、口。

另外，在山坡上，有一大三小四块大石，其中一块上有许多人工凿磨而成的圆窝，直径在3~7厘米。根据岩画、大石以及将军崖所在地形来分析，此处是一处原始宗教的祭祀场所。

将军崖岩画是国内东部沿海地区首次发现的岩画，也是中国最早的岩画。作为中国最早的天文文物资料，岩画第一组人面纹A2、A3拓片陈列于北京天文馆古观象台。1988年，将军崖岩画被公为第三批全国重点文物保护单位。1990年，B组星象图（局部）模型作为中国最早的古代天文科技成果赴布鲁塞尔、汉城展出；将军崖岩画危岩加固工程列入国家“八五”期间文物抢救维修计划。1993~1996年，连云港市文管办联合中国文物研究所、南京工程兵工程学院对岩画进行大吨位预应力锚索加固。2003年5月，连云港市将军崖岩画文保所工作人员对将军崖岩画例行检查时，在岩画第二组东侧、第三组南侧新发现了类鱼形纹等图案。2004~2005年，连云港市文管办联合中国文物研究所对岩画表面进行了防风化保护。

将军崖岩画第三组说明

2005年3月，据锦屏镇居民提供的线索，市将军崖岩画文保所工作人员在后小山顶部、距第一处岩画东约100米处发现第四组岩画。第四组岩画刻在南北长9.7米、高1.7~0.55米的一巨岩西侧面上，内容有人面、蹄形、齿形、火焰形纹等图案及符号。这

将军崖岩画为全国重点文物保护单位

苑囿图

组岩画的制作方法、内容均与原有岩画极为相似。

刘志洲山石刻苑囿图 位于海州区锦屏镇岗嘴村刘志洲山南麓，刻于一天然平整面西的石壁上。刻面长约8米、高1~1.5米，单线阴刻，刻绘亭院、楼阁、池塘、走兽、水禽、人物等图像，时代风格明显。所刻动物图像可辨的有鸭、水鸟、鹿等禽兽。所刻亭阁为斗拱式建筑，立于水面。其亭阁形式与2千米外桃花涧出土的东汉画像石上的图像相似，因此推断其年代为汉代。1995年，被公布为江苏省第四批文物保护单位。

刘志洲山岩画（夹山船刻）

石刻船画 位于小姐洞东南处有3组，刘志洲山北坡及东北坡4组。刻画船只计20多艘，阴线刻，最大的长135厘米，最小的长17厘米。其中，小姐洞东南处的3组1995年被纳于刘志洲山宋金交战战场遗址内，被公布为第四批江苏省文物保护单位。

楼阁建筑图 位于刘志洲山西坡一自然岩面上，酒店村采石场上方。岩画面向正南，画面由两个建筑组成，一是两层楼阁，一是单层建筑，阴线刻。

官吏画像图 位于刘志洲山西坡一自然岩面上，面向西南。画面阴刻一头戴幞头的宋代官员半身像，通高55厘米、宽46厘米，头部高23厘米、宽22厘米。因岩面中部有几处自然裂隙，该岩画有一定程度的损坏。

二、造　像

孔望山摩崖造像 孔望山摩崖造像位于孔望山南麓西端，依山崖的自然形势凿成。刻面东西长17米，上下高约8米，约105尊造像。造像内容分为佛教造像、道教造像和世俗画三个方面。造像的雕凿技法主要有阴线刻、平面浅刻、浅浮雕、高浮雕等。在全部造像中，浮雕

孔望山摩崖造像实测图

造像共89尊，其中道教的汉装人物像4尊，佛教人物造像85尊。据专家考证，摩崖造像雕刻于东汉桓帝、灵帝时期，是中国最早的佛教摩崖造像，较敦煌莫高窟还早200年，对佛教史、美术史和中外关系史研究都有很高价值。

摩崖造像的题材、凿刻年代，国内史家的认识并不统一，经历了多年的大讨论。明清时，该造像就成为有名的人文景观，并见于地方史志和登临者游赏后所留下的勒石题记及诗咏中。"孔望山石上有车辙马迹，峭壁岩嶙，有诸贤摩崖像，冠裳甚古，如读汉画"的历史文献记载，反映了古人对孔望山摩崖造像内容与成像年代的初步认识和直观印象。20世纪50年代，江苏省《新华日报》记者来连云港市进行初步调查与研究，1956年被列为江苏省省级文物保护单位。70年代末，连云港市博物馆通过对汉代朐县的社会背景、经济状况及孔望山摩崖造像布局、雕刻技法分组进行分析，认为其主要内容是汉代画像石上常见的宴饮、乐舞、杂技之类的题材，人物造像的冠式也具有明显汉代特征，并将其时代确定为东汉，引起考古界注目。1980年6月，中国历史博物馆研究员史树青先生首次指出孔望山摩崖造像含有佛教内容，是现存较早的摩崖石刻。同年，北京大学俞伟超先生、中央美院金维诺先生和故宫博物院步连生等著名专家学者，也都认为孔望山摩崖造像是中国较早的佛教遗迹之一。10月，上述几位专家学者确认摩崖造像群是一组既有佛教内容又有道教内容的造像群，引起中外学术界轰动和广泛思考研究。孔望山摩崖造像题材的重新鉴定被考古界公认为是1980年中国五大成果之一。1981年4月，连云港市博物馆在北京举办孔望山摩崖造像小型展览，并举行高层次学术座谈。与会学者和专家从人物的汉式官服、汉画像石式雕刻技法和造像中大量的佛、道教内容等方面进行讨论，形成了孔望山摩崖造像属东汉晚期作品的主流意见。7月，中国佛教协会会长赵朴初看到了这次学术研讨会的相关资料和摩崖造像的拓片后，挥毫写下《孔望山东汉摩崖造像摄影观后题》七绝一首：海上丝绸路早开，阙文史实证摩崖。可能孔望山头像，及见流沙白马来。他提出了孔望山摩崖造像证实了史籍没有载明的"海上丝绸之路"是从古代海州地区开始的卓见。

孔望山摩崖造像

通过考古界的反复讨论和研究，专家们认为孔望山摩崖造像

东王公像

的内容主要是释迦牟尼佛等佛教故事、道教及世俗方面的题材。

佛教故事有“舍身饲虎”图，该图镌于造像群的最东端。这个故事讲的是释迦牟尼佛的前生原是太子，名叫萨埵那，他不愿做太子，立志行善好施，救助弱者。有一天，天下鹅毛大雪，萨埵那看到山中有一只饥饿的老虎，生下七只小老虎，因没有东西吃，眼看就要饿死。萨埵那便走到老虎面前，脱掉衣服，用竹尖刺破自己的头，流出血来，让老虎舔食。老虎先食血，后吃肉，最后萨埵那的身体成了一堆白骨。佛教故事佛涅槃图是孔望山摩崖造像中人数最多的一组，位于造像中央偏下部的突出位置，由46尊人物图像组成，中心人物是高浮雕的释迦牟尼仰身卧像，该图像以几簇密集的人群头像，展示佛祖释迦牟尼的入灭之相和众多佛徒弟子悲悼而凄楚哭泣的场景。佛教内容的造像中还有多处立佛像和坐佛像。表现道教内容的有东王公等。

表现世俗题材的造像有门亭长、宴饮和竿上飞人、叠罗汉等乐舞杂技的内容。门亭长是汉代地方上掌管治安和管理民事的小官。汉高祖刘邦在发迹之前就曾担任过泗水亭长。孔望山的门亭长端坐于造像的最西端，戴一顶宽大的武弁冠，双手捧着一张平放的盾牌，神态庄重严肃，显示出他忠于职守，让人感觉到他是在迎候郡守的过往而诚惶诚恐。神话故事有西王母、蟾蜍和金乌等内容的造像。西王母的造像位于孔望山摩崖造像正中的最上端，高高的发髻上有两根雀尾状的系挂，那就是西王母头上的首饰——戴胜。西王母造像的右下方有一个戴尖顶帽的下人在捣药，表现西王母能制造使人长生不老的仙药。

1988年1月13日，国务院将孔望山摩崖造像公布为第三批全国重点文物保护单位。1990~1992年，孔望山摩崖造像危岩加固工程列入国家“八五”期间重点文物抢救维修计划并付诸实施。2000~2004年，中国历史博物馆与南京博物院、连云港市文管办、博物馆组成联合考古队对孔望山摩崖造像进行第二次全面调查，重新编号造像92个，认为造像群南150米处的圆雕石蟾蜍、造像群东约70米处的圆雕石像和带碑槽的馒头石以及龙洞和位于山顶的杯盘刻石、石承露盘与孔望山摩崖造像时代风格相近且有密切联系，当为同时期，可能都是东海庙遗物。2005年，市文管办对造像表面进行了防风化保护。

三、石 雕

石蟾蜍 位于孔望山造像群南200米。是利用一块露出地表的山石圆雕而成的，长2.4米、宽2.2米、底座高约0.2米、通高1.1米。头部略损，前两肢半残，眼睛阴刻，背上遍刻阴线鳞纹。有学者认为它是东海庙遗物。1988年，并入孔望山摩崖造像，被公布为全国重点文物保护单位。

石蟾蜍

石象 位于孔望山造像群东约70米处，以一块花岗岩巨石的自然形状圆雕而成。象体长4.8米、背宽3.5米，包括厚0.4米的底座通高2.6米。象身东侧以阴线刻一高1.13米、宽0.62米的刻面，内刻隶书“象石”二字。在刻铭与象前腿之间，有一平面浅浮雕“象奴”，高0.92米，头束椎髻，右手持钩，双足系链锁。石象足下雕有仰瓣莲纹。有学者认为它是东海庙遗物。1988年，并入孔望山摩崖造像，被国务院公布为全国重点文物保护单位。

石象

馒头石 位于石象南15米处，高4米、直径3米。顶部有南北向的长方形凿槽，槽沿长0.75米、宽0.25米、深0.5米。槽沿向下7厘米处，四壁内收，形成二层沿。沿长0.67米、宽0.2米。有学者认为它可能是东海庙碑的碑座，为东海庙遗物。

孔望山杯盘刻石 位于孔望山村孔望山山巅，凿于一天然大石上，

杯盘刻石

因石形如砚，俗称“砚石”。大石为近椭圆形的扁平巨石，东西长3.2米、南北宽2米、厚0.7~1米，底部由3块小石支撑，表面经人工打制，较平滑，中凹刻圆盘1只，口径约40厘米。圆盘北、西、南绕刻长10~20厘米、宽7~10厘米的椭圆形杯8只。这就是所谓的“杯盘”。杯盘西30厘米处有长60厘米、宽15厘米，和长40厘米、宽15厘米的长方形凹槽2个。大石东北端壁上刻隶书“砚石”二字。有学者根据《隶续》所录《五君杯盘文》和海州东汉墓出土的杯盘考证，孔望山上的杯盘刻石是东汉时物。再据《后汉书·方术列传》，汉东海郡滨海地区人们供奉的主要神祇是东海君，当时的东海庙就在孔望山下，据此考证杯盘刻石系东汉时期祭祀东海君之遗迹。1982年，被市政府公布为连云港市第一批文物保护单位。

石承露盘 位于杯盘刻石南侧约3米，曾被认为是烽燧的石刻遗迹。2002年由中国历史博物馆、南京博物院、连云港市文管办、连云港市博物馆组成的考古队考证为石承露盘。石承露盘由露盘和底座两部分组成。其做法是在巨石顶部刻出一个边长75厘米、深约2厘米的正方形凹槽，以放置承露盘。北部有一条人工刻成的2~3厘米的沟槽延伸到巨石的下部的集露槽。集露槽呈圆形，直径20厘米。承露盘则由一块整石雕成，平面正方形，边长70厘米、厚25厘米。承露盘顶部凹刻有一个边长约60厘米的正方形盘槽，盘槽的东南角有一喇叭形的流口，可以使承接的露水从此流入集露槽。利用承露盘收集和餐饮仙露是东汉至魏晋时期方士和道士经常用的求仙之术，统治阶级也深受其影响，在当时的皇宫中也建有“承露盘”。结合杯盘刻石的耳杯形制、杯盘格局以及山下孔望山摩崖造像诸遗迹分析，石承露盘和杯盘刻石是与洛阳上清宫杯盘刻石时代相近的道教遗存。

白鸽涧玄武石雕 位于海州锦屏山白鸽涧北侧，依山岩的自然形状浮雕而成。当地人则称其为“龟蛇二将”，因其作龟蛇相绕嬉戏之状得名。石雕高40厘米，宽90厘米，长186厘米，头南向，通体无透雕，蛇身无腹线。技法与孔望山石蟾蜍近似，具有东汉石雕的风格。由于石雕四周地表多见素面布纹瓦片，东侧石壁上又见元代年号“至正”字样。1982年，被市政府公布为连云港市文物保护单位。

玄武庙遗址内的玄武石雕

石臼　石虎　石臼位于锦屏山南麓碓臼庵东侧，距将军崖岩画北侧约200米处。石臼呈圆锥形，臼口直径35厘米，深19厘米，臼北170厘米处又有两个柱洞，东西相距132厘米。东柱洞径6厘米、深10厘米，西柱洞径9厘米，深12厘米。石臼和柱洞成等腰三角形。

石虎，亦称双虎护佛，位于石臼西侧约4米处，依山岩浮雕而成。石虎有2只，一东一西，头北尾西，相对蜷卧。东虎身长30厘米，宽18厘米，浮雕出地8~9厘米。西虎身长24厘米、宽14厘米，浮雕出地3~5厘米。东虎前肢下5厘米处刻有年款，一行4个字，“嘉祐二年”，楷书，字径4厘米，显示石雕成于1057年。

四、摩崖石刻

龙祠摩崖石刻群　位于马耳峰东南100余米处，海拔429米。龙祠为上下两个天然石洞，经人工加工而成，是宋金时官民祈雨之处，直至清代，香火不断。石刻分布在上洞内外岩壁上，共有9处。其中，字迹可辨认的有7处，宋刻6处，金刻1处。在上洞洞口外上方石壁、绍圣四年（1097年）题记和金大定九年（1169年）题记的上方分别并排分布有二处长方形刻面，东面的一处宽104厘米、高39厘米、深1厘米，西面的一处宽40厘米、高43厘米、深1厘米，其上字迹模糊，漫漶不清。另外，距上洞西南30米处部队营房东墙上还有清顺治年间碑刻1则。石刻的内容对研究中国古代史特别是对研究中国古地理、古气象、古生态环境、古民俗以及古代书法提供了可信的实物资料。1987年，连云港市文管办、海州区文管办对龙祠摩崖石刻进行了初步调查、记录。1993年，被公布为连云港市第二批文物保护单位，名“龙祠摩崖石刻”。2001年8月，市文管办对龙祠摩崖石刻进行第二次、第三次调查、记录并识读。2002年，被公布为第五批江苏省文物保护单位，更名“龙祠摩崖石刻群”。

庆历六年题刻（上洞内东南壁上·北宋）　刻面宽1.17米、高0.76米，文11行，行6字，共66字，字宽9厘米，楷书。文曰：“庆历丙戌岁甲午月壬辰日，知州王信臣、通判刁约、监榷萧映、张子谅、驻泊訾文明、巡检曹元禋，率涟水新守逢冲，登朐岭，休于石庵之前，逮□□□□不沦，□□□□题。”庆历丙戌即北宋仁宗庆历六年（1046年）。

庆历七年题刻（上洞口内西侧壁上·北宋）　刻面宽0.53米、高0.5米，文6行，行6字，共36字，字宽6厘米，楷书。文曰：“梅挚、董沂、张有德、陈谅、刘公弼、韩泽祷雨龙祠，同憩岩阴。时庆历七年四月二十日公弼谨题。”梅挚字公仪，成都新繁人，进士，庆历中进侍御史，加同中书门下平章事，因“言事有体”以为户部副使，后因事降知海州。史载其“挚性淳静，不为矫厉之行，政迹如其人”。梅挚知海州，清

《嘉庆海州直隶州志》未载，事见《宋史》卷二百九十八·列传五十七。

皇祐五年题刻题记（上洞内西侧壁·北宋） 刻面宽70厘米、高95厘米，共6行，行9字，共54字，字宽10厘米，楷书。字迹漫漶，可辨文大致为："海〔知〕雄奉□命题石/□知〔讷〕知规□孙登此〔观〕/高密守携稚子知雄□/尚书郎陈述〔五〕行〔书〕/皇祐癸巳中秋后二日"。（文中"/"为该刻文另起一行，下同，编者注）皇祐癸巳年即北宋仁宗皇祐五年（1053年）。

绍圣四年题刻（上洞外上方石壁略偏东·北宋） 刻面宽0.72米、高0.65米，文7行，行7字，共49字，字宽7厘米，楷书。文曰："绍圣四年春旱，闰月壬子，太守鲍[粹]、监郡陈升、都巡检李禹锡、县令周何、尉沈钧宿斋祷于龙祠，癸丑雨应，三月辛酉[复][诲]祭谢。"绍圣四年即1097年。周何，姓名亦见龙洞摩崖石刻群之绍圣三年曾孝蕴题名。

崇宁元年题刻（上洞外上方偏西石壁上·北宋） 刻面宽1.04米、高0.7米、深0.02米，大字9行65字，满行8字，字宽约6厘米；小字5行56字，行字不等，字宽约4厘米，皆楷书。大字文曰："岁次壬午改元崇宁/季夏旱甚是年甲午/躬率僚属祷于/祠下越六日乃雨自/申至戌阖境告足复/涓日陈馔于南楼之/上以谢/神贶朝奉大夫知海/州事蔡渊摩崖以记"。小字文曰："西京左藏库使路分都监刘用章/奉议郎通判军州事燕若霖/承奉郎监酒税杜开雄州防/御推官知县事于宰录事参军周兴龄司户参军邓绍密"。题刻刻于崇宁壬午年，即北宋徽宗崇宁元年（1102年）。邓绍密（1073~1129），《宋史·高宗本纪二》《续资治通鉴·宋纪》载其事，曾知兴仁府，卒于寿春府任上。

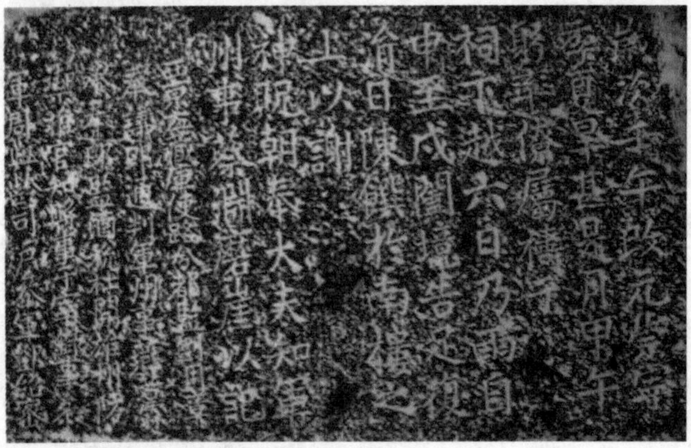

宋蔡渊龙祠祷雨题记

宣和二年题刻（上洞外西侧壁上·北宋） 刻面宽32厘米、高34厘米、深3厘米，文4行，行6字，共24字，字高5~6厘米、宽3~5厘米，楷书。文曰："宣和二年四月/十一日奉〔管〕〔勾〕/州□沈真张□/〔于〕〔朐〕山高永记。"宣和二年即公元1120年。

金大定九年题刻（上洞外上方石壁偏东、并列于绍圣四年题刻旁·金代） 刻面宽0.84米、高0.64米。文9行，满行8字，字宽8厘米，楷书。文："昭毅大将军行海州/刺史兼知州事〔统〕押/军马上轻车都尉漆/水郡开国〔伯〕食邑七/百户耶律〔牙〕〔哥〕祷雨/〔屡〕〔应〕许〔新〕〔涂〕〔祠〕宇经/始于大定九年五月/十四日落成于当年/五月二十七日”大定是金世宗完颜雍年号，大定九年即1169年。

清顺治五龙□庙勒石（上洞西南30米处部队营房东墙上·清代）文曰：“大清顺治己亥年姑洗月/上吉州守庞宗圣同〔训〕〔导〕金世/玮祷雨屡应捐俸处建/五龙□庙，勒石永志。”竖排4行，行字不等，满行12字，楷书，字宽8厘米。顺治己亥为清顺治十六年（1659年）。姑洗月即农历三月。

福星山题刻　该题刻位于网疃村陈庄西南、锦屏山北麓海拔259米一处当地人称“憋死猫”的悬崖上。文曰：福星山。竖写，字径35~50厘米；上款：时康熙岁次辛酉春吉旦；下款：奉直大夫知海州事夏惟贤题。康熙岁次辛酉为1681年。夏惟贤，奉天正白旗人，荫生，康熙十九年至二十一年（1680~1682年）任海州知州。荫生，因祖先的官职、功劳而入国子监读书的学生。

福星山

“福星山”为市内文史爱好者于2010年后发现的一处摩崖石刻，刻成于1681年。此前8年，夏惟贤的前任孙明忠已将朐山（时称青龙山）改名为锦屏山。夏惟贤所题“福星”所指何意？此后130年（嘉庆十六年，即1811年）出版的《嘉庆海州直隶州志》乃至此刻发现前的诸多史料，未见记载。“福星山”之名，锦屏山周围的群众，也鲜有人知。

紫竹庵摩崖题刻群　位于紫竹庵周围的崖壁上。

廖世昭题刻　文曰：“明嘉靖二年夏卯月越坡廖世昭，崖山周必诚同游。”刻于紫竹庵西80米处岩壁上。

无款题刻　紫竹庵摩崖题刻还有无款的“紫竹岩”“丹崖”“翠壁”“云关”“对我来”等5处。

紫竹岩

刘志洲山题刻群　该题刻群位于酒店村、岗嘴村的刘志洲山、哑巴山，宋金、宋蒙交战战场遗址内。1995年，被省政府公布为第四批江苏省文物保护单位。

咸淳七年招信前部安淮军刘题记 位于刘志洲山西部，酒店村采石场上方偏南的一自然岩石立面上，面向西南。刻面宽32厘米、高73厘米。文曰："招信前部/安淮军刘〔元〕/□咸淳七年二月日记"，竖写，文3行，字宽7厘米、高12厘米，楷书。咸淳七年即1271年。

招信后部题刻石刻 位于刘志洲山东南坡一自然岩石立面上，面向正东。刻面长48厘米、宽40厘米。文曰："招信后部/山下五军一/山"，字宽13厘米，竖写，文3行，楷书。

招信军宋提典题刻 位于刘志洲山西北坡一自然岩石立面上，面向东南。刻面长30厘米、宽10厘米。文曰："招信军/宋提典"，字宽10厘米，竖写，文2行，楷书。

招信前部

奚润之题刻 位于刘志洲山南坡一自然岩石立面上，面向东南。刻面长110厘米、宽80厘米。文曰："大□招信部帐前/李士/□尚/奚润之"，字宽12厘米，竖写，文4行，楷书。在最后一行"奚润之"三字的右上方，刻有一钟形图案，高25厘米、宽14厘米，钟内刻有"王用"二字，亦楷书，字宽约9厘米。

哑巴山招信军题刻 位于哑巴山一自然岩石上，面向东南。刻面长56厘米、宽16厘米，文曰："招信军"，字宽16厘米，竖写，文1行，楷书。

刘志洲山东北坡招信军题刻 位于刘志洲山东北坡岗嘴村采石场塘口上方7米处一自然岩石立面上，面向西北。刻面宽12厘米、高50厘米。文"招信军"，最大字宽12厘米、高20厘米，竖写，文1行，楷书。

右军周□家题刻 位于刘志洲山东北坡，第四组船画的南部约1.5米的山石立面上。刻面高17厘米、宽16厘米。文曰："右军/周□家"，字宽6厘米、高9厘米，竖写，文2行，楷书。

武都统题刻 位于刘志洲山东北坡一自然岩石立面上，面向东南。刻面高36.5厘米、宽15厘米。文曰："武都统"，字宽15厘米、高10厘米，竖写，文1行，楷书。

此石有金人题刻 位于刘志洲山西南坡一自然岩石上，面向东南。刻面高82

厘米、宽13厘米。文曰："此石有金人者出日"，字宽13厘米、高7.5厘米，竖写，文1行，楷书。

金国题刻　位于刘志洲山南坡一自然岩石立面上，面向东南。刻面高11厘米、宽38厘米。文曰："金国"，字宽10.5厘米、高11厘米，横写，文1行，楷书。

泗州部柬题刻　位于刘志洲山西坡一自然岩石立面上，面向西南，南距官吏画像约20米左右。刻面长30厘米、高27厘米。文曰："泗州部/柬"，字宽9厘米、高13厘米，横写，文2行，楷书。

泗州题刻　位于刘志洲山西南坡一自然岩石立面上，面向西南。题刻共4字，横刻"泗州"2字，在"泗"字底部向左16厘米处，竖刻"未月"二字，字宽15厘米、高9厘米，皆楷书。

苏总管吴舒正题刻　位于刘志洲山西北坡一自然岩石立面上，有左右二处。左侧岩面面向西南，竖刻"苏总管"3字，刻面高38厘米、宽20厘米，"苏"字高18厘米、宽20厘米，"总"字高9厘米、宽10厘米，"部"字高7厘米、宽5厘米；右侧岩面面向东南，竖刻2行"吴舒正"3字，刻面高21厘米、宽17厘米，字高10厘米、宽7厘米。

□□〔挥〕泗州部题刻　位于刘志洲山西南坡一自然石立面上，在天然石洞的上方。曰："□□〔挥〕泗州部"，楷书。

右武峰两军等零星题刻　位于刘志洲山西坡一天然岩石上方，零星分布。文曰："□右武峰两军□□"，字宽13厘米，文1行，刻面通长70厘米。另有"东""汪""张""曹万""泗州"等零星刻字。

天雄右武夆两军题刻　位于在刘志洲山西坡的一个天然岩石上。文曰"天/雄右武夆两军占石/坑"，文3行，楷书。

天下太平题刻　位于在刘志洲山西坡岩石上。文曰"三月日/三天下太平上下四月太平"，文3行，楷书。

天凤堂题刻　位于刘志洲山西坡岩石上。"天凤堂"为竖写，楷书。

天雄右武夆两军题刻

雄右题刻　位于刘志洲山西坡岩石上。"雄右"，竖写，楷书。

凌云观题刻 位于岗嘴村刘志洲山北峰崖壁绝巘处。此处俗称“小姐洞”。在面朝西北的绝壁上从北到南共分布有4个自然海蚀洞，洞口大致呈斜直线排列，从高到低，分布在20米范围内，分别编号1、2、3、4。1号洞实为自然岩龛，大致呈菱形，岩龛壁极平整，上有题刻1处，即凌云观题刻。题刻为清代孙姓、张姓道士所题，上部为竖排楷书“凌云观”3字，字宽约20厘米；下部为题记，计7行，满行7字，字宽约6厘米，行楷。2号洞位于1号洞南侧下方2米，也为自然岩龛，人工略加开凿，洞口不规则，洞底部还有一洞，略呈菱形，内有人工凿刻一长方形龛，高约50厘米、宽约80厘米、深约10厘米。龛外沿龛口上部有双阴线刻纹饰，作莲纹壶门状。壶门图案被一连接石龛上部的线框龛叠压。龛南侧上部有“王永”二字，楷书，字宽5厘米。从刻痕看，当于线框同为后刻，线框最晚。石龛北侧上部有竖排隶书“小姐洞”3字，字宽约20厘米，当为今人所题。3号洞位置略低于2号洞，位于2号洞南侧2米，洞口略呈马蹄形，深1米余，底部亦平整，未发现文物遗迹。最南边的4号洞最大，但洞口最小，洞口为方形，洞口上部有人工砌补痕迹。洞内有利用自然岩石人工砌筑的石台。石台南北长约2米、宽约1米、高约0.6米。洞口外南侧约3米处岩壁上有阴线刻兽纹1处，兽头北，尾上翘，作回凝视首状，高约15厘米、长约25厘米。3、4号洞内部相通，实为一洞。3、4号洞口前有较为平坦的开阔地，约100平方米。在题刻西侧约5米处有一长舌状招崖石，石尖朝北，呈30度倾角，石面平整，中部偏上有一人工打凿的长方形凹槽，东西长60厘米、南北宽35厘米、深30厘米。石凹槽北部上方近石尖处有似有规律排列的石凹窝7个，直径约5厘米，深约4厘米。石凹槽、石凹窝之间还有一个孤立的、略浅的石凹窝，直径约4厘米，深约2厘米。推断为道教祭祀遗迹，时代应与凌云观题刻相当。2004年因开山采石需要，经市文管部门同意，将题刻、石洞、石凹槽、石凹窝切割搬迁至锦屏镇桃花村桃花涧风景区内。地属1994年江苏省第四批文物保护单位刘志洲山宋金交战战场遗址保护范围内。

龙洞摩崖石刻群 位于孔望山南麓龙洞庵西侧的龙洞内外崖壁。龙洞为一海蚀洞，经人工加工而成，高约2米、宽约2米、深约2.5米，洞口呈近长方形，高约90厘米、宽约70厘米。洞口内侧四角有长方形槽，应是装门用的。洞内壁面光滑，似经反复打磨，表面附着较明显的香火烟炱，直对洞口的内壁底部刻有一鱼纹。今人考证龙洞为道教修炼之所。龙洞摩崖石刻群共分两大部分，一处刻于龙洞内外石壁上，另一处刻于龙洞庵内及庵后丹崖壁上。石刻共有20多则，时代从宋至民国，字体各异，大字近1米，小若鸡蛋，诗题荟萃。位于龙洞附近的石刻主要分布在宽30米、高4.5米的崖壁上，计有宋刻10处、明刻9处、清刻2处、无款题刻4处，书体有楷、隶、行、篆，字宽大小不一，小字寸余，最大者为明代“归云飞鸟”题刻，字宽达90厘米。位于龙洞庵院内及正殿后东侧、北侧的崖壁，自古有丹崖之称。在丹崖之上长10米、高6米的范围内，有明至民国时期石刻多处，称丹崖摩崖题刻群，其中有明刻1处、无款题刻7处，字体有隶、楷、行三种，最大字宽80厘米。另外，龙洞庵院内水井井栏外壁有民国时期题刻1处。1982年，二处石刻群纳入孔望山摩崖造像，被江苏省政府公布为第一、二批文物保护单位，名“龙洞石刻”。1988年，孔望山摩崖造像被公布为全国重点文物保护单位（当时龙洞石刻被遗漏）。2002年，龙洞石刻被江苏省政府重新核定公布为江苏省第五批文物保护单位，定名“龙洞摩崖石刻群”。

龙洞摩崖石刻群

蒋之奇题名（龙洞内正面岩壁·北宋） 文曰“蒋之奇来观海，壬子”，楷书，字宽8厘米。蒋之奇，字颖叔，江苏宜兴人，北宋嘉祐二年（1057年）进士，北宋文学家，神宗时，任殿中侍御史，以诬劾欧阳修贬为监宣州税，旋为淮东转运副使，后为翰林学士，同知枢密院事。他的诗作丰富，有《丹阳集》。此刻是北宋神宗熙宁五年（1072年）他任淮东转运副使时来孔望山观海时的题刻，其书体颇有碑意，稚拙可爱。

元丰六年题刻（龙洞外西侧上方、安钝题名下方，叠压于曾孝蕴题名之下·北宋） 此题刻系自左向右书写，文5行，行4字，文字因被叠压，无法卒读，可识读的有：“临川□□/□游元丰/六年九月/十日□□/□□□□”，楷书，字宽大小不等，10~13厘米。元丰六年即1083年。

王华曜题名（龙洞外西侧面南石壁·北宋） 刻面高40厘米、宽71厘米，文9行，行5字，文曰“王华曜守东武，由朐山太守吕望之率王硕父、黄天倪观东海于龙兴山之乘槎亭，饮于仰止亭。元祐四年三月四日”，行书，字宽3厘米。元祐四年即1089年。

曾孝蕴题名（龙洞外西侧上方、安钝题名下方，叠压于元丰六年题刻上·北宋） 共5行，皆楷书，前3行每行3字，文曰“曾孝蕴、蒋珎、周何、田望”，字宽13厘米，后2行每行4字，文曰“绍圣丙子正月来游”，字宽8厘米。曾孝蕴，字处善，为有御赐“两朝顾命定策亚勋”之号的太傅曾公亮从子，凭功绩进显谟阁直学士，又加龙图阁学士，终年65岁，追赠通议大夫。题刻中旧志皆作“绍兴”，今从“绍圣”。绍圣丙子为宋哲宗绍圣三年（1096年）。而旧志所谓蒋球周的“球”应为“玡”（玡即珍），名亦非读作“蒋球周”，应为“蒋玡”。周何，为海州属县朐山县县令，姓名见锦屏山龙祠摩崖石刻群之绍圣四年题刻。田望，北宋人，见北宋词人贺铸（1052–1125）的七律《舟次淮阴呈邑令田望》。

游龙兴山寺题名（龙洞西侧上方、被安钝题名叠压·北宋） 刻面宽0.62米、高0.75米。文5行，满行6字，字宽8厘米，篆书。前3行被明代安钝题铭所掩，第4行、第5行尚全，尚可辨识文曰：“元符三年十月/丁卯〔曾〕肇楝刘/握〔乔〕甬段缄王/律满损之游龙兴山寺”。方志云：“篆法清挺，残毁可惜。”元符三年即1100年。

余授、张劢题名（龙洞正上方·北宋） 文曰“莆阳余授传师，长乐张劢深道，建中靖国元年十月八日同游”，文4行，行6字，楷书，字宽13厘米。其上有刻面高60厘米、宽40厘米、字宽为20厘米的竖排“龙洞”二字，亦楷书，无款，但与其书体风格相近，应为同一人所书。建中靖国元年即1101年。余授，北宋熙宁间（1068~1077年）进士，博学有文名，除官校书郎。张劢乃北宋爱国诗人张元干叔父，题刻中称长乐人，所以此石刻为确定张元干的籍贯提供了可靠证据。

余授张劢题名和钱泳等五人题名

田升之大观题名（龙洞东侧石壁·北宋） 文6行，楷书，字宽14厘米。文曰：“苏子骏、王舜文、王仲举、孙少魏同游。大观庚寅闰八月十二日田升之书”。大观庚寅即1110年。

田升之政和题名（龙洞外侧大块石上·北宋） 文7行，前6行每行8字，末行4字，字宽12厘米，楷书。文曰：“路分王舜文、钤辖赵彦明、通判傅显道、县宰闾丘君泽、教授李吉泰、判官向持正、推官吕永甫同来。政和元年八月九日，郡守田升之题”。政和元年即1111年。明清旧志记载，该题刻系从孔望山西侧移来此处。

政和八年题刻（龙洞外侧右上方·北宋）　刻在边长约90厘米的正方形刻面内，似叠压在某题刻上，文6行，前5行每行6字，末行7字，行楷，字宽4厘米，文字漫漶，莫可卒辨。文曰："□□名四赈济/职事〔屡〕□此登/视洞宫〔阎〕文伯/□明仲杨子/□偕老人政和//八年孟冬四日书"。

太守绍圣题刻（龙洞外侧右上方、政和八年题刻下方·北宋）　据《海州石刻》所载《政和八年题记》拓片，可见政和八年题刻下方有书体不同的题刻残段，文曰"□□仲俞燕□太守绍圣"，文5行，行2字，字宽6厘米。

忠玉游题刻（龙洞内门口西南壁上方·年代不详）　刻"忠玉游"三字，字宽7厘米，无款，似被凿磨致残。清《嘉庆海州直隶州志》云："颇似山谷，疑亦宋刻也。"

王永和题名（龙洞西侧上方、安钝题名西·明）　刻面高86厘米、宽40厘米，文3行，行字不等，满行13字，楷书，字宽5厘米。文曰"大明正统九年甲子端阳月，钦差工部侍郎昆山王永和用节游览于此"。正统九年即1444年。

杨昶题名（龙洞东侧上方、政和八年题刻下方·明代）　刻面宽0.62米，高0.9米，文6行，首行14字、末行5字、其余行9字，文曰"大明成化六年庚寅五月二十九（旧志为"二十七"）日，淮安知府杨昶、海州知州陶舆、同知唐震、判官施纶、戴璇、儒学学正毋诚、训导周烨、赵谏，公暇同览于此"。楷书，字宽10厘米。成化六年即1470年。

安钝题名（龙洞外西侧上方叠压在游龙兴山寺题名之上·明代）　题刻计7行，文5行、款2行，共52字，文首行11字、第二、三、四行每行9字、第五行6字，第六、七行为从款，分别为6字、4字，皆楷书，字宽6厘米。文曰"大明成化十年春三月朔日，直隶淮安府同知安钝，抚民之暇，偕知州陶舆，因观古圣贤遗像，来游此洞，三慨以书"，从款曰"海州书吏钱铸，老人刘宣"。此刻叠压在"游龙兴山寺"题刻之上，虽真书不佳，却是研究孔望山摩崖造像在明代即已被发现的实证。成化十年即1474年。

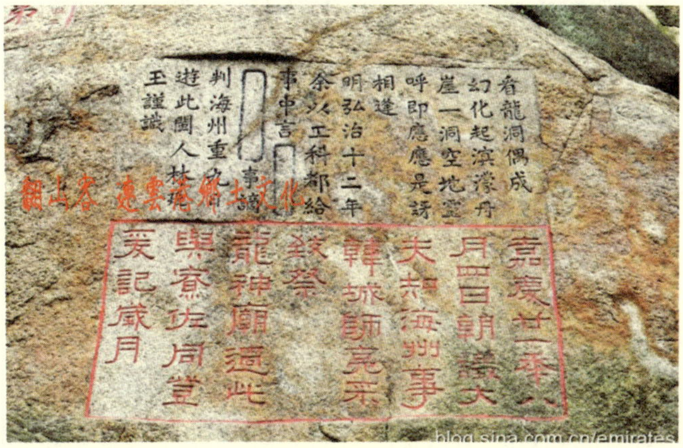

林廷玉诗刻、师亮采题名

林廷玉诗刻（龙洞外东侧6米余处石壁上·明代）　刻面高80厘米、宽190厘米，文12行，行6字，字宽10厘米，楷书。诗题为《看龙洞偶成》，诗云："幻化起溟蒙，丹崖一洞空。地灵呼即应，应是讶相逢。"跋曰："明弘治十二年，余以工科都给事中言□□□□□□□事，谪判海州，重九日游此，闽人林廷玉谨识。”跋文中有7字刻后复被凿平。明弘治十二年即1499年。林廷玉，明福建侯官人。因弹劾副主考程敏政场屋阅卷可疑六事，令程敏政致仕，被贬海州。其人刚明果断，民服其公，政声丕着，后累官至都御史。

劳山翁题名（龙洞东侧上方约4米第七十一福地题刻下方·明代） 刻面高90厘米、宽160厘米，文3行，满行7字，计19字，文曰“正德丙子春二月清明后一日，即墨劳山翁游此”，楷书，字宽10厘米。正德丙子为明武宗正德十一年（1516年）。劳山翁即蓝章，字文绣，即墨人，成化进士，正德初任都察院左都御史，以不附阉奴刘瑾知名。

廖世昭摩崖题名（龙洞西3米·明代） 刻面高70厘米、宽67厘米，文曰“明嘉靖二年夏四月，越坡廖世昭，匡山周必诚同游”，文4行、行5字，隶书，字宽13厘米。嘉靖二年即1523年。

王同六言诗刻（龙洞外西侧约25米面南石壁上·明代） 刻面高1.45米、宽2.35米，文13行，满行5字，文、款字宽皆25厘米，篆书。文曰“龙洞良宵月照，黄花满地秋香。此时此会文彦，一觞一咏情长。矗矗山岩曲抱，潺潺朐海东流。明朝分袂城市，琴尊回忆绸缪”。款曰“嘉靖乙巳重阳知州中泉王同题”。嘉靖乙巳即明世宗嘉靖二十四年（1545年）。王同，字一之，号中泉，河南郏县人，明嘉靖年间知海州，善书大字榜书和玉箸篆。

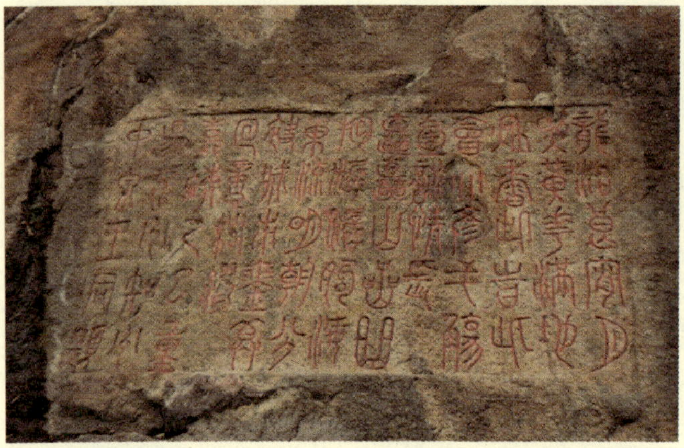

王同六言诗刻

归云飞鸟题刻（龙洞西5米·明代） 刻面高113厘米、宽415厘米，横排，行书，字宽90厘米，上下款各5字，篆“丙午中秋日，中泉王同书”，字宽12厘米。丙午即明嘉靖二十五年（1546年）。

陈文烛孔望山铭（龙洞崖壁东北上方、丹崖正上方高约10余米处面南岩壁上·明代） 刻面高约2米、宽1.6米，铭文书体介于魏隶之间，现已漫漶，难以辨识。据清《嘉庆海州直隶州志》载，铭文曰：“积石岩岩，东海弥弥，伊谁登之，大哉孔子。历聘列国，问官郯子。从游之徒，斫斫阙里。（《海州志》皆误为断断阙里）雅颂既厘，春秋成史。颜渊喟然，曾子曰唯，吾道万年，流行不已，观海于澜，真难为水。岂无王侯，何能似此。当时则荣，没则已矣。东泰在瞻，洙泗伊迩。勒铭高山，景行行止。隆庆壬申日，沔阳陈文烛撰”（旧志收录时遗录刻款和年月日）。陈文烛，明代隆庆年间（1567~1572年）淮安知府，湖北沔阳人。

归云洞题刻（龙洞西侧上方石壁·明代）　刻面高290厘米、宽109厘米，横书“归云洞”三字，字宽85厘米，行楷。该题刻先刻字的外廓，后刻字心，故字廓清晰，深没石壁约2厘米。具上下款各8字，曰“万历壬辰年秋柒月，余姚仰皋邵瑞辰书”。字宽10厘米，楷书。万历壬辰年即明神宗万历二十年（1592年）。

钱泳等五人题名（龙洞门楣正上方·清代）　文5行，行3字，隶书，字宽15厘米，文曰“吕星垣、王良士、许乔林、包世臣、钱泳来”。从书法艺术比较，显为钱泳手笔。

师亮采题名（龙洞外东侧6米余处石壁上紧接林廷玉诗刻下方·清代）　刻面高92厘米、宽180厘米，文8行，满行5字，计38字，文曰“嘉庆廿一年八月四日，朝议大夫知海州事韩城师亮采，致祭龙神庙过此，与寮佐同登，爰记岁月”，隶书，字宽18厘米。嘉庆廿一年即1861年。

七十一福地题刻（龙洞东侧上方约4米·年代不详）　刻面高42厘米、宽187厘米，横排，文曰“第七十一福地”，行楷，字宽18厘米。上款竖书“中元甲子”，字宽8厘米；下款竖书“释氏浩然书”，字宽6厘米。浩然，一说为清末龙洞庵住持；一说为清僧雪峰，又名明初，字东升，华亭（今上海松江）沈氏，有《雪峰诗稿》。

浴龙池题刻（龙洞西侧约18米石壁上·年代不详）　文曰“浴龙池”，竖排，楷书，字宽15厘米，无款，年代无考。题刻近旁有一马镫形小龛，其下有石凹积水成泓。清《嘉庆海州直隶州志》将其列在明代石刻目后。

彦翼元因题刻（龙洞洞口外西侧、王华曜题刻西旁·年代不详）　文曰“彦翼元因”，竖排，楷书，无款，字宽12厘米。

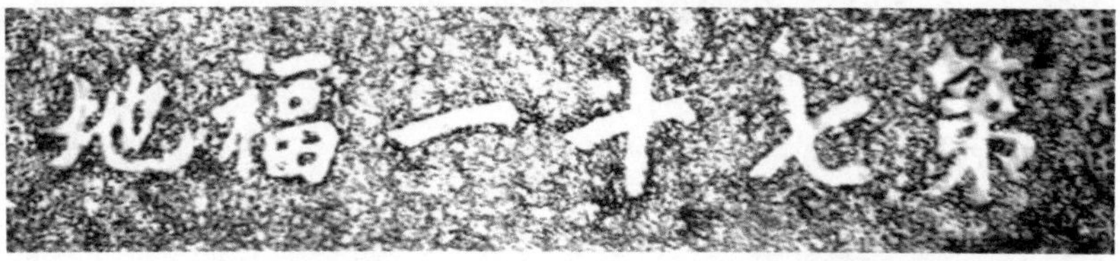

第七十一福地

月未潮生题刻（龙洞庵正殿后院外东北上方一长条状山岩面南崖壁上·年代不详）　文曰“月末潮生”，横排，楷书，无

月来潮生

孔望山

问官台

款，字宽40厘米。

石峡题刻（月未潮生题刻同岩壁西侧·年代不详） 文曰“石峡”，横排，隶书，无款，字宽50厘米。此题刻的岩壁北侧有一处马镫形小龛，高约25厘米、宽约12厘米。

孔望山题刻（龙洞崖壁东北上方孔望山半山、海拔高度约30余米处面南岩壁上·年代不详） 文曰“孔望山”，竖排，隶书，无款，字宽60厘米。

问官台题刻（龙洞崖壁东北上方孔望山半山、海拔高度约30余米处面南岩壁上、孔望山题刻东侧·年代不详） 文曰“问官台”，横排，隶书，无款，字宽约60厘米。

天圆地方题刻（龙洞东北上方孔望山主峰面南岩壁上·年代不详） 文曰“天圆地方”，印章式布局，篆书，无款，字宽15厘米。

小坐题刻（龙洞崖壁东北上方孔望山主峰面南岩壁上·年代不详） 文曰“小坐”，竖排，篆书，无款，字宽18厘米。

囱厓题刻（龙洞崖壁东北上方孔望山主峰面南岩壁上·年代不详） 文曰“囱厓” 2字，篆书，无款，字宽15厘米。

甘露泉井栏题刻（龙洞庵正殿石阶东侧甘露泉井栏上·民国） 文横排曰“甘露泉”，上款“民国念七年立”，下款2行：“三清观/悟清助”，皆竖排。文字宽约25厘米、款字宽约10厘米，皆楷书。“民国念七年”即1938年。

石棚山摩崖题刻群 位于石棚山上。山上多奇石怪洞，岩石壁上有明清时代的摩崖石刻28处，自古为文人游胜地。传北宋诗人石曼卿为海州通判时，常上山读书，蔡景繁、苏东坡、党怀英、戴南枝、杨锡绂等均曾来此。1982年，被省政府公布为江苏省第三批文物保护单位。

廖世昭题名 文曰：“大明嘉靖癸未岁四月维夏壬申朔，海州知州前进士闽中廖世昭、学正新会周必诚，同游石棚登马耳。”刻在石棚东侧一块形如马耳的石上，刻面高80厘米，宽113厘米。刻文5行，楷书，字宽18厘米。廖世昭书。

小九曲 文曰：小九曲，越坡世昭题石。位于锦岩北侧岩壁上，篆书，字宽33厘米。款6字，廖世昭书。

高行清风题勒 文曰：高行清风，横书；上款，中泉王同为，下款，石公曼卿书，皆竖书，分刻在“高行清风”前后，上下款均5字。该题勒刻在石棚门楣上，行楷，“高行清风”四字，字宽100厘米。

石曼卿读书处 文曰：石曼卿读书处。位于山顶南侧，隶书，字宽45厘米。无款。据考为明代。

夫容洞 文曰：夫容洞。位于石室东侧面北岩壁上，隶书，字宽65厘米。无款。据考为明代。

聚奎岩 文曰：聚奎岩。位于锦岩北侧崖壁上，行书，字宽42厘米。无款。据考为明代。

交华亭 文曰：交华亭。位于石棚山西侧面西岩壁上，篆书，字宽50厘米。无款。据考为明代。

戴南枝诗刻 文曰：“一片寒云覆石棚，空岩花草孰知名？何当自有山川后，千古唯闻石曼卿。海上青山似旧时，春来何日更花枝，东风二月江南客，谁共题君坠泪碑。山阴南枝戴易题”。刻于石棚山石室后岩壁，隶书。该刻为清代。

泠音 文曰：泠音，康熙□□。刻于王庄水库南岸岩石，楷书，字宽28厘米。

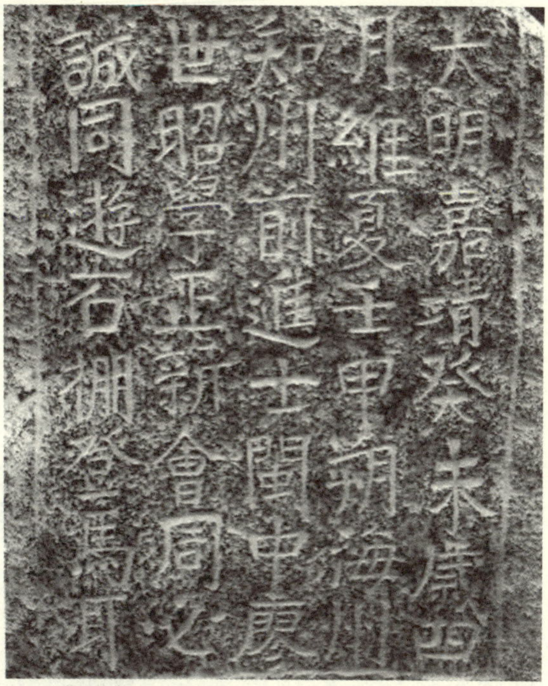

廖世昭题名

石曼卿读书处

戴南枝诗刻

师亮采题名　文曰：石室。韩城师亮采题。清嘉庆二十一年（1816年）刻于石棚东石壁。“石室”为篆书，字宽40厘米；款为隶书，字宽18厘米。

东皋　文曰：东皋。位于锦岩北侧岩壁上，篆书，字宽42厘米。无款。

观澜　文曰：观澜。位于石棚北侧崖壁上，隶书，字宽38厘米。无款。

石棚　文曰：石棚。位于石棚内南侧崖壁上，隶书，字宽60厘米。无款。

云梯　文曰：云梯。位于万花岩南侧，楷书，字宽36厘米。无款。

万花岩　文曰：万花岩。位于石棚山西侧面南崖壁上，楷书，字宽45厘米。无款。

少赤壁　文曰：少赤壁。位于石棚山西侧面北崖壁上，楷书，字宽38厘米。无款。

龙门　文曰：龙门。位于石棚山西侧面北崖壁上，楷书，字宽35厘米。无款。

天蟾独跃　文曰：天蟾独跃。刻于石棚山西南面西岩壁，楷书，字宽51厘米。无款。

天蟾独跃

海鳌　文曰：海鳌。位于石棚山顶西侧面西崖壁上，行楷，字宽60厘米。无款。

锦岩　文曰：锦岩。刻于石曼卿读书处西侧面东岩壁，隶书，字宽60厘米。无款。

风洞　文曰：风洞。刻于石棚东侧面北崖壁，隶书，字宽35厘米。无款。

叠翠　文曰：叠翠。刻于石棚山西南面北岩壁，楷书，字宽45厘米。无款。

另有无款的“辟烟垒”“三生石”“可奕枰”“陨石”“五言诗刻”“王先谦题名”等。

塔山摩崖题刻　位于塔山古道最高处东侧。

新设山路记石刻　位于孔望山村吴窑塔山南坡塔山古道上。文曰：新设山路记。为□□□山下，不平故难行……金明昌二年春三月日笔。刻于塔山古道东侧岩石上，楷书，已模糊不清。塔山古道自塔山延伸到夹山口海港遗址，为宋金时期海州至板浦的一条重要通道。它是由占据海州的金朝军队、地方行政长官千户、谋克、达鲁花赤等与当地老百姓耗费巨资铺筑而成。为纪念此盛举，在路东勒石《新设山路记》以记之。金明昌二年即1191年。

吴廷翰题刻　位于塔山古道东边的面南石壁上，刻面宽120厘米、高93厘米，文4行，行5字，字宽17厘米，款3行，行7~8字，字宽14厘米，皆楷书。文曰：“不见桃花树，云封石室空，登山怀旧迹，留咏翠微中。清嘉庆九年秋九月，长洲吴廷翰偕江宁王宾登山题石”。嘉庆九年即1804年。地属1982年连云港市第一批文物保护单位塔山古道保护范围内。

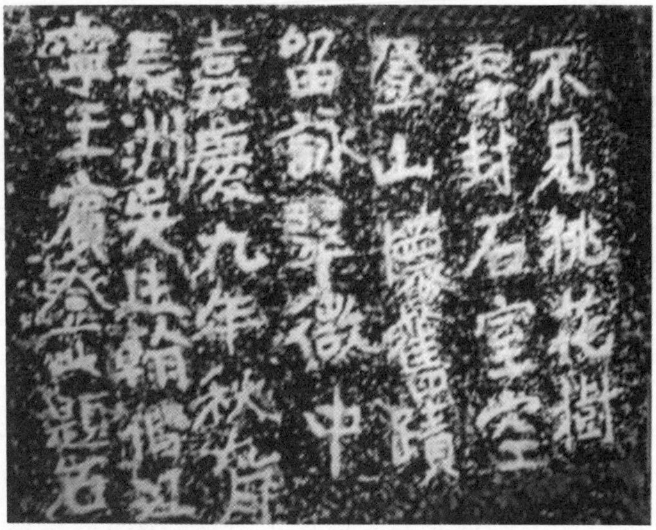

吴廷翰题刻

白虎山摩崖石刻群　位于白虎山上，有唐、宋、金、元、明、清、民国时期题刻30余处，主要是题名和诗刻，其中带年款的有唐刻1处、宋刻4处、金刻1处、元刻2处、明刻1处、清刻5处，其他还有年代不详的“蓬莱庵”“白虎山”“小石棚”“全真”“松风水月亭台”“寿山谳书处”“小羊山”“天池”“龙泉”“多娇”等等。白虎山摩崖石刻群的字体有篆、隶、楷、行四种，其中宋代张叔夜登高题名碑为研究宋江起义的重要史料。1995年，被省政府公布为江苏省第四批文物保护单位。

卢绍题名（位于白虎山牛眼洞上方·唐代）　刻面高80厘米、宽130厘米。文8行，行8字，字宽9厘米，楷书。文曰：“海州刺史赐绯鱼袋卢绍，军事判官前左领侍卫、仓曹参军、前军事判官、前太子通事舍人王句。大中十二年正月十七日仝登”。大中十二年即858年。

余授题名（位于白虎山牛眼洞上方、南与卢绍题名紧接·北宋）　刻面南北长100厘米、高80厘米，文7行，行5字，字宽10厘米，楷书。文曰：“郡守莆阳余授、从事濠梁许光、朐山令渠丘于宰、监酒税颍州杜开。建中靖国元年重九日。”建中靖国元年即1101年。

张叔夜题名（位于牛眼洞上方卢绍题名南10余米处的一面西石壁上·北宋）　俗称张叔夜登高碑，刻面长220厘米、高150厘米，文17行，行7字，字宽18厘米，款字13厘米，皆正楷。文曰：“徽猷阁待制知海州事张叔夜、淮东兵马都监刘绳孙、前兵马钤辖赵子庄、兵马钤辖赵令懋、前朐山令阎质、司刑曹王冶、怀仁主簿蒋仝、权朐山尉王大猷。宣和庚子重阳日同登，□□□□献书。”宣和庚子即1120年。

赵福题名（位于白虎山牛眼洞上方，南距卢绍题名约5米·金代）　刻在南北长110厘米、高63厘米、深30厘米的龛内，字迹比较清晰，文8行，前7行每行4字，末

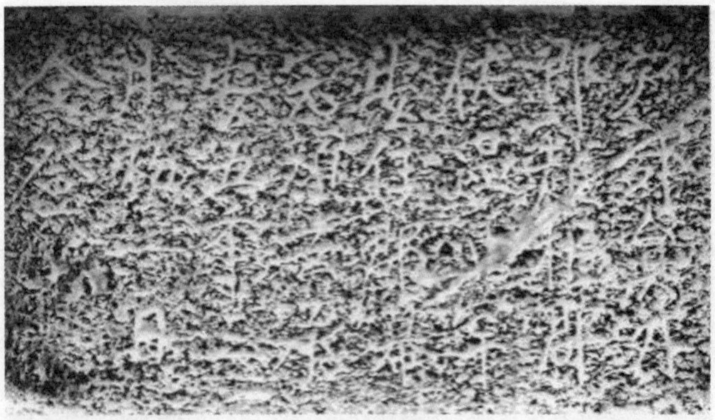
赵福题名

行2字，字宽13厘米，楷书，文曰："户部员外郎赵福、郡佐温迪罕安住、郡幕完颜玄，承安五年三月初一日。仝登。"承安五年即1200年。

修正造题记（位于白虎山北坡半山腰一处面北石壁上、磨盘石南侧·南宋） 刻面高117厘米、宽95厘米，文6行，每行字数不等，首行2字，第2行8字，第3行7字，第4、5行每行8字，最后一行4字，楷书，字宽大小不等，最大字宽19厘米，最小10厘米。文曰："今记。大宋国海州南□，立观音一堂，德恩僧单身乞化，年六十八。宝庆二年六月□日，修正造题"。由于题记所在岩壁风化严重，现已漫漶不清，无法详辨。宝庆二年即1226年。

僧德恩题记（位于修正造题记西约5米处面北岩壁上·南宋） 共4行，行字不等，文曰："僧德恩 今□大宋宝庆二年七月□佛堂卒造"，文字书写潦草，风化较重。该题刻为2005年发现。内容与修正造题记相互印证。从书体、字迹看，二刻为同一人书写。

廉青山题名（位于白虎山牛眼洞上方，西下方距卢绍题名约5米·元代） 刻面南北长180厘米、高80厘米、深4厘米，文3行，第1行2字，余每行7字，字宽10厘米，楷书。文曰："题名。奉训大夫淮安路海宁州达鲁花赤兼劝农事廉青山、奉议大夫淮安路海宁州知州兼劝农事萧谧、承务郎淮安路同知海宁州事天下奴、承事郎淮安路海宁州判官赵贇翁、吏目上官思恭。致和元年四月日立，前儒学直学高尚志书。"致和元年即1328年。

曾寿题名（位于白虎山牛眼洞上方，东下方距卢绍题名2米，廉青山题名后·元代） 刻面南北长180厘米、高80厘米，刻字面长只58厘米，其余部位打磨光滑未刻字。该题刻文6行，首行4字，其余每行10字，字宽8厘米，楷书。文曰："题名。现任忠显校尉淮安路朐山县达鲁花赤兼劝农事曾寿、淮安路朐山县尉□□。致和元年四月日立，前海宁州儒学直学高尚志书"。

蓬莱庵诗刻（位于白虎山山顶南一面东南岩壁上的正方形刻面内·明代） 刻面边长200、深3厘米，文11行，首行7字，末行5字，其余每行8字，字宽23厘米，小篆。文曰："蓬莱庵。晚雅（通鸦）西（通栖）定山枫静，南雁鸣长海月孤。蓬岛盛传仙迹旧，烟波遥望淼中都。大明嘉靖廿五年丙午中秋后三日，奉训大夫直隶淮安府知州河南郏县中泉王同题，同游者同知严士、判官许贯、吏目王淇也。”嘉靖廿五年即1546年。

蓬莱庵题刻（位于白虎山南坡半山崖壁·年代不详）　文曰“蓬莱庵”。竖排，楷书，字宽约25厘米，无款。

白壁山题刻（位于白虎山东坡半山一光洁平整的崖壁上·清代）　文曰“白璧山”，行书，字宽不等，30~50厘米。上款曰“康熙己卯秋日”，下款曰“宛平刘天宁题”，楷书，字宽7厘米。康熙己卯即1699年。刘天宁清代顺天宛平人，清康熙三十六年（1697年）知海州。

师亮采题记（位于白虎山东南部半山腰、小石棚内西壁·清代）　刻面南北长85厘米、高60厘米，文5行，前3行每行4字，第4行5字，末行4字。文曰“知海州事师亮采，以嘉庆丙子八月朔，来谒岳庙题记”。字宽12厘米，隶书。嘉庆丙子为清嘉庆二十一年（1816年）。

驺虞题刻（位于白虎山东南部半山腰、小石棚内北壁·清代）　刻面高61厘米、宽48厘米。文曰“驺虞”，篆书，字宽约28厘米。款曰“师亮采题”，隶书，字宽约10厘米。此刻或为嘉庆二十一年八月初一题，或为此日之后师亮采于海州知州任上所题。驺虞，为传说中的一种仁兽，不食生物，亦称“驺吴”“驺牙”；也指古代掌管鸟兽的官吏。

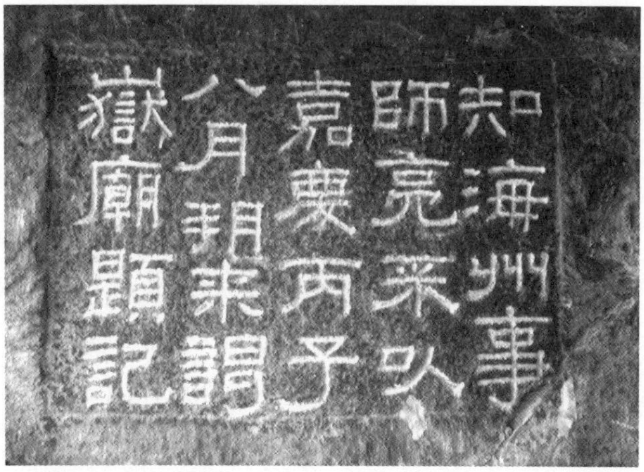

师亮采题记

鳌头山诗刻（位于白虎山东坡半山腰、白璧山题刻上方约5米处光洁平整岩壁上·清代）　刻在南北长180厘米、高120厘米、深约10厘米的刻面内。“鳌头山”三字为行书，字宽13厘米；诗序文4行，每行15字；诗2行，每行10字。序、款字宽6厘米，诗刻字宽8厘米，皆行书。文曰：“鳌头山。海州城西有白虎山，其名弗驯，或

鳌头山诗刻

称白璧，人弗肖。余谛视之，实类鳌首，因取晓策扶桑之意，更其名曰鳌头山，以奠海〔疆〕，兼为多士登瀛之兆焉。地接瀛州近，山应戴巨鳌。凭将纶五色，一钓海天高。大清道光乙未仲夏月长沙陶澍”。此诗刻后又有王梦龄和诗诗刻，为隶书，字宽4厘米，文曰：“太子少保两江总督陶公，以阅伍至海州，登兹山之顶，肇锡嘉名，因系以诗，亲题妙墨，兆科第之祥，晋海疆之福也。梦龄权牧是州，躬逢其盛，谨寿诸贞石，并次韵于后，以志荣幸。峰头龙节驻，白虎变金鳌。偶试丝纶手，榑桑晓策高。同知衔署海州事海康王梦龄谨识。”道光乙未即道光十五年（1835年）。

王先谦题刻（位于白虎山东坡半山腰、鳌头山诗刻北侧约2米处岩壁上·清代） 题刻南北长160厘米、高120厘米、深约3厘米的刻面内，文8行，行字不等，共39字，字迹大多已模糊不清。经专家多方考证，题刻的内容为“光绪丁亥夏，长沙王先谦、曲阜孔广謇、会稽陶濬宣、石灵梁恩霈、慈谿林颐山、善化刘钜同游，濬宣题”。王先谦（1842–1917），清末学者，湖南长沙人，字益吾，因宅名葵园，学人称为葵园先生，有史学家、经学家、训诂学家、实业家等称号，任国子监祭酒、江苏学政，湖南城南、岳麓书院山长，曾校刻《皇清经解续编》，并编纂有《十朝东华录》《汉书补注》《后汉书集解》《荀子集解》《庄子集解》《诗三家义集疏》《日本源流考》《五洲地理志略》等，所著有《虚受堂文集》。他曾弹劾徐之铭、李莲英等，也曾向巡抚俞廉三告密，致自立会人士百余人被害；曾投资并与人集股创设宝善成机器制造公司，也曾攻击时务学堂总教习梁启超等“伤风败俗”“志在谋逆”，指斥南学会和《湘报》宣传民权平等学说为“一切平等禽兽之行”，竭力反对维新变法和民主革命运动。1911年武昌起义后，他改名遯，闭门著书，1917年病逝于长沙。该题刻是他于光绪十三年（1887年）在江苏学正任上所题。

白虎山题勒（位于白虎山半山腰、张叔夜题名同岩壁北略偏下·年代不详） 刻面南北长150厘米、高75厘米。文曰“白虎山”，无款，隶书，字宽40~50厘米。

小石棚题刻（位于白虎山东南部半山腰、小石棚外西壁·年代不详） 刻面南北长127厘米、高40厘米。文曰“小石棚”，字宽28~33厘米，隶书，无款。

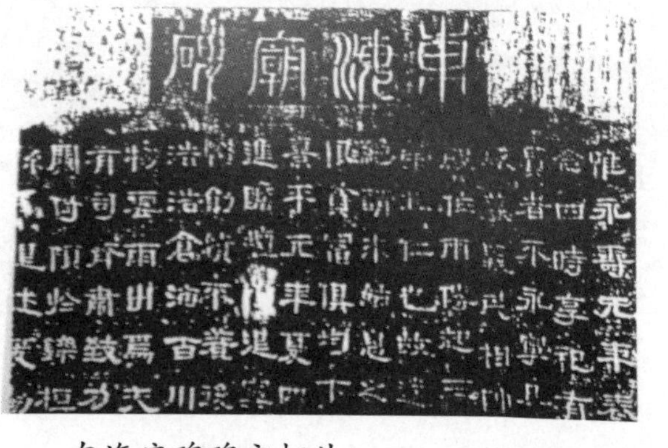
东海庙碑碑文拓片

五、碑　刻

东海庙碑　东汉熹平元年（172年）东海相桓君所立。据《隶释》所录，碑的内容为东海相桓君修缮东海庙的缘起、经过及“尊灵祇、敬鬼神”的宗旨。其碑背有一行17字：“阙者，秦始皇所立，名之秦东门阙，事在《史记》”。原碑位于孔望山西南麓东海庙遗址处，于宋金交战时残失，碑阴拓片现保存于市博物馆。

糜竺墓碑　位于石棚山西麓，碑文曰“安汉将军糜竺之墓”。1965年，墓碑在修建王庄水库时被毁。

王氏墓志　1956年12月出土于海州东门外玉带河五代砖室墓中。碑为石质，长宽各48厘米，厚19厘米，真书。结体严谨。根据墓志记载，该墓建于吴大和五年农历八至九月间，葬于同年九月二十九日，墓主为海州刺史赵思虔夫人太原县君王氏，享年41岁。吴大和五年即933年。该墓志现藏南京博物院。

米芾残碑　1976年1月出土于海州朐山宋墓。墓志残碑为4块，最大的一块宽26.5厘米、高18厘米，有65个字可读，字宽1.5厘米。文曰：“使淮安乡太称绍圣于京师年以是岁十月朐山县凤凰山长乡县君逢氏马尚书礼部侍郎涟水军使米芾”。米芾是宋代著名书法家，与苏轼、黄庭坚、蔡襄齐名，史称宋“苏黄米蔡”四大家。碑现藏连云港市博物馆。

“圣谕”碑　碑高160厘米、宽71厘米、厚22厘米，额勒“圣谕”六条，字迹漫漶，尚有部分可读：“……民之官贪残所致，他将取来民财，弥缝上司，打点京用，舍大非贪人得志，小民愈苦，巡抚官甘心负国旨：……近闻……州……火耗之外巧立……；……逞忿贪功……巡按淮安等处监察御史刘……。……为永乐年间巡按淮安等处御使刘（佚名）刊立”。

“院道明文”碑　碑高180厘米、宽80厘米、厚18厘米，“院道明文”4字横书，“佐贰首领不许擅授民词如违究被告不赴理”，竖书，字宽13厘米。

“圣谕”“院道明文”两碑皆出土于海州师范院内，现存于市博物馆。

海州乡贡进士题名碑　碑高177厘米，宽81厘米，座高56厘米，宽120厘米，碑额弧形，边饰卷云纹。石料为石灰质沉积岩。碑立于明成化七年（1471年），为时任知州陶两大修文庙时，立于明伦堂内。碑额篆书，字宽7厘米，楷体，字宽2厘米。

乡贡进士题名碑

卢陵王概撰文，钱塘唐震书丹，建昌程洛篆额。碑现嵌在中大街小学东围墙壁上。

重修镇远楼碑记 位于海州钟鼓楼东侧。为明嘉靖二十三年（1544年）海州知州工同书。碑体尚完好，额作弧形，高250厘米，宽103厘米，厚28厘米。碑阴为明正德年间的《新建海道碑记》。两面碑文已模糊不清。

太守张公去思碑 文曰：海州，太守张公去思碑。公姓张，名允绅，字行夫，别号汉浦，湖广襄阳县人。由庚申科进士初任江西饶州府安仁县知县，升本州岛知州。未期月，以贤卓调寿州，士民戴之。该碑位于石棚山“万花岩”后。碑高200厘米，宽95厘米。碑正面居中“海州”两字横书，“太守张公去思碑”7字竖书，楷书，每个字字宽18厘米；余字“公……江”“西……之”分别为上下款。张允绅，明万历十三年（1585年）任海州知州，此碑立于他离任之后。

畏岩碑

畏岩碑 位于石棚山顶西部万花岩下。碑为花岗岩质，圆首，高1.8米、宽75厘米、厚18厘米。文曰“畏岩”，竖排，楷书，字宽50厘米；左为款，曰：“长山李春开题”，亦楷书，字宽10厘米。1982年，并入石棚山摩崖题刻，被公布为江苏省第三批文物保护单位。

皇明学训碑 此碑位于中大街小学内。碑高170厘米，宽70厘米，厚20厘米，楷书。

文庙上马台刻石 位于海州原文庙内上马石上，刻石内容表现了天马行空、鹿鸣呦呦的景象。现存于中大街小学内。

淮阴海州袁君刘氏夫妇合葬墓志铭 墓志铭分盖、铭二部分，大小一致，皆呈正方形，边长50厘米、厚8厘米，文字均刻于方石板上的阴线方框内。志盖文3行，曰：“考袁大公/妣刘二娘/合葬之墓。”上款1行：“成化三年十一月中旬置”，下款3行：“孝子袁镛、袁镗、袁〔铿〕/孙袁天锡立/石匠张谨。”文字宽5厘米、款字宽4厘米，皆楷书。铭文记墓主生平等内容，共19行，满行19字，楷书，字宽2厘米。据墓志铭，袁芳字德茂，号东圃，其高祖袁林职大宁万户，曾祖袁宝授颍州太守，其人性仁慈，“施棺木以葬死，发积粟以贷饥”，妻刘氏“乃赣榆通府刘骥之女”天顺六年卒，享年56岁，先葬于南山之前。袁芳卒于明成化三年（1467年），享年60岁，其妻遂附葬于此。铭文落款为“成化三年九月上旬监察御史三涟苏庆撰。孝子袁镛、袁镗、孙袁天锡，石匠张谨”。

1982年5月15日征集于锦屏山白鸽涧，现藏于市博物馆。该墓志石制，长29.5厘米，宽28.5厘米，楷书。

碧霞寺灯油田碑记 首题：灯油田记。文曰："州之西南隅山曰白虎，左侧有青龙涧焉。前朱雀，后玄武，石如尽盖天划奇观也。中建碧霞宫，亦称灵应。余拜之，见琉璃无油乃计月而供。适庙旁有苗生原粮田拾贰亩，捐俸捌俩伍钱买之，一岁所获足供一岁之油庶。佛经所云：日月灯者，永放光明于海国矣。因记之。顺治十年三月之吉，海州知州□阳敬元陈熏沐拜撰。贡士陈嗣良书丹，住持僧寿极立石。"此碑位于白虎山东坡碧霞寺后殿西墙中，碑高100厘米，宽50厘米，楷书，字宽大小不等。

灯油田记碑

海州重修庙学记碑（一） 嵌在中大街小学内戟门西墙。碑高170厘米，宽65厘米，厚20厘米，碑额弧形，边饰卷云纹。碑立于清康熙四十一年（1702年）。碑额篆书，字宽12厘米，碑文楷书，字径3厘米。

海州重修庙学记碑（二） 嵌在中大街小学内戟门东墙。碑高180厘米，宽70厘米，厚20厘米。碑立于清雍正十二年（1734年），字宽3厘米，楷书。

临洪门碑 碑文曰：临洪门。乾隆甲子孟春重修，监修海州卫哲治。1986年，新海电厂扩建工地上出土，为清海州北城门门额。碑呈长方形，长157厘米、宽64厘米。"临洪门"为横书阴刻，字宽40厘米，楷书；余为上下款，小楷。

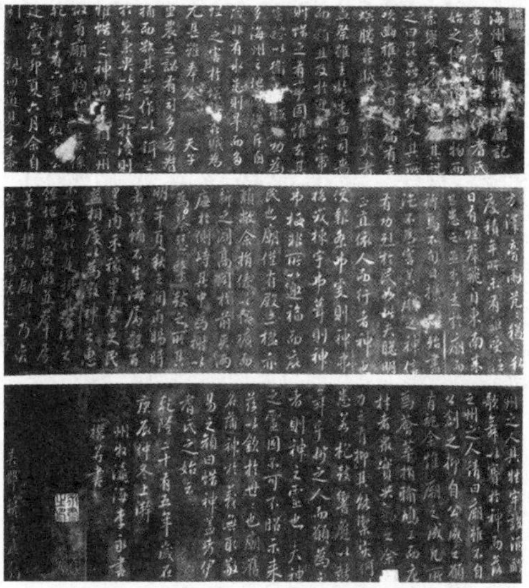

重修蜡神庙记碑

海州重修蜡神庙记碑 此碑刻于乾隆二十五年（1760年）。原位于海州南门外蜡神庙中，早已废圮。知州李永书撰文并书，字势飘逸，挺拔俊秀。碑文拓片现存于市博物馆。

甲子桥碑 文曰：甲子桥。嘉庆九年开甲子河并建桥，知州长沙唐仲冕撰并书，行书，此碑现存于甲子桥旁。

双龙井碑 文曰：双龙井。光绪三年二月谷旦，州牧林达泉重浚。此碑位于海州双龙井，碑高150厘米，宽71厘米，楷书，字宽35厘米，款字宽10厘米。现完好。海州州牧林达泉书，刻于光绪三 年（1877年）。

泉源碑 文曰：泉源。位于海州区双龙井游园内，碑高84厘米，宽400厘米，楷书，字宽30厘 米。林达泉书，刻于光绪三年（1877年）。

闲泉碑 文曰：闲泉。位于朐阳街道陈庄南、锦屏山北山脚下磨盘石上，无款。

东海重修孔庙记 此碑刻于民国11年（ 1922年）。现存于海州中大街小学内。碑高175厘米，宽75厘米，楷书，字宽2厘米。

义德医院碑 文曰：义德医院。美国实业家嘉尔翰女儿爱伦丽芬女士临终捐，中华民国三年立。碑高160厘米，宽55厘米，中文楷书。竖书，3行，其中“义德医院” 每个字字宽30厘米；款分上下行，字宽5厘米。

义德医院碑

爱伦丽芬·嘉尔翰医院碑 文曰：THE ELLEN LAVINE GRAHAM HOSPITAL1914。横书，6行。

义德医院碑和嘉尔翰医院碑 均刻于中华民国3年（1914年），现存于市第二人民医院院史室。史料载，清光绪三十四年（ 1908年）美国基督教南方长老会传教士、医生慕庚扬来海州西门，租借民房开办西医诊所。1914年，诊所接受美国实业家嘉尔翰的女儿爱伦丽芬女士临终捐款，在海州西门外购地建筑义德医院，即后来的市第二人民医院。

沈云沛墓志碑 文曰：沈光禄公墓志。刻于民国9年（1920年）。原位于海州岗嘴，现存于市博物馆。碑高60厘米，宽110厘米，篆书，字宽18厘米。

清封一品夫人沈母吴太夫人墓志铭 文曰：吴太夫人墓志铭。刻于民国10年（1921年）。原位于海州岗嘴，沈云沛墓右侧。现存市博物馆内。碑高50厘米，宽100厘米，楷书，字宽1厘米。清封一品夫人沈母吴太夫人为沈云沛的母亲。

水关门　文曰：水关门。此碑长167厘米、宽39厘米、厚13厘米，已凿损。碑原位于海州古城新西门城门洞上方，为民国21年（1932年）水关门改为新西门时所刻。

第五节　出土文物

一、玉石器

青白玉饰件　1975年于海州区南门大队戴胜墓出土。该玉饰件长1.4厘米、宽1.2厘米、高1.4厘米，重4克，和田青白玉，玉质温润，雕刻精细，呈哑铃状，中间有一直穿圆孔，从形制上看应为司南佩。

黄玉猪

铺首衔环画像石　1979年于锦屏公社桃花大队桃花涧汉画像石墓出土。该画像石残长167厘米、宽73.5厘米、厚12厘米，片麻岩质，阴线刻。画面内容为铺首衔环，左侧为一雄兽铺首，蓄须，右侧为一雌兽铺首，戴有两只耳环，画面整体布局规整，结构疏朗。

双阙一堂画像石　1979年于锦屏公社桃花大队桃花涧画像石墓出土。该画像石长235厘米、宽76厘米、厚13厘米，片麻岩质地，阴线刻。画面内容为双阙夹一堂，刻一亭长执剑立于堂右侧，堂上方有一只凤鸟。整体布局疏朗。

拜谒画像石　1983年于锦屏镇刘顶村刘顶画像石墓出土。该画像石长161厘米、宽78厘米、厚18厘米，片麻岩质地。画面雕刻技法为阴线刻，雕刻内容为二人互换名谒，在二人身后各立有一名仆人，左者执戟，右者持盾。整个画像石的画面布局疏朗。

玛瑙剑璏　2002年于双龙村双龙汉墓出土。该剑璏长7厘米、宽2.5厘米、厚2.6厘米，玛瑙质，保存较完整，底部稍有残缺。剑璏呈半透明状，利用玛瑙表面的自然红色纹理巧雕成突起的峰峦状。

人物矾石罐　1965年2月，在海州区南门大队采集并捐献给海州地志陈列室。

该矾石罐高9.2厘米、口径9厘米、底径6.6厘米，撇口，短颈，鼓腹，平底，口沿部有两处残缺。罐外壁用浅浮雕技法刻画仕女六人、花三枝、树三株，仕女皆两两相对，间以花枝，花上各停一只蜜蜂，线条简洁粗放，物体描绘比例夸张，既写实又写意，是唐代雕刻艺术品中的一件珍品。

二、陶瓷器

青釉四系陶罐 1978年于海州区大成窑厂出土。高22.5厘米、口径11.5厘米、腹径73.5厘米、底径11.8厘米，釉陶，直口，口沿至肩有四系，鼓腹，小平底，口沿至上腹部施青釉，其间有数匝弦纹，下腹至底部露胎。该罐器形完整，传世较少。

三、金属器

徐安世龟钮铜印 1992年于海州区双龙村出土。边长1.6厘米、高1.6厘米，重18克，龟钮，铜质。龟的造型形态饱满，生动逼真，龟首昂扬上翘，四足伸展，龟甲、眼、口、皮肤褶皱等细部特征描绘准确。印文为篆书白文“徐安世印”4字。该印造型规整，铸造精美。

星云乳钉纹铜镜 1973年于海州区霍贺墓出土。直径13厘米、厚1.3厘米，厚边缘，连峰钮，有钮座，钮座外依次有四组回弦线条纹，一周内向连弧纹，一周栉齿纹，主纹为乳凸状星云带，向外一周有两匝弦线。该铜镜器形完整，纹饰层次感较强。

四乳蟠螭纹铜镜 1975年于孔望山吴窑汉墓出土。直径18.9厘米、厚1厘米、缘厚0.6厘米，器形完整，宽平缘，圆钮，柿蒂形钮座，四乳间环绕禽鸟、走兽，外周有三匝栉齿纹，依次将凸弦纹、主纹和宽平缘分隔开。镜体厚重。

龙虎铭文镜 1976年于海州区网疃庄二队（今网疃村）出土。直径14.5厘米、厚1.5厘米、缘厚0.9厘米，宽平缘，圆钮，有钮座。钮座外的主纹为龙虎对峙图案，外围有以数周弦纹分隔开来的铭文、栉齿纹、锯齿纹。镜背面有锈斑，镜体厚重。

“凌氏惠平”龟钮铜印章 2002年于海州区双龙村双龙汉墓出土。边长1.3厘米、高1.5厘米，龟钮，青铜质。龟的造型形态饱满，生动逼真，龟首昂扬上翘，四足伸展，龟甲、眼、口、皮肤褶皱等细部特征描绘准确，钮上穿有黄色皮绶，皮绶柔软有韧性。印文为篆书白文“凌氏惠平”4字。该印造型规整，铸造精美。

凌舜龟钮银印章 2002年汪柬奕在海州区双龙村双龙汉墓附近采集，并于2006年捐献给连云港市博物馆。该印章通高1.4厘米、边长1.3厘米，龟钮，银质。龟的造型形态饱满，生动逼真，龟首昂扬上翘，四足伸展，龟甲、眼、口、皮肤褶皱等细部特征描绘准确。印文为篆书白文“凌舜”二字。该印章造型规整，铸造精美。

熙宁七年盐镦 盐镦亦称盘铁，为熬盐之敞口锅，置于火坑之上，燃其盐，泼卤其上，以取盐晶。该盐镦由四块拼接成圆形，此为四块中的一块，于1992年在海州东门外甲子桥下发现并征集至连云港市博物馆。直径158.5厘米、厚8厘米、齿长30厘米、齿宽29厘米，其中一齿上铸铭文“熙宁七年 字二”6字。熙宁七年即1074年。该类文物在全国范围内发现极少，具有地方特色，且有明确的纪年及编号，对研究宋代盐业生产规模和生产工具具有重要的参考价值。

四、漆木竹器

彩绘漆木尺 2002年于海州区双龙村双龙汉墓发掘出土。木质，一端有孔，双面均有彩绘，脱水后长22.5厘米、宽1.8厘米、厚0.5厘米。绘图方法为黑线描底，彩色填充，色彩丰富，有红、黑、蓝、白等多种颜色。内容为车马出行、象车、仙人、云纹、山峦等。图景为大象拉车，车内二人对坐，两侧有鼓手擂鼓，两乘马车前驱开道，车后有数骑随行。汉彩绘漆木尺制作精细，纹饰精美。

木雕贵妇出游俑 1979年于海州区果园发掘出土。该组木俑共5件，由骑马女俑、牵马男俑、2件侍从女俑以及马俑组成，构成一幅《游春图》，其造型颇有《虢国夫人游春图》的风格。木俑造型生动，颇具艺术感染力。骑马女俑挽高髻，身披风衣，贵妇打扮，编号70199，宽8.6厘米、高24.5厘米。马的体形矫健，昂扬挺拔，四肢有力，编号70203，长31厘米、高29厘米。整个骑马女俑通高40厘米。牵马男俑戴幞头，衣短袍，腰束带，左手握拳于胸前，右手置于身后作牵马状，编号70200，宽7.4厘米、高26.5厘米。两个侍从女俑中，较矮的发式较高，双手放于胸前，编号70201，宽6.7厘米、高22厘米；较高的发式较平，双手合握于胸前，侍立于骑马女俑之后，编号70202，宽6.5厘米、高23厘米。该组俑在艺术造型上已从盛唐以胖为美的风韵中脱出，丰满

贵妇出游木俑

而不臃肿，纤巧多于朴实，是难得一见的工艺品，对于晚唐社会形态、工艺美术史的研究具有一定的参考价值。

第六节 文物保护与管理

锦屏山周围的山麓台地是古海州最早的发祥地，地上地下文物非常丰富。市区文物管理部门多次对山周围的文物进行普查、抢救性发掘、保护性清理和用现代科技手段进行科学保护；在经济建设中出土和发现的文物也得到及时清理与保护。

一、文物普查

市文物管理部门先后于1957、1979、1984、1987年在全市范围内进行文物普查，普查期间收到群众提供的锦屏山周围的地上地下文物线索多条，收集了一些流散文物。1957年，重点对锦屏山地区的二涧村、九龙口进行普查，为研究这一地区的新石器时代文化发展序列提供了丰富的实物资料。1979年，对将军崖岩画进行照相和绘图。1980年，邀请北京有关专家对孔望山摩崖造像的题材重新鉴定，该造像题材的重新鉴定被考古界公认为1980年国内五大考古成果之一。2001年9月，市文管办组织力量重新调查识读了龙祠摩崖石刻群、龙洞摩崖石刻群，为这些文物古迹申报江苏省第五批文物保护单位工作取得了第一手资料。2003年5月，在将军崖岩画第二组东侧、第三组南侧发现“鱼形”图案。是年12月至2004年4月，经调查，在刘志洲山地区新发现文物石刻、船画10余处。同时，对石棚山、蜘蛛山、锦屏山、二涧水库等地的古代星象图遗迹进行测绘和拓片。2005年3月18日，经海州区锦屏镇居民提供线索，于将军崖岩画所在的后小山山顶又发现一组新的岩画，其制作方法、内容均与原有岩画极为相似。

二、考古发掘

对孔望山摩崖造像考古的最早文字记载可以上溯到明成化十年（1474年），当时淮安府同知安钝偕同僚“因观古圣贤像，来游此洞”（洞指摩崖造像东侧的龙洞）。20世纪50年代以来，因建设施工，在锦屏山周围陆续发现了一些古墓葬，并经清理出土了一些青铜器等文物。1954年，江苏省文管会寄庵、人俊二人对孔望山摩崖造像作了调查，认为“就画像作风来看，似与汉武梁祠相近”。这次调查促成了孔望山摩崖造像被列为江苏省文物保护单位。1957年夏，南京博物院朱江在孔望山作了更为仔细的调查后认为“可能是汉代的东西”。

1979~1981年，连云港市博物馆考古部对孔望山古城遗址进行多次考古发掘和实地勘测，在城墙的剖面上发现了大量汉唐时期的瓦当、陶片，在城址的地基上发现了不少唐代的莲花瓦当。

1980年6月，中国历史博物馆研究员史树青等4人应邀到孔望山考察，史树青首次指出孔望山摩崖造像是含有佛教内容的早期宗教造像群，年代要早于敦煌石窟200年，是国内现存较早的佛教石刻。同年，北京大学考古系俞伟超、中央美院金维诺、故宫博物院步连生及信立祥等相继到孔望山考察，皆认为孔望山造像应该是国内较早的佛教遗址之一。

1984年以后，市内考古工作者在锦屏山周围相继发现了数量众多的古遗址、古墓葬、古建筑、古石刻及具有纪念性的近现代史迹。2000年，中国历史博物馆馆长俞伟超和市博物馆丁义珍等人对孔望山东海庙遗迹进行两次考古发掘。2002年4月至6月，以中国历史博物馆考古部主任信立祥为首，南京博物院、连云港市文管会和博物馆联合组成“孔望山遗迹考古队”，第三次对孔望山古城和东海庙遗迹进行发掘考察，确定孔望山古城是南宋抗金的主战场，东海庙是祭奠汉光武刘秀之子、曾被立为太子、后来被废的东海王刘疆的神庙。2002年7月，双龙汉墓出土中国第三具汉代湿尸“凌惠平”，震惊考古界。考古工作者经科学发掘和调查，掌握了这些古文化遗迹的分布状况，较全面地解读了这些文化遗存所承载的历史信息，并确立为文物保护单位，划定保护范围。这些古遗址和古墓葬中的大批文物，经过科学的发掘清理、修复保护，充实了市馆藏文物的数量。

三、锦屏山地区文物保护单位

截至2015年年底，经各级文管部门鉴定，锦屏山周围被确定为国家级文物保护单位2处、省级文物保护单位9处、市级文物保护单位18处，区级文物保护单位3处。历年出土和征集的文物，现大部分收藏于连云港市博物馆。

2015年锦屏山地区文物保护单位一览表

表3-1

级别	类　别	名　称	时　代	地　点
国家级	石　刻	将军崖岩画	新石器时代	锦屏山南麓桃花村
		孔望山摩崖造像	东汉	孔望山南麓西端

续表3-1

级别	类 别	名 称	时 代	地 点
省 级	石 刻	白虎山摩崖题刻	唐至民国	白虎山
		刘志洲山石刻苑囿图	汉	锦屏镇岗嘴村刘志洲山东坡
		龙祠题刻群	宋、金、清	锦屏山马耳峰
		孔望山龙洞题刻群	汉至清	孔望山龙洞庵西侧
		石棚山摩崖题刻	金、明、清	石棚山
	古遗址	桃花涧遗址	旧石器时代晚期	锦屏山南麓桃花村
		刘志洲山宋金交战战场遗址	宋	锦屏山南侧岗嘴村
		孔望山古城遗址	宋	孔望山
		塔山古道	金	朐阳街道塔山
市 级	石 刻	白鸽涧玄武石雕	东汉	锦屏山白鸽涧北侧
		孔望山杯盘刻石	东汉	孔望山顶
	碑 刻	海州乡贡进士题名碑	明	海州区原中大街小学
	古遗址	陶湾遗址（包括马腰岭）	新石器时代	锦屏山东南麓陶湾村
		二涧遗址	新石器时代早期至汉代遗址	锦屏山东南麓岗嘴村二涧口
		土船顶遗址	商至周	锦屏山北麓园林村
		九龙口遗址（包括尾矿坝）	商至战国	锦屏山东南麓陶湾村
	古墓葬	海州古墓葬	秦汉至清	海州玉带河南、锦屏山北、白虎山与孔望山之间
		海州东汉二号墓	东汉	海州网疃村
	古建筑	碧霞宫	明至清	白虎山东麓
		孔望山抗金古城	宋	孔望山、凤凰山
		海州钟鼓楼城门	明	海州街道
		海州文庙戟门	清	海州原中大街小学
		双龙井	明	海州区朐阳门广场西北侧
		蒋宅	明	海州区蒋巷
		甲子桥	清	海州区东门外甲子河
		南洋楼	民国	白虎山西侧
		谢家洋楼	民国	海州区中大街

续表3-1

级别	类 别	名 称	时 代	地 点
区 级	石 刻	紫竹庵摩崖题刻	明	马耳峰南
	近代建筑	谢小楼石拱桥	民国初年	海州城南青龙涧上
		福音堂	民国	海州区南中街

四、文物保护维修项目

将军崖岩画护栏保护工程

市、区文物行政管理部门采取有效措施，对锦屏山地区的文物进行保护。先后利用国家补助资金250多万元，完成了国家"八五"期间重点文物抢救维修计划项目——将军崖岩画、孔望山摩崖造像保护工程；区内自筹资金完成碧霞寺大殿移建工程。其中，孔望山摩崖造像危岩微型锚杆加固技术获省文化厅科技进步三等奖，利用保护液对汉代女尸进行保护也获得良好效果。

锦屏山文物保护维修项目表

表3-2　　单位：万元

项目名称	地 址	项目内容	造价	经费来源	备 注
孔望山摩崖造像维修加固	海州区孔望山村	危岩锚杆加固、裂隙灌浆，建立排水系统	33	国 拨	1991年
将军崖岩画锚索加固	海州区锦屏镇	危岩锚索加固、裂隙压浆，片状风化注浆加固	110	国 拨	1993~1996年
碧霞宫中大殿移建	海州区白虎山村	因寺院建设，经批准向南移25米	7	寺庙自筹	1997年9月
将军崖岩画防风化保护	海州区锦屏镇	进行岩画化学防风化保护，片状岩石风化维修	55	国 拨	2005年9月
孔望山摩崖造像防风化保护	海州区孔望山村	岩石裂隙灌浆，对造像化学防风化保护	55	国 拨	2005年9月
将军崖岩画刻面保护	海州区锦屏镇	岩画上端建木栈道，保护岩画刻面免遭踩踏	28	国 拨	2012年

五、文物管理机构

1958年,市成立地志文物陈列室,在海州大慈禅寺后大殿挂牌办公,征集、保存、展出部分文物,其中一部分是锦屏山周围历年出土的文物。1973年,在市地志文物陈列室及所藏文物的基础上,成立连云港市博物馆,并在新浦建馆办公。1980年,连云港市成立文物保护管理委员会(简称市文管会),代表市政府负责全市的文物保护管理工作。下设办公室,为常设机构,办公地点在市文化局。1989年7月6日,海州区文物管理委员会成立,主任由分管文化工作的副区长兼任,下设办公室,办公室主任由区文教局(文旅局)分管文化工作的副局长兼任。包括锦屏山周围在内的海州区所发现文物的处理、出土古墓葬的发掘与清理,以及馆藏文物的保护与管理,由市博物馆负责。为加强锦屏山周围重点文物保护单位的保护和研究工作,经市政府同意,于1997年11月分别成立连云港市将军崖岩画文物保护研究所、连云港市孔望山摩崖造像文物保护研究所,均为副科级事业单位。

锦屏山地区出土的馆藏文物情况表

表3-3

级别	藏品名称	时代	来　源	质地及外观
一级品	黄玉猪(一对)	西汉	海州网疃西汉夫妇合葬墓	黄玉
	琉球炉	清	琉球国(今冲绳)八品巡见官毛朝玉赠海州知州师亮采	紫铜、圆形、鼓腹、重5.1千克
	襄城楚境尹戈(一组3件)	战国	在海州区锦屏陶湾村附近征集	青铜。最小一件有铭文两行“都寿之岁襄城楚境因所造”
	西郭宝墓名谒(2件)	西汉	1985年4月23日海州锦屏黄石崖西汉东海太守西郭宝墓	楸木质。一件文3行14字,一件3行12字
	西郭宝墓遣册	西汉	1985年4月23日海州锦屏黄石崖西汉东海太守西郭宝墓	楸木质。一件折5段,文40行,24字;一件折3段25行,82字
	西郭宝墓毛笔	西汉	1985年4月23日海州锦屏黄石崖西汉东海太守西郭宝墓	木质,兔毛,残长21.2厘米
二级品	骨针	新石器	海州二涧水库新石器时代	骨质,上粗下尖,断为二,已修复
	七子漆奁盒	西汉	海州小焦山西汉霍贺墓	木质,圆形
	汉板砚盖	西汉	海州西汉墓	木质,断为二,变形,已修复。表绘熊兔相斗图

续表3–3

级别	藏品名称	时代	来源	质地及外观
二级品	唐骑马俑（一组4件）	唐	海州晚唐墓	木质。骑马俑一，侍俑三
	龙形玉佩	战国	海州网疃村采集	灰白玉石质，龙形，饰谷纹
	青玉猪（一对）	西汉	1975年10月海州南门西汉戴胜墓出土	青玉
	玉剑遂	西汉	1975年10月海州南门西汉戴胜墓出土	青玉
	东魏武定元年造像幢	东魏	1961年海州结核病院采集	灰白色石质。经幢形四面造像龛
	北齐武平三年石造像	北齐	孔望山龙洞庵采集	青灰色片麻岩
	青玉蟠螭玉璧	宋	1978年12月白鸽涧生产队捐赠	青玉，玉质较差
	玉带版（12节）	明	1973年市地志室拨交	青白玉，完好
	带鞘铁剑	西汉	1985年海州西汉西郭宝墓出土	铁质，虽有锈蚀，仍可见寒光
	“大定通宝”连珠纹镜	金	1981年5月在锦屏哑巴山征集	铜质，完好
	青釉绿彩水盂	唐	1979年7月海州南门大队王庄生产队采集	瓷质
	影青瓷盂	北宋	1972年海州南门大队采集	青白瓷
	影青菊瓣瓷盒	南宋晚期	在海州征集的市博物馆原藏	瓷质，完好
	青瓷小盏	宋	1981年6月大成砖厂采集	瓷质，完好
	影青花瓣口碗	宋	1979年2月出土于大成砖厂	白瓷质，完好
	船形茶盏	五代	1965年10月18日，海州果园队献交	瓷质
未定级	铜镜5面	西汉	海州双龙村	残，锈蚀严重，纹饰不清
	铜刷2把	西汉	海州双龙村	残，锈蚀，前毛脱落
	铜钱3枚	西汉	海州双龙村	锈蚀
	木梳11把	西汉	海州双龙村	残
	木篦5把	西汉	海州双龙村	残

续表3-3

级别	藏品名称	时代	来源	质地及外观
未定级	长剑2把	西汉	海州双龙村	残，锈蚀，在剑销上有玉格
	毛笔1支	西汉	海州双龙村	残
	印章3枚	西汉	海州双龙村	铜，完全锈蚀，印文不清
	木牍12枚	西汉	海州双龙村	较完整
	漆奁盒8个	西汉	海州双龙村	较完整，有纹饰，存放在大漆奁盒
	女湿尸1具	西汉	海州双龙村	基本完整

第四章　风景名胜

锦屏山原为海岛，山下惊涛裂岸，山间峰峦峭拔，谷壑幽深，奇石林立，飞涧流泉，绿树葱郁，自然景观雄浑、优美。山周围在史前就有先民们活动。山北麓在秦代已有行政建置。秦汉时代，佛、道两教开始在锦屏山中建设弘法场所。千百年来，锦屏山留下了古海州历史发展进程中大量经济、政治、军事、人文和宗教的信息。星移斗转，这些信息早已成为宝贵的人文景观。明代，古海州著名的《朐阳八景》中所描述的景观都与锦屏山相关。自20世纪80年代起，海州区在锦屏山地区开发建设包含国内最早反映佛道教传法活动的摩崖石刻、建成于公元6世纪的古刹龙洞庵及石刻群等景点在内的孔望山景区。90年代末，陆续开发建设包含反映史前先民们农耕和祭祀生活的将军崖岩画、桃花涧旧石器时期文化出土点、建成于南唐年间的深山古寺紫竹林等景点在内的桃花涧景区；开发建成包含石棚、石曼卿读书处、塔山古道、以及大量摩崖石刻和象形石等景点在内的石棚山景区。21世纪初，建设包含唐至清连续不断且保存完好的摩崖石刻、始建于元代的碧霞宫等景点在内的白虎山公园；以及宋代水师抗金的刘志洲山古战场遗址。各景区也根据自身的定位和特点，先后新建了孔子望海群像、石刻文化艺术园、糜竺墓、文峰塔、山海经石刻园等景点，更加丰富了景区的内涵。

第一节　古海州八景

海州古城近郊山川秀美，人文景观众多。历代文人墨客慕名而至，徜徉于山水之间，或吟咏，或作画，记录下古海州的一些风景名胜，其中具有代表性的是林廷玉笔下的《朐阳八景》。林廷玉，明成化二十年（1484年）进士，官至工科都给事中。弘治十二年（1499 年），被贬为海州通判。《隆庆海州志》卷十记载着他的一首《朐阳八景》：

崖阴积雪粉妆峰，石室春风霭气浓。
马耳晴岚飞彩凤，虎峰夕照应非熊。
旸谷朝霞金罩柳，疏楼夜月玉笼松。
苍梧晚渡人归后，蒙羽秋成乐岁丰。

这首七律中的崖阴积雪、石室春风、马耳晴岚、虎峰夕照、旸谷朝霞、疏楼夜月、苍梧晚渡、蒙羽秋成便是叙述古海州及近郊的8个著名景观。其中，前5处景观都位于锦屏山、石棚山、白虎山和孔望山中，第七、八处景观是站在锦屏山上向东远望大海、向西远望海州西部所看到的景象。

一、崖阴积雪

崖阴积雪指朐山北侧山间的雪景。朐山即现在的锦屏山，清康熙年间海州知州孙明忠当时站在古城墙上南眺，朐山像天然画屏前列，因之改名为锦屏山。古海州冬季较长，纷飞的大雪将锦屏山装扮得粉妆玉砌，山北侧山崖间白雪与青山交错，断崖下的冰帘在阳光下闪闪发光，一派冰雪世界的景象。

二、石室春风

石室是指海州东门外石棚山顶部探出的凌空巨石形成的避风雨、遮骄阳的天然石洞。这个天然石洞之所以出名，与北宋著名文学家石曼卿通判海州时公余常至此读书饮酒、在山上遍植桃花有关，兼之苏东坡等文化名人在此怀念石曼卿的题咏，被世人传为文坛佳话。石室春风即描述的和风怡荡、桃红柳绿、石棚如画的阳春烟景。

三、马耳晴岚

锦屏山主峰为两块巨石，在州城向南望去如同马耳，俗称马耳峰。晴日早晚，在阳光的折射下呈现五颜六色似雾的水蒸气在山间回旋，山间景物时隐时现、变幻莫测。

四、虎峰夕照

白虎山为城南一座孤立山包，此山呈灰白色，石多树少，出朐阳门西望，酷似一只卧地白虎。同时，白虎山遍镌唐、宋以来几十处石刻，祭祀碧霞仙君的碧霞宫，山上小石棚、三蟾争食、七步龟以及周围园林寺、八腊庙等景点构成了一年四季的热点游览胜地。虎峰夕照即是描述夕阳西下、余光映照、白虎雄踞的晚景。

五、旸谷朝霞

孔望山古城的西门是一个谷口，下面喇叭形的一处空旷平地东临大海，站在谷口东望，海上旭日初升，将满山的松树、杨柳披上一层金色的光辉，山海景观如同一幅多彩的画卷。

旸谷典出《尚书·尧典》："分命羲仲，宅嵎夷，曰旸谷。"旸谷指日出之处。

六、疏楼夜月

疏楼夜月的景象是指月色犹如玉一般轻轻覆盖在景疏楼前的古松身上。

苏轼诗《送赵寺丞寄陈海州》云："景疏楼上唤蛾眉，君到先应诵此诗。"景疏楼，《江南通志》中载：在治东北。此楼清代已废。

七、苍梧晚渡

古海州朐山（今锦屏山）与云台山之间是汪洋大海，白浪滔天，来往两地必须渡海。此景即写海阔山青、黄昏待渡的情景：大海茫茫，苍梧山若隐若现，归乡人坐在渡船上可欣赏眼前醉人的景色。

八、蒙羽秋成

在朐山上远望古海州西郊外金秋丰收的田园景象。

蒙羽：山东蒙山、东海羽山。典出上古地理学文献《禹贡》，"淮沂其乂，蒙羽其艺"。意思是说，淮沂二水得到治理，蒙山和羽山地区就能种植庄稼了。

第二节　桃花涧景区

一、概　况

桃花涧发源于马耳峰南侧，经万丈崖与哼虎窝、龙生顶之间的峡谷，呈"之"字形蜿蜒而下，曲折盘旋，在将军崖东侧出山，穿过桃花村，注入八一河，全长4.4千米。这里是史前文化遗址将军崖岩画所在地，新石器时代就有先民在此繁衍生息。桃花涧石壁陡峭，怪石嶙峋，多象形石，形态逼真，涧内云雾缭绕，流泉飞瀑，树木茂盛，景色优美。山涧两侧的山坡上，芳草遍地，春季桃花满坡，桃花涧因此得名。著名国画家钱松岩曾特地到此观赏桃花，泼墨作画。他说："桃花涧本身就是一幅表述国画技法的天然水墨画模。"

1997年，桃花涧景区启动建设，先后恢复了深山古寺紫竹林佛教活动场所，建成佛教文化石刻艺术园和西山门广场，新建了桃花潭、牡丹园，整修恢复了金蟾洞，扩大了国宝将军崖岩画的保护范围，栽植桃花等各种花卉。桃花涧已成为春季花满坡，夏季绿荫遍地、涧水清澈，秋季满山红遍，冬季踏雪寻梅的游览胜地。

桃花女雕像

二、开发与建设

1996~1997年，桃花涧景区建成东山门，修建桃花潭，完成桃花女石雕像，修建桃花潭至三道坝简易步游道。1998年，建成牡丹园、观景亭。2000年，建成紫竹林大雄宝殿，修建进山道路、拦水大坝，栽种5000株桃树和各种花卉。

2001年，西山门及龙池两个项目由南京林业大学风景园林学院设计，通过论证并实施。建成龙池、金蟾洞两个景点，启动西山门建设，建成紫竹林财神殿和地藏殿。2002年，完成占地2万平方米的西山门广场建设工程，整修金蟾洞步游道和洞前广场。2003年，建成石刻文化艺术园。2004年，建成观音殿（紫竹林山门）、桃花山庄。2012年，更换将军崖岩画围栏，扩大保护范围，在岩画上设立悬空式木制步游道。

2006年，景区建成游客服务中心，修建上山的行车道500米，景区获得国家旅游局颁发的AAA级旅游景区称号。2007年，在景区内添置游览指示标志和景点介绍牌，景区基础设施功能进一步完善。2008年，连接桃花涧景区和石棚山景区的锦屏山旅游观光步游道完成现场勘测、线路确定和工程设计，开始现场施工。同年，景区兴建的猎趣园建成营业。2009年，全长10千米的锦屏山旅游观光步游道竣工，桃花涧和石棚山两景区通过步游道连为一体。2010年，建成全长15千米的锦屏山旅游观光车行道，为进一步发挥石棚山和桃花涧两景区的合力奠定基础。

2011年，景区启动锦屏山旅游观光配套设施项目建设，沿观光步游道、车行道添置休憩广场、旅游公厕、观景亭台和指示、介绍标志等，充实景区内涵，彰显其文化特色。2013年，景区投入3000多万元，对基础及配套设施进行全面改造，配置LED屏、电脑触摸屏、保管箱式充电站和影视播放系统，更新指示和引导标识、垃圾箱等配套设施。针对将军崖岩画周边岩石出现裂缝的情况，市文管部门启动将军崖岩画保护规划的编制，制定加固保护措施；将军崖岩画以考古研究为主转变为保护、治理抢救为主。2014年，景区投入6000余万元，完成千亩红叶工程，建设2千米国家级健身步行道，完善景区创A相关基础设施，10月，正式获评国家级AAAA级旅游景区。2015年，完成桃花女及七星涧景观坝工程，景区入口处景观瀑布改建为游客亲水平台，8月对游客开放；新增芋水园、古樟园、柳风亭、绿扬桥等10余处新景点；全年完成绿化面积3万平方米，栽植红枫、黄栌2万株，桃树5000株。同年，启动海州观音庵于孔望山景区西门异地重建工程。

三、景　点（相关景点详见第三章“文物古迹”）

西山门广场　位于锦屏镇镇区中心偏西处。由主体建筑山门及将军柱、日晷、景观墙、游客服务中心组成。山门长31.5米，宽6~8米不等，高13.8米，水泥结构，形似海中礁石；八根将军柱位于广场两侧，用红色火山岩砌成，柱高4.68米；白色的日晷，位于广场正中，由26块料石组成，直径6米，上刻有二十四节气名称。

桃花涧景区西山门广场

将军崖岩画　自西山门广场向北约200米处，位于后小山西端，为国内发现时间最早的农业部落先民们原始崇拜的岩画。此岩画于1979年被发现，为国家级文保单位。

浮雕

石刻文化艺术园　位于将军崖岩画向北约100~500米处。该园建成于2003年，园区利用朝阳的14公顷左右山坡，因山就势，安放大小观音圆雕造像72尊，板块式深浮雕观音造像30尊，彩色和黑白影雕观音造像55尊，另建有5层石塔和十二生肖圆雕1套。园内有各类观世音艺术造像202尊（片），称观音园。这些造型各异的观世音雕像，按照佛教教义和历史传说，共分为赐寿观音、法界源流观音、影雕

彩色影雕

普门品、藏传密宗观音、古今中外观音造型、如意观音、观音宝塔、锦屏大观音、送子观音及浮雕观音等10组。其中，锦屏大观音高16.8米，在锦屏路上即可看到，大观音右手持柳枝，左手托净瓶，乘莲瓣舟，裙带飞曳，飘然降临；影雕普门品系一组系列作品，难得一见；在千条涧左侧向西的山道上，沿山崖修建了数十米的回廊，回廊下的山崖上，镶嵌了45片《妙法莲华经观音菩萨普门品》整卷图、文彩色影雕，每片约1平方米，内容为描写观音大慈大悲和救苦救难的神通，图文并茂，为花岗岩彩色影雕精品。

双虎护佛 将军崖岩画北200米处有东、西两只石虎。其南侧约3米处面北岩壁上，刻有一尊高约30厘米、宽约20厘米的佛像，俗称二虎护佛。

桃花涧遗址 位于锦屏山南麓桃花涧西侧，遗址总面积约5000平方米，曾出土古人类使用的打磨石器，为旧石器时代晚期的文化遗存。

曲涧桃花 桃花涧自上而下，迂回曲折，两岸遍植桃花，每年春季，桃花盛开于曲涧两侧甚是壮美，故名曲涧桃花，这里已成为一年一度举办桃花节的地方。

观景亭 位于桃花涧南侧山顶，1998年7月建成。此亭中可观赏桃花涧内高山流水似游龙蜿蜒而下的壮观景象。

金蟾洞 位于紫竹林东500米。此为海州淮海戏《金蟾传说》中刘海成仙之处。

张果老洞 位于紫竹林东北上方800米处，马耳峰下。洞内有一块硕大的棋盘，相传为张果老与吕洞宾对弈处。

马耳峰 锦屏山主峰，海拔416.9米。顶峰有两座巨崖，一东一西，临空而立，形似一对马耳。峰东侧有雷达站、南侧有电视发射塔，有公路直达山下。

龙祠、紫竹林题刻 青龙洞位于马耳峰东200米，为一个天然岩洞，洞口朝南，洞内外石壁周围有题刻12处，其内容都与海州官民祈祷求雨有关。此处是宋金时官民祈雨之所，故称龙祠，又名石庵。紫竹林周围有“丹崖”“对我来”“翠壁”“云关”等古代题刻。

第三节　孔望山景区

一、概　况

孔望山景区的开发建设始于1984年。景区以孔望山为中心，东依盐河、北临玉带河，西距海州古城3千米。孔望山北去锦屏山体约1千米处，清康熙前山下即为大海，历代游客沿塔山与孔望山连接处的山脊登山望海，曾经留下“矗矗山岩曲抱，

大群白鹭在孔望山麓树林中栖息

潺潺朐海东流”等描述山海景观的诗句。自东汉迄今，孔望山一直是著名的旅游景点，山坡上的古刹龙洞庵还曾是对外交流的一个窗口。千百年来，佛教、道教和众多的文人墨客在此留下了杯盘刻石、孔望山摩崖造像、千年古刹龙洞庵等大量的人文景观，留下了刘长卿、苏东坡、石曼卿、林则徐、陶澍等古代名人登临孔望山时写下的脍炙人口的诗文，以及汉代以来林廷玉、王同等名人的30多处题刻。孔望山作为新海城区中的一处城市山林，有着丰富的生物群落。植被类型有针阔叶混交林、竹林、丘陵低山草丛和人工经济果树林，森林覆盖率高达80%，大群的白鹭栖息于此。山脚下，南侧是居民区和果园，东侧是盐河和盐河路，北侧是秦东门大街，西侧是锦屏林场和通达海州的海孔路，交通十分方便。

二、开发与建设

1986年，景区建设进山道路，充分利用自然景观，把各景点串联组合为一整体。1988年，孔望山摩崖造像被公布为第三批全国重点文保单位，修建造像前广场和护栏。1989年6月，在仰止亭遗址兴建飘然亭，同年11月竣工。1994年10月，在山顶中部，建“孔子携弟子颜回、子路望海”像。1996年，建成孔望山滑索道游乐城，并于1998年春对外开放。2000年，铺设步游道，增设护栏和指示标牌。

2001年，景区建成东门广场，面积4000平方米，其中停车场2400平方米、草坪1600平方米。2002年，启动龙洞广场及步游道建设，拆除违章建筑3000平方米。2003年，完成西山门主通道拓宽工程，扩建停车场，停车位近200个，总面积达1.2万平方米；建成龙洞广场，面积3500平方米；铺设步游道3000多米；完成游客中心及景区配套设施建设，新增配套用房2000平方米；新增绿地3000多平方米，栽植各类观赏苗木2万多

孔望山游乐城

株。通过不断加强配套设施建设和景点周边环境绿化，以及整顿景区软环境，整合旅游资源，景区形象有了质的飞跃。2004年1月8日，经国家旅游局审定，孔望山景区为国家AAAA级景区。2004~2005年，新建西山门和飘然亭两个广场、孔子望海像景观平台，改造摩崖石刻观景台。

2006年，景区完成朐海湖水上乐园的前期征地工作，新建三星级旅游环保厕所1座和步游道中危险地段的安全防护栏。2007年，启动游客服务中心项目的建设，改造摩崖造像、龙洞广场、石象周边环境，石蟾蜍的开发与保护工作有序推进。2008年，启动景区北大门扩建工程，顺利通过国家AAAA级景区复核。2009年，实施景区北大门广场的绿化和停车场建设工程。

2011年，景区完成景区北大门及广场一期建设，启动六艺园、八德园等相关设施建设。2012年，启动景区二期扩建工程，白鹭湖（人工湖）开挖完毕，栈桥南北两侧人工岛绿化工程初具规模，完成白鹭阁旅游公厕建设并启用。2013年，投入3000余万元，完成白鹭湖和白鹭园护岸修建、道路与栈桥建设及湖区绿化工程。2014年，景区投入1500余万元，完成3000平方米停车场建设、1000平方米游客中心及配套用房整修以及进山道路、旅游公厕的改造。2015年，完成孔子望海广场建设、景区进山道路改造及景区周边环境征收改造；启动山北麓朐园建设，新增绿化面积6000平方米，新建步游道1500米，朐园内景观湖建设主体工程竣工。

三、景　点（相关景点详见第三章“文物古迹”）

龙洞题刻　龙洞位于龙洞庵西侧10余米，为天然海蚀洞，面积约4~5平方米，传说古代有苍龙居其中，故名龙洞。龙洞内外石壁上镌有汉、宋、金、元、明、清诸代石刻题勒32处，书体俱备，风格古拙，诗赋曲文，珠玑纷呈。石刻群内容丰富，对古海州地区水文、地理、人文、民俗、古迹都有反映，具有极高的历史价值和科学价值。

孔望山摩崖造像　位于孔望山南麓西端、龙洞西侧约450米，依山崖的自然形势雕凿而成，内容有释迦牟尼等佛传故事和道教及世俗为题材的故事。摩崖造像雕刻于公元1世纪，是比敦煌石刻还早的中国最早的摩崖造像，为国家级文物保护单位。

石象　位于孔望山摩崖造像东侧约70米处，为东汉立体圆雕，是国内目前发现最大的单体雕刻石象。

馒头石　又称金乌石，俗称石干大、石干妈。位于石象南约20米处，高5.2米，直径2.8米，因形似馒头，故称馒头石。顶部有槽。每年农历正月初十日，都有很多游人在此摆供品，点香烛，祈求新年风调雨顺，四季平安。

东海庙遗址及东海庙碑　位于石象西南约70米处，为东海庙的遗址。东海庙碑记述了秦始皇在海州立石为秦东门的史实，其碑早已不存，拓片现保存于市博物馆。

石蟾蜍　位于摩崖造像南约200米、孔望山景区西大门入口处，为当时的镇海之物，与石象为同期作品。

飘然亭　其位置原为仰止亭遗址。位于孔望山南坡，自龙洞往西顺孔望山西麓步游道上行约300米便至。始建于1958年，1981年毁于飓风。1989年6至11月，海州区投资5万元重修，命名为飘然亭。

乘槎亭遗址　位于飘然亭东侧66米处。该亭为历代文人墨客登临观海之处。宋代大诗人苏东坡曾到此游览并写下《次韵陈海州乘槎亭》一诗，使该亭声名远播，饮誉江淮。

孔子望海像　位于孔望山山顶偏北，飘然亭之东，1994年10月，为纪念孔子登临望海所立。雕像中间是孔子，两侧是他的弟子子路、颜回。雕像下一尊香炉上刻有“道冠古今”4个大字。2004年，建成孔子望海像景

孔子望海雕像

孔望山滑道

观平台。

孔望山滑道 位于孔子望海像东侧、孔望山东坡。于1996年投资近1000万元修建，至1998年春，建成长1000米的滑道以及300米索道。游客可从山顶乘滑车沿滑道飞速徊环下滑。

杯盘刻石 位于孔望山山顶最高处，据考证为东汉晚期先民们祭祀东海龙王的遗迹。因大石之形如砚，其东北端厚壁上镌有隶书“砚石”二字。

承露盘 位于杯盘刻石西南约15米一块突出的山崖上，南北长约90厘米，东西宽约90厘米，高约48厘米，上面雕凿出60×60厘米正方形凹槽，深约6厘米，东北角有一缺口。传说承露盘为炼丹道士们接露水之物。

孔望山古城遗址 孔望山古城的城墙绵延起伏，从山的东南麓一直向南，穿过山下的葡萄园，再折而西，从凤凰山脊上逶迤而下，又折而向北，再从孔望山西边至半山腰，形成一个近似正方形的城区。城墙以黄土夯筑，遗有西门，西门地下山石上有车辙印。现残存城基宽20米，最高处约5米。

第四节 石棚山景区

一、概 况

石棚山景区位于海州城东南1千米处，锦屏山北麓东部，以石棚山为中心。《读史方舆纪要》载：“石棚山有巨石覆压岩上如棚，因名。”石棚山虽方圆不过百顷，但却风光旖旎，野趣天成，玲珑别致，美不胜收。其中有秀岩可攀登，有石棚可避雨，有湖泊可荡舟，有花海可赋诗，有碑刻可怀古，有奇石可探胜，有古墓

石棚山因石棚而得名

可思贤，可谓锦崖珠玑，异彩纷呈。

石棚山上怪石嶙峋，异样奇特，形态逼真，除石曼卿读书处、佛手岩、试剑石、天蟾独跃、犀牛斗象等百余处象形石景点外，还有众多的人文景观，如汉代麋竺墓，明代张公去思碑，清锦岩碑林等。“山不在高，有仙则名。”石棚山比起周围的崇山峻岭，似一盆景式的小山，然而名气甚响，其原因就是它和北宋的两位著名文学家有不解之缘：一位是石曼卿，任职海州期间，曾朝夕流连于此，时常来石棚山读书。闲暇期间，他常常以泥裹桃核弹射山间，致使满山花发果生。另一位是大诗人苏东坡，两次登临，凭吊曼卿。石棚山诸景留下古人赞美的诗篇，镌刻着他们极其珍贵的手迹。

二、开发与建设

1997年，景区建成虹桥、步游道，修复交华亭。1998年4月，景区正式对外开放，9月，建成石棚山庄。1999年，开始水上乐园第一期工程，启动山门建设。2000年，建成山门前广场9000平方米，铺设进山道路。2001年，完成景区内各功能区总体设计，通过评审。2月，仿照东汉风格修建麋竺墓。铺设标准较高的山门至主景区步游道。2002年3月，完成主大门建设工程、建成游客服务中心。下半年，修复塔山古道，启动文峰塔修建工程，建成山海经石刻园，完成步游道及绿化、新增山门西侧的绿化观光带。2003年，完成水上乐园一期工程。2004年，修建、延长通向塔山古道的步游道。2005年，兴建石棚山截水堤坝，对步游道两侧进行绿化。

2006年，景区投入资金4万元进行绿化，在王庄水库投放1万元的鱼苗，为建设水上乐园打好基础。石棚山风景区获得国家AAA级旅游景区称号。2007年，景区完成文峰塔及塔山古道的修复工作，新植大量苗木。2008年，景区连接桃花涧景区的观光步游道开始建设。2009年，对景区整体环境进行大规模改造，重点维修了游客服务中心公厕，增添了游客座椅、语音导游等服务设施，安装有中、英、日、韩等4种文字标注的全景图和导游图以及各类标识。2010年，完成石棚山景区车行道建设工程。2014年，经过多年建设，景区内广植桃李，构筑起十里花海、石棚奇观、访古探幽、水上乐园四大游览板块。每至暮春时节，石棚山奇岩

石棚山景区

怪石间，杏艳桃夭，鲜花盛开；青山绿水之中，亭台楼榭，春意荡漾；石棚内春风醉人，优美的自然风光，让游人心旷神怡，留连忘返。

三、景　点（相关景点详见第三章“文物古迹”）

虹桥　位于石棚山景区入口处，横跨龙窝涧。1997年11月建成，长12.2米，宽3.3米，单孔石拱桥，桥面两边对称排列10对0.9~1.1米高石柱。此桥犹如连接两岸之彩虹，故称虹桥。

佛手岩　在虹桥南约30余米，小路东侧的山坡上，有一块突兀的岩石如巨手，五指历历，示阻止状，名曰佛手岩。相传八仙之一张果老在此处常年修行，欲成仙，洋洋自得，跷起二郎腿，即“佛脚”；在其修炼成正果上天时，挥手向人间告别，为“佛手”。

畏岩　从佛手岩右侧攀登被称为“云梯”的险峻小道，拾级而上，陡坡上有一石碑，上镌“畏岩”两个字，此处巨石壁立，陡峭险峻，令人望而生畏。

西垒石　在佛手岩南侧约10米，佛脚岩处。

试剑石　西垒石南侧约12米，路边一块巨石如同被剑劈开，剖面平整。传说刘备兵败彭城，落荒海州。巨富麋竺观刘备有人主之相，便倾囊相助，以复兴汉室。刘备与麋竺来到石棚山，刘备称如能东山再起，定能劈开此石。言毕，挥剑劈石，只见剑落石开。故称此石为试剑石。

天蟾独跃　位于试剑石东侧约13米。山南坡有一块巨石，状如蟾蜍坐地，其势欲向天空腾跃，身上满是水渍斑痕，如同刚从水中跳出来。古人题刻天蟾独跃。

犀牛斗象　位于天蟾独跃东约20米。此处巨石丛中一石如犀牛，一石如大象。象石为山中最大的一块象形石，似一只大象从山上奔突而下，恰与笨拙上行的犀牛双头相抵，两强争斗，似乎在奋力相拼，大有决一死战之态势，看起来，大象略显力亏，鼻子已经被咬掉了。其形象逼真，惟妙惟肖。

石棚山犀牛斗象

石曼卿读书处　从犀牛斗象处沿山路继续东行，便来到著名的石曼卿读书处。该处石壁斜出，招檐遮阴，避风雨，遮骄阳，冬暖夏凉，地表平旷，可坐、可立、可卧、可仰看白云、可俯瞰青山，实为休憩、读书之好去处。仁宗明道二年（1033年），石曼卿左迁海州通判。他“廉能有为，吏民悦服”。相传，他常在此阅卷抚琴，饮酒抒怀。

安汉将军麋竺墓

麋竺墓　位于石曼卿读书处东约100余米、山路南侧。此墓为景区于2001年仿照汉墓形制重建。

塔山古道　位于麋竺墓东约900米、吴窑南侧的塔山山脊西侧，为金代修筑的山间古道，因附近建有文峰塔而得名。

文峰塔

文峰塔　位于塔山古道东侧十几米处，原为六层实心石塔，塔基正六边形，高近8米。塔为何名为“文峰”？据史料记载，明末清初的海州，由于教育落后，自明中叶至清乾隆年间，一直科举不利，“州学鲜举甲科者”。官吏们听信形家之言，迷信地认为是风水问题。乾隆五十五年至六十年（1790~1795年），山东聊城人任兆炯任海州知州，“建文峰塔于朐山”。选择这个地点建塔，是因为当时海州的生员都要经过塔山古道，长途跋涉到淮安府参加秀才资格的考试，在即将离开州署的地点建塔并取“文峰”之名，显然含有希望学子们功名高中的美好希望。文峰塔建成后，其所在之山得名“塔山”，塔旁山道也得名“塔山古道”。该塔毁于1949年。2002年石棚山景区重建，2004年竣工。

封土石室　位于塔山古道两侧。筑于春秋战国时期。（详见第二章第二节“封土石室”）

石棚　位于石曼卿读书处北侧约30米。有三块巨石，一石壁立，一石相抵，一块如天外飞来的长十三四米、厚三四米的椭圆形巨石覆盖其上，形成天然石棚，石棚山因此得名。石棚西侧刻有明代海州知州王同所书“高行清风”4个大字。棚内，人可站立，容10余人。

夫容洞　石棚东侧有一通道，上方镌刻“夫容洞”3个隶书大字（夫容即芙蓉的

女娲补天雕塑

异体字）。夏日来此，凉风习习。苏东坡称石曼卿为芙蓉仙人，夫容洞因此得名。

交华亭 距石棚西约100米处。相传，古时本地一位书生金榜题名时，皇上钦赐修建。亭名取宋石曼卿“乐意相关禽对语，生香不断树交花”诗意，华，古通花，故名交华亭。此亭为20世纪末重修。

山海经石刻园 位于试剑石南约60米，占地3万平方米，2001年9月启动石刻园建设。据古书《山海经》中神话传说，雕塑了补天的女娲、开天辟地的盘古以及形态各异的飞禽走兽等栩栩如生的石像。

题刻 碑刻 石棚山上遍布金、明、清等历代名家题刻30余处以及一部分碑刻，这些刻石书法俊美，珠玑纷呈。如隶书“石曼卿读书处”、《五言诗刻》、“夫容洞”、《戴南枝诗刻》、“锦岩”、“风洞”等，篆书“小九曲”“交华亭”“石室”等，真书《廖世昭题名》《塔山诗刻》等，以及字径1米的榜书大字“高行清风”等。

第五节 白虎山公园

一、概 况

白虎山地处海州城区西南端，周围约1千米，海拔62.8米。它崛地而起，孤高突兀，通体灰白，奇石连岗，其形如虎，头朝西，尾在东。明朝时曾名白璧山，现山上还刻有“白璧山”三个字。清两江总督陶澍来海州时曾登临，因“谛视之实似鳌首，乃取扶桑之意，更其名为鳌头山”，并曾

白璧山题刻

作一首《鳌头山》诗镌于山上。以白虎山取景的“虎峰夕照”，曾是海州八景中的一景。白虎山之所以历代成为游览胜地，是因山体怪石嶙峋，且多肖走兽飞禽之形，为人们所喜爱。再者其山近城，为官者、文人墨客经常登临，眺望古城，视察形势，摆兵布阵，游览胜迹，谈古论今，题勒山间。白虎山周围松、槐、枫等乔木挺拔茂密，浓荫蔽日；山上丛丛灌木点缀，是一处郁郁葱葱的城市山林。

二、开发与建设

1986年，白虎山被区政府确定为区级公园，并请东南大学编制了白虎山公园整体规划。相关部门采取措施，加强对山间众多摩崖题刻等古迹的保护。20世纪90年代，恢复和建设山脚下的佛教活动场所碧霞寺，在山顶新建“中共东海特别支部成立纪念亭”，加强绿化管理。2005年10月，完成一期工程建设，铺设了上山和环山步游道。步游道建成后，白虎山成为古城居民登山健身的好场所，登临游览者也骤然增多。

三、景　点（相关景点详见第三章“文物古迹”）

老虎嘴　位于白虎山西侧。山体凌空伸出一巨石，似齐斩斩地被一劈两半，口朝天张着，人称老虎嘴。

三蟾争食　位于白虎山西南侧，可见三块形状如蟾的岩石，蟾头趋于一处，像是争食。

小石棚　位于山东南侧山腰，为一天然小山洞，形似棚屋。洞内外有清海州知州师亮采等人的多处题刻。

牛眼洞　位于白虎山北侧步游道旁，距山顶约10米处。1928年秋，中国共产党海州地区第一个支部曾在这里开会。

七步龟　位于白虎山东北角上山小道旁，在一形似馒头的巨石处，向西南上方眺望，可见一巨石上卧一石龟，据说七步之内可见石龟头一伸一缩。

白虎山摩崖题刻　题刻书体纷繁，真、草、隶、篆俱全，构成了独特的人文景观。现存唐、宋、金、元、明、清、民国时期题刻22处，其中有年款的唐刻1处、宋刻5处（含金刻1处）、元刻2处、明刻2处、清刻5处及其他无款的7处。22处题刻中，仅山名的题刻就有3处，即“白虎山”“白璧山”和“鳌头山”。在连云港市石刻中，像白虎山这样含有唐以来历代延续不断、保存完好的石刻是绝无仅有的。其中唐刻于今已甚难得，金元之刻在江苏省也是凤毛麟角，特别是北宋海州知州张叔夜《登高碑》以及清代两江总督陶澍《鳌头山诗》等，都有很高的史料价值。

第六节　刘志洲山

一、概　况

刘志洲山位于锦屏山南酒店村和岗嘴村之间。由岗嘴峰、平顶山、刘志洲山、哑巴山4个山头组成，面积2.5平方千米。刘志洲山为山体的主峰，海拔105.9米。元代以前，刘志洲山是海中半岛，周围皆可泊船，为宋代水师抗金的古战场之一。1161年前后，沿海制置使李宝率水师在此处屯兵，与金交战，留下了许多战船岩画、“招信军”等多处刻字和一片古战场遗址。

二、景　点（相关景点详见第三章“文物古迹”）

岗嘴山岩画　位于小姐洞原址南岩坡上的夹山船刻，连同刘志洲山岩画称岗嘴山岩画，是一处由5个岩画组成的岩画群体，内容以船为主体，也有鸡、鹿等动物，线条劲直奔放，构图极其简略，意趣古拙质朴。

船画　位于刘志洲山东坡岩石上，夹山船刻东北约50米，残存画面南北长2.2米，东西宽1.5米。画面为一条大型槽船，作三锚泊海面状，桅杆、军旗、瞭望台清晰可见，锚旁刻有游鱼，尾后拖一条小海鳅型战船。船刻均为阴线刻画，刻痕较浅粗拙。

招信军刻石　位于山顶，为宋金交战时番号为“招信军”的驻地海军所刻。

小姐洞　位于刘志洲山东北500米的岗嘴峰。据传，这里曾住过一位善良的姑娘，她热心为穷乡亲办事。后人为了纪念她，将山洞命名为“小姐洞”。2004年7月，此山因采石危及该洞，山洞被整体搬迁至锦屏山。

第五章　宗教　崇拜

早在秦代，东临大海、西望中原的锦屏山便以其独特的地理位置成为“南蔽江淮，北控齐鲁”和西来的古丝绸之路交会点，山下的海港城市朐县，又是海上丝绸之路的登陆之处。东汉年间，滨海近陆的孔望山和东侧的海上仙山云台山，成为古代中国道教的发源地之一，并在孔望山修建了国内最早的道教庙宇东海庙。公元1世纪，佛教传入中国，锦屏山下就有僧人布教，留下了孔望山摩崖石刻等弘扬佛教文化的国宝。此后，佛、道两教都把锦屏山地区作为他们弘法的理想场所，在山周围和古海州城内修建了多处寺观，开展宗教活动。这些寺观，风格各异，造型精美，既反映了佛、道教在古海州的兴废交替，也是传统文化与外来文化相互融合的见证。寺观中不少塑像、雕刻、绘画、碑刻是古建筑、雕塑和绘画艺术的精品，具有浓郁的东方文化特色，体现了宗教文化参与、融合并最终创造出海州辉煌的古文化的历史过程。清末民初，西方的基督教传入海州境内，在白虎山西侧修建教堂，传播《圣经》等耶稣教义。千百年来，大海的神秘与灵气，中土的神灵，西来的佛陀，南来北往的文化在锦屏山地区融合，形成了一些本地的民风民俗和对神灵的崇拜，实际上也是一种原始的宗教信仰。

第一节 宗教活动

一、佛 教

东汉明帝永平年间（58~75年），佛教通过古“丝绸之路”传入境内，即有西域古康居国僧人到锦屏山地区布教。有的学者考证，孔望山摩崖石刻的佛教造像雕凿于永平四年，这些佛教活动早于佛教经陆上古“丝绸之路”传入国内的时间。对此，学者梁启超认为：“佛教之来非由陆路而由海，其最初根据地不在京洛而在江淮。”佛教的传入可能还有一条海上路线，即经过南海由锦屏山附近的口岸登陆，进入古海州境内。已故中国佛教协会会长赵朴初曾为孔望山摩崖造像题诗曰：“海上丝绸路早开，阙文史实证摩崖，可能孔望山头像，及见流沙白马来。”指出这条海上“丝绸之路”也可能是佛教传入境内的路线。

南北朝期间，朝廷提倡佛教，佛教空前繁荣。北齐武平二年（571年）在孔望山兴建龙兴寺。北周武帝重儒术，在齐境灭佛，下令僧人还俗，北齐治下的孔望山龙兴寺首当其冲。1961年，海州师范几名师生在龙洞庵后的土层里采集到一批佛教

龙洞庵出土北齐石佛造像

造像，其铭文分别为北魏和北齐年间所造，当是这段历史的见证。

隋唐年代，统治者重视对佛教的整顿和利用，佛教中兴。锦屏山地区兴建了园林寺和紫竹庵等一批佛教寺院，这些寺院均为当时最流行的佛教宗派禅宗的弘法场所。唐开成四年（839年），日本求法僧在孔望山龙兴寺寻求佛法。唐至宋，古海州佛教界高僧辈出。宋代对佛教采取保护和鼓励政策，海州城内的大慈寺、永安寺等一批寺院相继建成。

明初，统治者对佛教进行整顿，洪武十五年（1382年），海州设僧正司，管理佛教事务。明中叶以后，朝廷放宽政策，继续支持佛教发展，海州兴建了兴福寺，重修了大慈寺、园林寺、碧霞宫等庙宇。

清康熙年间，海州境内的佛教度过因“裁海”所致的短暂低潮，再度中兴。其时，自明代流行的净土宗，得到佛教各宗派的推崇，都联系净土信仰而提倡念佛的修行，禅宗也主张禅净双修，净土法门成为佛教的主要宗派。清代中后期，锦屏山麓和海州城内兴建了一批由比丘尼住持的佛教庵堂，大都是净土宗的弘法基地。清代海州的著名寺庙都占有大量土地，有的是当地政府拨给，有的是信众捐赠，寺院经济富足。仅碧霞宫，庙田就达1200多亩，僧人100多人。清末民初，佛教在海州处于全盛时期。海州古城内外，寺庙林立，号称“九庵十八庙”。每年庙会、春秋祭祀和重大佛教节日，寺庙内外香烟缭绕，信众礼佛者络绎不绝。

日军侵入海州至解放前夕，兵连祸结，民生凋敝，大部分寺院毁于兵火，或年久失修，僧尼生活无着，多数走散。

新中国建立后，经过土地改革，海州的大量庙田分给无地农民，僧尼基本自食其力。其时，佛事活动以龙洞庵、三圣庵、百子庵的常住比丘尼为主，规模不大。1958年，龙洞庵住持守定任连云港市第三届人大代表，1959年任市第二届政协委员；1961年，龙洞庵继任住持能空任市第三届政协委员，1963年任市四届政协委员。“文化大革命”期间，佛教活动被取缔，海州幸存的寺庙基本被拆毁，僧尼还俗。

20世纪80年代，海州落实宗教政策，修复寺院并对社会开放，正常的佛教活动受到保护，僧尼的社会地位有所提高。1980~1995年，海州龙洞庵、百子庵住持能空任连云港市第五、六、七、八届政协常委。1981年，能空代表连云港市僧人参加江苏省佛教协会第一次代表大会，并当选为省佛协常务理事。是年，连云港市人民政府拨款重修龙洞庵。1983年，江苏省人民政府批准龙洞庵为对外开放寺院。

1988~1992年，海州区政府先后修复百子庵、观音庵，并向社会开放。

1991年，中共中央、国务院发布《关于进一步做好宗教工作若干问题的通知》，进一步明确尊重和保护宗教信仰自由，是党和国家在新时期对待宗教问题一项长期的基本政策；依法对宗教事务进行管理，坚决打击利用宗教进行的犯罪活动；加强党对宗教工作的领导，引导宗教同社会主义社会相适应。是年5月，国务院宗教事务局和民政部发布《宗教社会团体登记管理实施办法》。1992年，经审查，海州区龙洞庵、百子庵、观音庵符合宗教社会团体登记条件，区民政局准予登记。是年，市有关部门规定，1990年以前的年老体弱常住僧尼，每月享受一定的生活补贴。龙洞庵仁佛任市九届人大代表。1993年8月，经市批准恢复碧霞宫佛教活动场所，海州区人民政府成立碧霞宫修复委员会，经中国佛协副会长明暘提议，将碧霞宫更名为碧霞寺。是年，百子庵建成准提楼，上下各5间，300余平方米。

1995年，海州区宗教局组织全区宗教活动场所负责人学习党和国家关于尊重和保护宗教信仰自由、依法管理宗教事务、打击利用宗教进行犯罪活动等政策，鼓励僧人参加社会公益活动，与社会主义社会相适应。学习并落实国务院颁布的宗教活动场所管理条例，建立各项管理制度。同时，学习落实中国佛教协会关于新时期僧人“僧衣，素食，独身”等规定，规范僧人修持等行为。碧霞寺、龙洞庵、百子庵、观音庵分别建立僧人常住和接待、修持、财务管理等制度。是年4月2日，市政协常委、省佛协常务理事能空在百子庵圆寂，坐化后，得舍利子数枚，其弟子建舍利塔供奉。此后，仁勤、仁奉分别任百子庵、龙洞庵住持。

1997年，海州百子庵供奉缅甸玉佛的玉佛楼落成，建筑面积300多平方米。1998年1月，百子庵住持仁勤任市第十届人大代表。海州碧霞寺大雄宝殿落成，该殿建于寺院中碧霞宫老大殿（市文保单位）原址，老大殿整体南迁40米。2000年8月，海州区政府行文批准，恢复紫竹庵佛教活动场所，定为首堂寺院，更名为“紫竹林”，向社会开放。同月，经区政府批准，区宗教局引进觉照任碧霞寺住持。9月，百子庵建筑面积308平方米的大雄宝殿落成。

2001年春，百子庵举行大雄宝殿落成及佛像开光仪式。大殿中三尊金碧辉煌、高达5.2米的三世佛，全部用香樟木雕刻打磨而成。大雄宝殿及佛像建造、装金，投入资金近百万元。2003年1月，百子庵住持仁勤任市第十一届人大代表。2004年9月，紫竹林观音殿落成。11月，海州佛教协会成立，碧霞寺监院昌林当选首任会长。国家实行尊重和保护宗教信仰自由政策，以及社会的改革开放，给佛教造就了宽松的环境。山周围各寺院经济收入明显增多，僧人的生活明显改善，寺院按月发给僧人单银（零星生活补贴），大部分僧人配置了手机等通信工具。30岁以下的僧人绝大多数毕业于佛教学院，僧人的文化素质明显提高。

2005年1月，海州佛教各寺院分别举行法会，超度上年底在印度洋海啸中遇难人士。同时将募集的善款交区民政局，用以赈济灾民。是年，海州碧霞寺新建背山面东的大雄宝殿主体工程完工，此殿为当时海属地区单体面积最大的佛教建筑，建筑面积520平方米，高18米。2015年，观音庵在孔望山西门外北侧异地重建项目开工。

二、道　教

两千年前，与锦屏山隔海相望的云台山（原名郁洲）被称为海中仙山，山上经常出现海市蜃楼的幻象。当时，缺少科学知识的古人认为是神仙所居之地，加上航海探险的神秘，被不少方士大加渲染，编造各种神仙故事和成仙之方，迎合上层贵族永享富贵的奢望，以骗取利禄。秦时，始皇两次东巡，在朐山立石为秦东门，在海滨访求长生不老之仙药，古海州境内的东海之滨便聚集着一大批跃跃欲试的方术之士。这些方术之士以访求长生不老的神药、祈福消灾为主要活动内容，以徐福为代表人物。据《史记·秦始皇本纪》载，齐人徐福等上书秦始皇，称海中有名为蓬莱、方丈、瀛州（云台山古名）的三座神山，仙人住在那里，那里有长生不老的神药，要求带童男童女去求取。于是秦始皇派徐福带童男童女数千人，入海求仙。现在日本九州半岛的佐贺县尚有“徐福上陆地纪念碑”。据史学界考证，徐福为古海州赣榆徐阜村人，出海的地点可能在海州湾沿岸的岚山头或东门阙（即今孔望山）附近。

汉朝，道教在古海州境内进一步发展。汉武帝派亲信到东海之滨访求长生不老之药，一些方士在云台山出家为道人，在山上石室炼制仙丹妙药。东汉时，道教学者奉老子为道教的教主。建武元年（25年），东海相受朝廷之命在孔望山修建全国第一座道教庙宇东海庙，并在孔望山顶刻制“杯盘刻石”，作为黄帝和老子的祭祀场所。东海庙“楼起三层”，祭祀之日“万民麇集”。云台山和锦屏山成为早期道教的发源地之一。汉桓帝年间，海州东海道人王选被征召入宫，辅佐政事。汉朝末年，古海州境内又兴起了与黄老道同源，以东海曲阳为基地的民间道教太平道。据《后汉书》记载，东汉方士于吉，在“曲阳泉水上”得神书170卷，名为《太平清领书》。于吉、张角等人以曲阳为基地，创立了正式道教——太平道。该教发动了“苍天已死，黄天当立”为口号的黄巾起义。此后，从四川传来仿照《太平经》兴起的五斗米道，也在海属地区活动。他们实际上是带有宗教色彩的农民起义团体。

魏晋期间，太平道被镇压，五斗米道转化为上层天师道。云台山孤悬海外，南北朝纷争动荡未给东海之滨的云台山、锦屏山地区造成太大影响，社会相对安定，道教仍有稳定的发展环境。这段时期，三元的传说在古海州的东海之滨逐步形成。当地“土人相传，三元生于海州，得道云台”。传说中的三元大帝即天官、地官、水官，传为尧、舜、禹，据说天官赐福、地官赦罪、水官解厄。隋开皇五年（585年），道教在位于锦屏山东北侧的南城凤凰山建造规模较大的玉皇宫，以满足海州地区道教大规模活动的需要，进一步奠定当时道教在中国东部地区活动中心的地位。附近州县到玉皇宫进香祀神的人群络绎不绝，甚至开辟了一条名为烧香河的运输水道，以解决交通问题。唐代李氏皇朝与老子李耳联宗，推尊道教，海州道士吴道瓘于代宗大历年间被召入宫，为太子和诸王传授经义，德宗李适曾以其为师。道教在东海之滨这片发源地上又趋兴旺。孔望山、郁洲山（即云台山）被宋皇朝分别定为国内道教的72福地之一。

宋末至元、明之际，道教发展进入鼎盛时期，宫观神庙遍布古海州全境，锦屏山麓和古城内外的著名宫观蓬莱庵、碧霞宫、天后宫，云台山地区的三元宫，延福观、紫阳观等，皆是这一时期的道教遗存。明洪武十五年（1382年），海州设道正司，管理道教事务。

道教源于方术之士，利用丹、符追求长生不死，得道成仙，并逐步将这些活动演变为道教的主要道术，以道术行道。道教认为，“道寓于术”“道无术不行”，行术即是演道。道教的道术很多，各教派也不尽一致。金、元之后，道教分为正一和全真两大教派，全真派的道术活动主要是炼丹飞仙，通过丹药追求长生不老，戒律较严。而正一派则以符箓为主，占卜以“决吉凶”，卖符箓以“驱鬼辟邪”，斋醮祈禳以“祛灾求福”，念咒以“去灾，退鬼，避猛兽”。古海州境内的云台山、锦屏山地区在金、元的动乱年代，曾先后属于全真和正一两大教派的势力范围，民间最常见的道教法术多为正一派。

锦屏山麓和古海州城内历代共建有寺庙60余座，其中三分之二为奉祀道教各路神灵以及海州历代杀敌殉难死节之士的宫观神庙。道教是多神教，宣扬的理想境地叫“仙境”，崇拜鬼神的虚幻追求，并虚构出玉皇大帝到各路神仙等一整套鬼神系统，社会生活的各个方面，几乎均为多神的道教迷信所统率支配。民间读书求官的，要到文昌阁或梓潼庙去拜文昌帝君；想发财的，要到财神庙去拜财神；民间家庭化解诸纠纷的，要拜灶神；世人要想长寿，要在南极仙翁神像前许愿行善积德；犯人临刑前，还要到狱神庙去拜狱神，等等。古海州民间各行各业内部，都将一位道教尊神奉为行业始祖，如木匠崇鲁班、裁缝崇轩辕氏、剃头匠崇罗祖大仙、文具商崇文昌帝君等，以团结业内人士，互相帮助，谋求行业生存。

清代统治者重儒、佛而轻道，嘉庆以后，道教式微，道士游离，大部分宫观神庙或改作佛寺，或废圮。

民国后期，海州仅城隍庙等处有几个道士主持祭祀，民间尚有人延请道士做斋醮活动以及超度亡灵等道场法事。20世纪50年代，道教基本停止活动，最后两名道士在“文化大革命”期间离去。

三、基督教

清光绪三十二年（1906年），美国基督教南长老会派遣传教士朱德安夫妇、闻声夫妇到海州西门外开办教堂传教。当时海州老百姓笃信儒、佛，加之经过鸦片战争和义和团运动，老百姓讨厌、害怕这些洋人，对这些洋人及其传布的“洋教”抵触情绪较大，信教人数仅二三十人。

为扩大影响，基督教会采取传教、开办医院和学校三位一体的办法发展教徒。1908年，派传教士、医生慕庚扬到海州开办教会医院。民国3年（1914年），海州耶稣堂在西门外正式开堂，为基督教在海州的常设活动堂点。是年，在海州西门外建成义德医院，慕庚扬等任医师，并开办护士培训班，在海州地区基督教信徒中选拔青年男女进行培训。义德医院开办时，有医护人员和职工20余人，全部为基督教徒，上班前有半小时祈祷。病人候诊时，先由传教士讲授《圣经》，宣传基督教义，然后进入门诊室看病。民国5年，美国牧师顾多马由徐州基督教会带来几个孤儿，到海州西门外朱沟河南岸开办崇真中学。民国14年，美国女教师贾淑斐到海州，在妇女界传教。民国16年，贾淑斐与美国传教士明乐林之妻，在海州白虎山下开办乐德女校和福临女校。这些学校的教师全部为基督教徒，课程设置主要是神学，教学生学习《圣经》，唱赞美诗，灌输基督教义。是年，北伐战争开始，住海州的外籍教牧人员离开海州，到外地躲避，传教活动、教会学校及义德医院一度停办。北伐军进驻海州后，教会上述活动陆续恢复。民国27年（1938年），美国南长老会派女教师宋美珠到海州教会女校协助办学。

民国27年，日本侵略军进攻连云港，日军飞机对海州狂轰滥炸，美国教会通过外交途径照会日本当局，划定海州西门外北至义德医院、南至乐德女校范围为难民区，在主要建筑上悬挂美国国旗以免日机轰炸，海州一带基督教徒和部分信众都集中在难民区内，躲避日机轰炸。民国30年，太平洋战争爆发，美籍牧师及传教附属人员先后离开海州回国，教会办的医院和学校停办，教会的活动处于半停顿状态。日本投降后，基督教海州区会共辖5个堂会、26座耶稣堂、15名中外籍牧师、3000名信教群众。民国35~37年，美国传教士明乐林从设在上海的联合国救济总署、国民政府行政院救济总署以及美国援华救济委员会等处运来大批医疗器械、衣服、大米、面粉、牛奶、罐头等救济物资，在海州"南洋楼"大礼堂开办"儿童施粥厂"，利用食品向儿童灌输基督教义；海州基督教会也将一些衣服、粮食、食品及卫生用品等救济物资发放给信教群众；一些贫民为得到一些食品，会去教堂做礼拜。

1950年12月13日，海州、新浦的基督教华籍教牧人员聚会海州义德医院，签名响应吴耀宗等全国40余名基督教知名爱国人士发表的《中国基督教三自革新宣言》，实行"自治、自养、自传"的方针。1951年春，美国传教士戈锐义离开海州回国。抗美援朝期间，海州基督教会发动信教群众捐献钱物支援前线。1958年，海州、新浦两座教堂合并，海州信众到新浦教堂做礼拜。"文化大革命"期间，基督教基本停止公开活动。中共十一届三中全会后，落实宗教政策，市基督教开始恢复活动，成立连云港市基督教三自爱国会。1986~1989年，市基督教三自爱国会继续在海州发展教徒，海州城区的两个街道、锦屏山周围的网疃、张庄、刘顶等村和锦屏西山、东山社区及锦屏化工厂等单位，都有基督教活动的聚会点，全区受洗的基督教徒近千人。1989年11月，经区宗教部门批准，基督教海州教会成立。

1992年9月，经区宗教部门批准，基督教锦屏教会成立。1994~1995年，区宗教管理部门贯彻落实党的宗教政策，会同区公安分局政保部门，在海州、锦屏、新坝三座教堂向基督教徒多次宣讲党的宗教政策及应该遵守的法律、法规，正常的宗教活动受到保护，发动教徒举报并禁止教徒跨地区和非法聚会点的活动，取缔和打击邪教的地下活动，将全区的宗教活动纳入正轨。1997年之后，基督教海州教会多次组织教徒参加创建卫生城市活动，义务整治环境，春节为困难群众送温暖，为印度洋海啸受灾群众捐款等活动。

2015年，全区基督教徒2/3以上参加正常的宗教活动，每周做礼拜，每年过圣诞节和复活节。市基督教三自爱国会的牧师和长老，每年复活节分别在海州、锦屏、新坝教堂举行受洗仪式，为新发展的教徒作洗礼。

第二节　宗教活动场所

一、历代建于锦屏山周围的寺观、坛庙和教堂

东海庙　位于孔望山西南角山坡，建于东汉建武元年（25年），是国内最早的道

教庙宇。久毁。

龙洞庵 位于孔望山南麓，建于北齐武平二年（571年）。现存。

园林寺 位于海州城南二里，锦屏山北麓，建于唐贞观年间（627~649年）。1958年拆毁。

元妙观 位于海州西南，建于唐开元三年（715年）。久毁。

紫竹庵 位于锦屏山中，建于南唐年间（960~975年）。现存。

大慈寺 位于海州城内十字街东首，建于宋嘉祐三年（1058年）。1971年拆毁。

永安寺 位于州城内，建于宋代。久毁。

蓬莱庵 位于白虎山之阳，建于元大德九年（1305年）。久毁。

玉泉庵 位于锦屏山中，建于元延祐七年（1320年）。久毁。

碧霞宫 位于白虎山东，建于元泰定元年（1324年）。现存。

东岳庙 位于白虎山东，建于元泰定四年（1327年）。久毁。

大普寺 位于城内西部，建于元致和元年（1328年）。久毁。

玄武庙 位于锦屏山白鸽涧，建于元至元年间（1335~1340年）。久毁。

龙神庙 位于城东网疃，建于元至正二年（1342年）。久毁。

观音寺 位于城东门内街北，建于元至正三年（1343年）。久毁。

长安寺 位于城西街北，建于元至正三年（1343年）。久毁。

兴福寺 位于城内水西门北，建于明洪武元年（1368年）。久毁。

晏公庙 位于城内市桥西北首，重建于明洪武三年（1370年）。久毁。

风云雷雨山川坛 位于城南门外锦屏山北麓，建于明洪武九年（1376年）。久毁。

火神庙 位于城西门内南街，始建于元，明洪武二十五年（1392年）重建。20世纪40年代末改建为砚池小学。

城隍庙 位于城内中大街，明弘治十五年（1502年）重建。20世纪50年代改建为电影院。

关帝庙 位于城内关庙巷东侧，建于明朝中叶。20世纪50年代拆毁。

蒲神庙 位于城南门外，明嘉靖三十一年（1552年）迁建。民国末年毁圮。

马神庙 位于城隍庙东侧，明隆庆六年（1572年）重修。久毁。

旌忠庙 位于城东门内街北，建于明代隆庆之前。久毁。

彩云观 位于锦屏山中，建于明天启元年（1621年）。久毁。

陶许庙 位于城内水西门南，建于明天启年间（1621~1627年）。20世纪50年代改建为木工厂。

梓潼庙 又名文昌宫，位于城西门外，建于清顺治年间（1644~1661年）。1920

年改建为蔷薇小学。

文昌阁 清康熙七年(1668年)先改建于镇远楼旧址,嘉庆年间移建于鼓楼东首北侧。民国年间毁圮。

刘猛将军庙 位于白虎山东,建于清康熙六十年(1721年)。久毁。

先农坛 位于城东门外二里,建于清雍正三年(1725年)。久毁。

清源庙 位于城内市桥西北,建于清嘉庆二十五年(1820年)。久毁。

百子庵 位于城内鼓楼南侧。现存。

观音庵 位于城老南门外西侧,双龙井之西。现存。

神州庵 位于城西停水坝西北。"文化大革命"中拆毁。

八福庵 位于火神庙(砚池小学)西侧,20世纪40年代毁圮。

雨霖庵 位于锦屏山北麓山道西侧。民国年间毁圮。

茶庵 位于东门外网疃路南。20世纪50年代拆毁。

碓臼庵 位于锦屏山将军崖岩画西北。久毁。

观音堂 位于城老南门内西侧。民国末年毁圮。

三元宫 位于城内东州后。"文化大革命"中拆毁。

三官庙 位于城西门外耐火材料厂之西。民国末年拆毁。

天皇庙 位于城老南门内西侧,后南街之北。久毁。

灵官庙 亦名魁星阁,位于白虎山西侧土岭上,民国16年(1927年)美国传教士明乐林修建南洋楼别墅时拆毁。

老君堂 位于城内十字街之西。20世纪50年代改建为戏院。

天齐庙 位于碧霞宫之西。民国末年毁圮。

土地庙 位于城西门内当街。民国末年毁圮。

财神庙 位于城西门外。民国年间毁圮。

风神庙 位于城东网疃,龙神庙东侧。久毁。

雷公庙 位于白虎山西虎嘴下。久毁。

二郎庙 位于城内东北隅。久毁。

狱神庙 位于城内鼓楼街大仓巷东侧。久毁。

福音堂 民国九年(1920年)美国基督教传教士所建,位于中南路东侧街北,现存三层钟楼。

基督教堂 美国基督教传教士所建,位于西门桥西路北侧,现存小楼。

耶稣堂 美国传教士所建,位于西门外传教士别墅(南洋楼)内,中华人民共和国成立后拆毁。

天主堂 法国传教士所建，位于北门外蔷薇河畔，占地百余亩，中华人民共和国成立后拆毁。

二、现存宗教场所

碧霞寺 碧霞寺原名碧霞宫，俗称奶奶庙、南庙，位于海州新南门外白虎山东麓，当地人又称南庙。碧霞宫始建于元泰定元年（1324年），系一处道教供奉碧霞娘娘的道场。后毁于兵火，废圮多年。明末崇祯年间，寿极和尚（海州人俗姓朱），佛学深湛，好游天下名山，慧眼识珠，看好碧霞宫所在风水，便携弟子延凤，住在原址破庙内，四处化缘，至清顺治年间，重新修复作为其念佛道场，庙宇仍沿用碧霞宫原名，但此后一直是道观僧住，释道相融。时任海州知州的任三奇，嘉奖寿极戒行清严，赐其“如来正果”匾额以彰其功德。

碧霞宫地理位置极佳。庙门南向，前有朱雀石，后有玄武石，青龙涧在庙东北侧蜿蜒西去，白虎山在其西侧，所谓前朱雀、后玄武、左青龙、右白虎，是一块风水宝地，碧霞宫与东岳庙并列其中，引得众多方士瞩目。清顺治前后不到20年时间，碧霞宫与东岳庙即被修复，与西侧蓬莱庵三庙竞存于白虎山东坡之上。民间传说，供奉碧霞娘娘的道场原来在白虎山顶上，娘娘看好了东山坡上的风水，一夜之间将碧霞宫搬了下来。

碧霞宫为淮北鲁南地区影响较大的庙宇之一。其建筑为明末清初风格，占地3700余平方米。山门前有一小型广场，一对石狮和两株千年银杏，沿山门中轴线向北，依次建有中殿和后殿、东西配殿等。中殿三间为宫内主要供神场所，殿内神台上，塑有三霄（即清霄、云霄、碧霄）造像，统称为碧霞娘娘，造型为雍容华贵的端庄青年女子，左右殿柱上，有源自泰山庙宇的楹联：日照碧霞金世界，月临泰岱玉乾坤。殿左右两侧的神台上，是痘疹、眼光等八尊民间传说中为民除疾的神像。当地老百姓凡生有眼疾，便到碧霞娘娘处焚香祷告，眼疾自愈。百姓感激地称碧霞娘娘为神仙奶奶。

碧霞寺十八罗汉造像

自17世纪50年代修复到新中国成立前夕的300年间，是碧霞宫的鼎盛辉煌时期。碧霞宫为海州四月初八白虎山庙会的所在地，佛教相传四月初八为佛主释迦牟尼圣诞，届时举行浴佛法会，四众弟子前来拜佛进香的、沿海渔民烧香许愿求保佑航海安全的以及求安祛病的各方信众，纷纷到碧霞宫进香。进香活动带来了商机，逐步形成了一年一度的白虎山庙会。庙会因碧霞宫而商贾云集，碧霞宫因庙会而声名远播。平时，州民也特别看重这个佛道合一的烧香拜佛场所，以求神灵保佑平安，甚至有州民捐出银钱购买粮田作为庙内燃灯用油之资。据寺内保存下来的一块《灯油田记》碑记载，顺治十年三月，住持僧寿极接受了一位居士捐赠的灯油田。文曰："碧霞宫相称灵应，余拜之，见琉璃无油，乃计月而供。适庙旁有苗生，欲转让粮田拾贰亩，捐俸捌两伍钱买之，一岁所得，足供一岁之油资。"碧霞宫内的进香活动长盛不衰，清光绪年间出版的地方志书《朐阳纪略》记载："城南碧霞宫，香火胜地，浴佛进香如归市。"民国初年，碧霞宫有庙田1200多亩，常住僧人40余人，淮北地区不少小庙的僧人寄居于此，多时达100余人。

20世纪80年代白虎山物资交流大会

以碧霞宫为中心，每年一届的白虎山庙会，对海州地区的经济发展起到很大的推动作用。但到新中国成立前夕，由于战火动乱，民生凋敝，碧霞宫缺少供奉来源，仅剩下本地僧人禅净法师看守庙宇。1949年，国民党军伞兵第三团在海上起义抵达连云港后，来到新浦、海州，碧霞宫成为其临时兵营。1955年，在庙内又办起了铁业社，支起烘炉打造农具，僧人被迫返回俗家，山门前两株千年古银杏被砍倒做成学生课桌。此后，砂轮厂进驻，部分建筑被拆毁，又在庙西侧山坡上扩建烧制砂轮的车间、窑炉和烟囱。20世纪50年代，白虎山庙会更名为物资交流大会，70年代，因地域所限移至幸福路，碧霞宫风光不再。

20世纪90年代，落实党的宗教政策，省里拨款将砂轮厂迁出，恢复碧霞宫宗教活动场所。包括砂轮厂拓宽山坡建房用地，碧霞宫占地增至6700平方米。1993年8月18日，海州区人民政府成立碧霞宫修复委员会，并经中国佛协副会长明旸法师提议，碧霞宫更名为碧霞寺，作为佛教首堂（即比丘，俗称和尚）道场。此时，中殿三间和后殿五间均为砖木结构、明末清初的建筑式样和风格，保存完好，1984年被定为市级文保单位。山门和西配殿早被拆毁，东配殿因屋面坍塌重建，作为供奉碧霞娘娘的碧霞祠。1996年，海州区决定大力发展旅游业，碧霞寺作为佛教文化旅游景点要重点建设好。2000年春夏之间，碧霞寺监院因身体原因多次提出不再担任监院一职，并推荐山东省五莲县光明寺住持觉照法师任住持。7月21日，海州区宗教管理部门同意聘请觉照任碧霞寺住持。觉照曾在镇江焦山定慧寺任监院多年，对寺庙建设和管理有丰富经验。他曾先后担任政协山东省委员会常务委员会委员、山东省佛教协会会长等职。鉴于碧霞寺已融入城区之内，作为佛教文化旅游景点和在建的白虎山公园组成部分，觉照等人对碧霞寺的建设进行了科学规划，将寺门调为东向，兴建大雄宝殿和天王殿，西依白虎山，面向南北大街。2005年，碧霞寺高18米，建筑面积520平方米的大雄宝殿及其中的佛和菩萨塑像落成并举行开光仪式。2008年，寺内山门（天王殿）、东西配殿、三圣殿、地藏殿陆续建成并投入使用。寺内常住僧众最多时达20多人，每天晨钟暮鼓并经常举办各类佛事活动，吸引了不少善男信女和众多游客。2015年，供奉碧霞娘娘的碧霞殿开工建设。

碧霞寺大雄宝殿

龙洞庵 龙洞庵坐落在孔望山南坡的一片平旷之上，掩映在古木森森、苍翠欲滴的绿树丛中。沿着山门前陡峭的石阶拾级而上，在山门前环目四顾，朐山前列，松摊山面千重翠；山脚下大片果园，春华秋实，果满枝头万点红；东侧盐河波光潋滟，如蛟龙南去；西侧高岗苍翠满坡，松涛阵阵；回首庵后，孔望山百丈危岩，松藤倒挂，仰之弥高。山门内两侧是钟鼓楼，中轴线北侧高高的台基上是五开间的大雄宝殿，殿内正中法台上，供奉的是佛祖和阿傩、迦叶两侍者的塑像，还有一尊从缅甸引进的雕刻精美

龙洞庵

的玉佛，堪称镇庵之宝。大殿两厢是东西配殿，西配殿后是二层僧舍。整个建筑形成一个精致而紧凑的四合院。

龙洞庵始建于北齐武平二年（571年），迄今已有1400多年的历史，是连云港市最古老的寺庙之一。龙洞庵原名龙兴寺，孔望山原名龙兴山，盖因山南有一名为龙洞的海蚀洞，传说有苍龙居其内，龙兴寺因山得名。龙兴寺建成不久，即因北周武帝在齐境灭佛，寺庙被毁。唐代，寺庙曾为海神庙。此后，寺庙屡毁屡建，“龙兴寺”之名最后见诸文字记载是宋元符三年（1100年）的游龙兴山寺题名。龙兴寺于宋金末年废圮，至明代隆庆之前，是否重建，史籍无考。明代《隆庆海州志》和清代《康熙海州志》均无龙兴寺和龙洞庵的记述。清朝初年，有海州诗人名为“龙洞庵”的诗作问世；清嘉庆年间出版的《嘉庆海州直隶州志》，有“龙兴寺……今为龙洞庵”的记述。据此推断，重建应在明末清初。重建时因紧邻声名远播的龙洞而更名为龙洞庵。

庵院虽然不大，但古遗存不少。大雄宝殿前，西侧有一株唐人所植古柏，此树已是一千多年高寿。东侧有一株糯米茶，学名流苏，树龄也已800多年，春天采摘泡茶，清香怡人。院内东侧，有在山岩中掘成的一口古井，名曰“甘露泉”，井水清冽甘甜，为僧人饮用之水。有贵客来访，僧人用甘露泉水泡自制的糯米茶，清香解渴。井后侧是一片竹园。大殿西侧，有一股涓涓细流自大殿屋基下汩汩流出，这是当年修建寺庙时，导流寺后山间雨水所用，可见古人设计极为精巧周到。庵院前后两侧，还有不少两人合抱的古树名木。出庵门西行300余米，便是东汉时期国内最早的佛教摩崖造像，为国家级重点文物保护单位。山坡上散落着东汉时期雕成的、国内最大的雕刻精美的重达200余吨的石象以及石蟾蜍完雕造像。庵西侧几步之遥就是著名的龙洞，洞周围的山间石壁上，现存有宋、明、清以来的石刻30余处，可见龙洞名气之大。其中，著名的有明嘉靖年间海州知州王同所写的榜书大字“归云飞鸟”，还有他在重阳节与海州的文人雅士及社会贤达欢宴于龙洞前的一首六言诗的题刻，诗中“矗矗山岩曲抱，潺潺朐海东流”句，证明那时的孔望山下是一片大海。龙洞庵背负青山，面临大海，掩映于苍松翠柏、茂林修竹之中，

龙洞庵大雄宝殿

潮声、松涛声、古刹钟声伴奏于山光水色之间，既具诗情画意，又不失庄严肃穆，置身其间，如临仙境，一切俗务烦恼俱消。龙洞庵坐落于古迹众多、人文氛围浓厚、环境清幽的孔望山之阳，古往今来都是游览的好去处。

清代以前，孔望山呈半岛状，北、东、南三面是大海，山南侧有古海州港，停泊着南来北往的商船。时过境迁，昔日的海湾今天已到处是现代文明的繁华景象，龙洞庵本身就是沧海桑田、文明发展的缩影。

龙洞庵自更名以来，大部分时间为首堂庙宇。20世纪50年代，龙洞庵最后一任首堂住持守定法师曾先后任市人大代表和市政协委员。1959年，守定法师病重，嘱海州三圣庵比丘尼能空入庵主持佛事。守定圆寂后，能空偕师弟能了法师入住龙洞庵。能空和能了常住龙洞庵期间，以织席为生，朝暮诵经，勤于佛事。同时，他们利用庵内和自家的部分文物藏品，在西配殿和南殿办起了文物展览，展品中有《嘉庆海州直隶州志》，翁同龢、郑板桥等名家的书画，《剑阁峥嵘图》《寒江雪钓图》等国内早期一函百幅珂罗版印刷名画，以及部分玉器、佛珠、法器等。当时，市区展出文物的场所只有大慈寺内的市地志文物陈列室和龙洞庵两处。

“文化大革命”期间，龙洞庵佛像被拉倒，文物被查抄，大殿和其他建筑均被拆毁，僧人被扫地出门，庵院内办起了农业中学。20世纪80年代，落实党的宗教政策，市政府拨款按明代制式重建了大雄宝殿及其他配套建筑，新建了东院，庵院面积比原建制扩大，达1500多平方米。

1995年，能空法师圆寂后，其弟子仁奉继任龙洞庵住持。仁奉法师山东郓城人，1967年生，高中毕业后于1989年在龙洞庵皈依佛门，拜能空为师，潜心向佛，持戒苦修。他继任住持后，团结带领僧众庄严道场，弘扬佛法。鉴于龙洞庵形制狭小，建筑陈旧，难以开展较大的佛事活动和接待旅游团队，仁奉于2015年主持了龙洞庵重建工程。这次重建采取大雄宝殿向后扩容和山门前移的方案：

龙洞庵新建的山门和天王殿

在山下新建牌坊为山门，山门内左右两侧新建介绍龙洞庵历史的碑亭；沿牌坊中轴线北上，依次是高踞于60多级宽阔石阶上的一座三门天王殿，天王殿左右两侧分别是法堂和客堂；天王殿之后，宽阔的丹墀北侧，是高踞于汉白玉石栏后面高达17米的五开间大雄宝殿；大殿两侧是两层的东西配殿，东侧是观音殿，楼上是藏经楼，西侧是地藏殿；东院仍为僧舍及生活起居场所。整个重建工程投入达1000万元。

准提寺 原名准提庵、百子庵，建于清代嘉庆之后，位于海州古城朐阳门内东侧，庵门南向，面朝南城墙，门楣上有砖雕的楷书“准提庵”三字。该庵交通闭塞，规模狭小，院内仅3间大殿和不到20间僧舍。据传晚清年间，海州某巨富为求佛延嗣重修庵院，取“文王百子图”中“百子”二字，更名为百子庵，善男信女来此求嗣向称灵应，以后一直为海州地区求嗣之所。

“文化大革命”中三圣庵被毁，其常住比丘尼大都集中到百子庵，后部分居民入住，僧俗杂居，连大殿亦为民居。1979年，百子庵交还僧人管理，百子庵以其优越的地理位置，在城市发展中受益良多。1991年，区政府打通幸福南路，庵西侧的废水塘厉汪崖变为通衢大道，百子庵趁势山门西向临街，出现在城区窗口地段，交通变得十分通畅。1993年海州实施旧城改造，百子庵在古城规划改造范围之内，因缘际会，陆续兴建了准提楼和玉佛楼各300多平方米，庵院格局基本形成。1996年，海州区大力发展旅游业，确定百子庵为首批开放的宗教活动场所和佛教文化旅游景点之一。大雄宝殿所用之地得以规划，于2000年9月建成。2009年，新建了山门和临街庵堂，正式形成了一个完整的、占地达2500多平方米的临街四合院建筑。

历经十多年陆续修复的百子庵，香客游者络绎不绝。山门内供奉四大金刚、弥勒佛及护法神韦陀菩萨。山门后建筑面积308平方米的五开间大雄宝殿，斗拱飞檐，画栋流丹，高踞层台之上，四周汉白玉石栏环抱。大殿内左钟右鼓，中间法台莲座之上，趺坐着昂贵华美的三世佛造像，中间为佛祖释迦牟尼佛，左侧为药师佛，右侧为阿弥陀佛。三尊塑像皆高达5.2米，全部用香樟木精工雕刻打磨而成，防虫蛀，不变形，香气袭人，贴以24开纯金箔，总造价近40万元。塑像造型比例适中，金光夺目，宝相庄严，雍容华贵，慈眉善目。三世佛前立者，为侍者阿傩、迦叶的造像。法台两侧之后，分别是慈航、地藏王菩萨的塑像；前面矗立着两座高近5米、呈宝塔形的千佛塔，逐层布满1000

百子庵三世佛造像

尊消灾延寿的药师佛像，电钮一按，佛塔转动，光映佛像。大殿两侧法台上，列十八罗汉造像，殿后侧是海岛观音整幅完雕壁画。整个大殿顶棚之上，均绘有“唵、嘛、呢、叭、咪、吽”六字真言图饰。大雄宝殿左右两厢，分别是准提楼和玉佛楼，均为两层建筑，其中三圣殿和玉佛殿为供奉西方三圣和玉佛及念经做佛事之场所。庵内右后侧石阶之上，另有单独小院，为比丘尼之禅院。

准提寺

百子庵原住持能空于1995年圆寂，其衣钵弟子仁勤继任住持。1998年以后，仁勤为市人大代表、海州佛协副会长。仁勤俗姓张，沭阳人，家中父母姐妹多人吃斋念佛，19岁高中毕业后到百子庵皈依三宝，以青灯古佛为伴，穷研黄经梵卷。2011年，百子庵更名为准提寺，10月18日，举办天王殿落成佛像开光法会暨仁勤住持升座仪式，仁勤为准提寺方丈。

观音庵　观音庵位于海州原朐阳门（老南门）外西侧，护城河南作为城郭的一道土岭之东端，庵门东向，北依城阙，东迎朝阳，西邻朐山书院、蜡神庙，庵东百米之处便是著名的双龙井。庵院为建于晚清的一座四合院，形制狭小，类似于民宅，三间不高的大殿内，供奉一尊观音塑像。新中国成立后，只有一名法号宏玉、俗家姓马的老年比丘尼常住，因年岁较大，周围百姓均称其为“马奶奶”。“文化大革命”中庵院破败，后为生产队队房。

观音庵

1991年，海州区政府投资15万元，将位于北大街被拆迁的古佛庵并入观音庵，作为首批恢复的宗教活动场所和旅游景点，新建了5间大殿、山门、念佛堂、古佛殿和斋堂等建筑，庵院占地2300多平方米，东向庵门是正门，为观音庵。慈航普度大殿内供奉观音菩萨及其侍者善财、龙女的装金塑像。西侧念佛堂为五开间两层楼建筑，楼下是念佛堂，神台上是西方三圣菩萨的装金塑像；楼上是接引殿，供奉的是接引佛。南向庵门为古佛庵，供奉燃灯古佛塑像。

由于城市发展，已融入居民区内的观音庵紧邻中环路，交通便利，观音庵又是锦屏山周围专门供奉救苦救难观音菩萨的道场，香火比较旺盛。每年农历二月十九日观音圣诞、六月十九日观音成道、九月十九日观音出家等佛教节日，观音庵都举行佛事活动，信佛的四众弟子和普通百姓等前往朝拜进香者络绎不绝，小小的四合院内钟磬声扬，佛号远播。

自20世纪80年代恢复佛教活动后，观音庵的住持一直是能宽法师，2006年他圆寂后，住持由其徒孙、苏州太仓普济寺方丈圣柱兼任。2015年，圣柱与锦屏林场达成协议，采取产权置换方式，在孔望山景区西门北侧民俗博物馆旧址易地重建海州观音庵。重建的这座庵院占地宽广，东西宽63米，南北纵深150米，占地面积近1公顷（14.2亩）。庵内建筑规划从南向北的中轴线上设山门、天王殿、观音殿、大雄宝殿、僧舍和藏经楼，另建有东配殿和长廊，共四进院落，是海州地区占地面积最大的佛教寺院。新竣工的大雄宝殿气势宏伟，东西长27米，进深20米，高17米。至2015年年底，重建工程投入达197万元。

紫竹林　紫竹林原名紫竹庵，位于锦屏山中桃花涧北侧山道旁的一片平旷之上，地处锦屏山中心偏西北，为一坐北朝南的四合院建筑，因庵后紫竹丛生而得名。紫竹庵西北侧，起于锦屏山北麓一条古拙的人工山道逶迤而来，经庵门前东去，两侧山花遍布，芳草鲜美，鸟鸣林间，松涛阵阵。庵后危岩百丈，上有清泉，经庵东侧山涧下流，庵前山路下是悬崖深谷，周围古树参天、松柏常青，环境清幽。

紫竹庵年代久远，建成于南唐，迄今已有一千多年的历史。庵周围的锦屏山东有彩云观和玉泉庵，西南有碓臼庵，北有雨霖庵，后山白鸽涧有玄武庙，二涧下有园林寺，说明唐朝以来佛道两教在海州信者之众，影响之广，他们均把锦屏山作为弘法的基地。明朝中叶以后，佛道两教的发展在海州达到鼎盛时期，紫竹庵的香火也非常旺盛。作为游览胜地，这里更是善男信女和游客经常造访之处，紫竹庵曾有过一次著名的诗会。

紫竹林

明成化十二年（1476年）仲

春，时任海州知州的奉直大夫陶昺（字文熙，江西南城人）、同知胡端（江西新昌人）等共七人，相拉游于紫竹庵。史称陶昺“以廉能称”“不严刻以厉民，不厚敛以朘民；分内之事，知无不为，为无不尽”，是个清官。因其任期将满，政务闲暇，故心情非常之好，将这次诗会与“王右军之兰亭，欧阳文忠公之醉翁亭”相比。这次诗会成诗七首，皆五言八句，不乏睹景抒情的佳作（诗作见“艺文”章）。

随着历史的发展，紫竹庵兴废交替。延至清末，时任清廷邮传右侍郎的沈云沛在海州兴办实业，开发锦屏磷矿，锦屏山为沈家所有。当时海州有民谣“杨家花园谢家楼，沈二老爷独霸大山头”。沈家看中了紫竹庵的风水，将其改建为沈家祠堂，并修筑了山下至祠堂的山道，以备老爷太太坐轿上山祭祖。祠堂修建由沈家二太太（沈云沛二夫人）主持，于民国11年（1922年）农历十月初十开工，沈家总管、郯城人赵士俊监工。第二年落成后，香火未及旺盛，二太太便病故，此后便无人过问。民国期间，战乱频仍，锦屏山林遭到战火的严重破坏，沈家祠堂未能幸免，至解放时已是残壁断垣，野狐出没其间。

20世纪90年代末，海州区大力发展旅游事业，锦屏镇抓住机遇，积极开发桃花涧景区，紫竹庵作为景区中的重要景点，其建筑按原有建制逐步恢复。其间，有从河南洛阳、嵩山来的两位青年比丘尼住在庵东侧原来部队施工的库房内，申请在紫竹庵常住。2000年6月5日，区宗教管理部门邀请市宗教局负责人和花果山海宁禅寺住持，就修复后的紫竹庵定位进行考察。鉴于紫竹庵地处深山，周围除一位看山老人外没有居民，从安全角度考虑，紫竹庵不宜比丘尼常住，拟作为首堂寺院，并参照普陀山首堂寺院的名称，建议将紫竹庵更名为紫竹林。

2000年8月，海州区政府行文恢复紫竹庵佛教活动场所，并将其更名为紫竹林，为首堂寺院。紫竹林完成恢复重建一期工程，建成大雄宝殿5间，中间神台上供奉三世佛造像，东西两侧神台上列十八罗汉造像。东西配殿各三间，分别供奉文殊和普贤两位菩萨。前面建成观音殿5间，中间供奉观音大士，两侧神台上供奉二十四诸天的造像。庵院东北角园地内重新种植了一片紫竹。这种已建成的四合院格局，基本恢复了历史上紫竹庵的旧制。2004年以后，寺内事务由僧释惠林主持。

紫竹林大雄宝殿

随着桃花涧景区建设的发展，紫竹林与景区内金蟾洞、桃花潭、将军崖岩画、石佛园等景点遥相呼应，形成较大旅游体量，更加彰显其深山古寺的魅力，其四时风光，各擅其胜。每年三、四月间，紫竹林周围芳草遍地，山花烂漫，游客踏青至此，僧馈香茗一盏，身心俱爽。夏日寺院前后，浓荫蔽日，凉风习习，嬉戏涧水，暑意顿消；忽而流云飞渡，千峰峥嵘，电闪雷鸣，暴雨如注，山洪下泻，飞湍击瀑，砯崖转石，山鸣谷应。至若秋高气爽，正是寺院周围山里红成熟之时，枫叶映粉果，登高者纷至沓来。待到银装素裹，松柏傲雪之际，空山寂寂，踏雪访友，寺内围炉品茗，别具意境。紫竹林以其深山古刹之神秘和清幽，吸引着众多的游客。

安和寺　史载，隋仁寿元年到四年（601~604年）期间，隋文帝先后三次下诏，令天下各州置塔供奉舍利。仁寿四年第三次下诏建塔安放舍利的三十余州名单里，就有海州的安和寺，当时的高僧慧迁被隋文帝指派护送舍利子到海州，在安和寺监造舍利塔供奉。安和寺为海州古老的庙宇之一。

为传承海州古城宗教文化，满足信教群众信仰需求，原海州区人民政府于2014年6月申请复建安和寺。市民宗局批复同意重建安和寺，作为海州地区佛教固定活动场所。安和寺选址于青龙山北麓，规划占地面积1万平方米，包含大殿、天王殿、山门及相关配套设施。初期建设由与其相邻的青龙山烈士陵园负责。2015年，由连云港市佛教协会代会长海惠法师担任该院住持，主持后续相关建设，至年底建成占地面积1740平方米的大雄宝殿和两侧配殿，初步具备了宗教活动场所的使用功能。

海州教堂　海州教堂是南至原锦屏化工厂、北至洪门街道范围内的基督教徒进行宗教活动的场所。2000年之前，活动堂点利用原鼓楼印刷厂的车间改建而成，可容纳六七百人，人多时分两班进行活动。2004年，基督教海州教会购买原双龙村破产的化工车间，改建为临时教堂，可容纳千余人。2011年，在位于蜘蛛山西麓、项顶水库东北侧建成海州基督教堂。该教堂占地4700平方米，建筑面积2890平方米，可容纳2500人进行宗教活动。

锦屏教堂　1993年，利用桃花村队房改建而

成。2002年，在锦屏镇区新建教堂，建筑面积1900平方米。

三、已湮没的著名寺庙

文庙 海州文庙，亦称孔庙、先师庙、圣庙，位于十字街东首100多米，始建于唐贞观四年（630年），当时是作为专门祭祀孔子的庙堂。宋庆历年间，朝廷诏令全国各地设立学宫，时任海州知州祖无择首建学宫，是国内最早的学宫之一。明弘治五年（1492年），海州知州陈延珪重修文庙，增修斋舍（读书室）和号房（科举考试时学子所居之处），将学宫建在孔庙里。因此，海州孔庙亦称儒学，既是庙堂，又是学校。

海州历代有记载的文庙大修，明代12次，清代11次，平均20年左右一次。经过历朝的增修扩建，至清嘉庆十年（1805年），知州唐仲冕带头捐俸，发动地方官绅出资进行一次大规模维修扩建后，形成了文庙最盛时的布局：庙址南至城基，北至新建路，东至隍庙巷，西至儒学巷。当时是古海州气势最为雄伟、面积最大的一组建筑。

文庙建筑群 以文庙正门为中轴线，门前东西向中大街将中轴线上的建筑群分为南北两部分。中大街以北为文庙的主体部分，依次建有棂星门、泮池、状元桥、戟门、大成殿、祭祠、尊经阁和崇圣宫；中大街以南为文庙配套建筑部分，建有影壁及东西两侧的牌坊。

棂星门 棂星门即文庙的正门，为三门并列的翘檐式门楼，正中门楣书“棂星门”，东西两侧门楣书“圣域”“贤关”，门东西各矗立一座华表。

宫墙 棂星门前中大街之南，有一道东西长近10米的红色高大影壁墙，上书“万仞宫墙”。

摘自《嘉庆海州直隶州志》

海州文庙（学宫）建筑群

下马牌坊 棂星门前东西两侧的大街上，各有一座过街牌坊，与南面的隐壁墙自然形成一个天井，遇有重大活动，闲人不得入内。东牌坊横楣上书“德配天地”，西牌坊横楣上书“道贯古今”，是历朝对孔子的高度评价。谒庙的官员，在牌坊前文官下桥，武官下马，以示对孔圣的尊敬。

泮池 棂星门沿中轴线向

海州文庙状元桥

北，是面积五六十平方米的半月形水池，即泮池。泮指泮宫，原指西周诸侯国办的学校，学生入学叫入泮。泮池为学校的水池，亦代表学校。泮池上设一座木结构的拱形桥，为泮桥。古时等级森严，棂星正门常年紧闭，官员学子只能从棂星侧门进入，绕泮池进入大成殿。从棂星正门经泮桥进入大成殿，只有取得状元功名者才有资格，因此泮桥又称状元桥。海州历史上唯一的武状元——中正人卞赓，显贵后未回海州，因此无人走过泮桥。

戟门　状元桥向北，是五开间的戟门，中间3间为过道，两侧列戟矛刀钺等兵器。过道两侧各是一间耳房，为官员临时休息之所。

两庑　戟门北至大成殿前丹墀之间，东西两侧是名为东庑、西庑的厢房各9间，是供奉孔子学生中七十二贤神位之所。

大成殿　为五开间文庙主体建筑，高大巍峨，斗拱飞檐，雕梁画栋，明窗垂地，宽敞明亮。店内正中神台上，设“大成至圣先师文宣王”之孔子牌位，两侧是配享的颜回、孟子等大儒牌位，是官员、生员和学子祭孔之处。殿内东西两山墙前设大鼓和铜锣各一面，八根红色殿柱上是颂扬孔子的对联，如“天下文官主，历代帝王师”等。整个建筑经明清历年加固维修，是海州城内建筑质量最为精良的建筑物。康熙七年（1668年），山东郯城8.5级特大地震，海州城内官廨民居全部倒坍，文庙岿然独存。

20世纪40年代末海州文庙大成殿

祭祠　大成殿之后一个独立院落，院墙五间三门，其内东侧为名宦祠和乡贤祠，西侧为忠义祠和福神祠。名宦祠内，享受祭祀的是汉代的汲黯、宋代的张叔夜、明代的陶昞和林廷玉、清朝的于成龙和陈鹏年等13位任内有作为的海州主要官员。乡贤祠又名五贤祠，供奉的是周朝以来王朗、张朝瑞等46名有功于社会的海州籍人士。忠义祠内享受祭祀的是张玘、侯畐等海州历代忠义死节之人。

尊经阁 亦名奎文阁，在文庙中轴线上的最北端，上下各3间，陈列六经、正史及子集等图书达30部，计70套共760册，供生员阅读，为儒学的图书馆。

崇圣宫 尊经阁东侧，还建有崇圣宫3间，为供奉孔圣的列祖列宗之所，祭孔之前，先到此焚香礼拜。

儒学建筑群 在文庙东西两侧，东侧建有学正署、明伦堂，西侧建有训导署等建筑物。

学正署 清代管理教育事业的官吏，朝廷名为“国子监祭酒”，省为“学政”，府为“教授”，州为“学正”，县为“教谕”。海州的学正署，即管理全州教育的官衙，建于棂星门东侧，共16间，有“学正署”大门并照墙，独立成院。

明伦堂 又称乡圣祠，在学正署之北，亦单独成院，海州直隶州及所属县内古今忠臣、孝子、状元、宰相分制四榜悬于堂内，让这些历代政声卓著、勤政清廉、于地方和百姓有重大贡献的乡贤作为读书人的榜样。

明伦堂院内，还立有一块明成化七年（1471年）海州知州陶昞大修孔庙时竖立的乡贡进士题名碑，通过在朝廷查阅核对，将王璟等若干名海州籍进士题名刻石于碑上，以“荣于国而公，荣于身而私”来勉励学子勤奋读书，求取功名。

训导署 训导为本州负责具体组织生员学习考试的官员，署衙大小房共9间，在戟门西侧，亦为单独院落。

斋舍及号房 在训导署之北，建有若干斋舍及号房，为生员读书、考试之所。

文庙、儒学整个建筑群，中东西三部分形成多个院落，既单独成院，又有门、廊相连，活动方便。文庙实行春秋二祭，每年二月和八月各举行一次祭孔仪式，行政长官知州任主祭，学正任副主祭。祭礼仪式隆重，沐浴斋戒，香烛三牲，酒菜果品，丝竹管乐，钟鼓鸣金，祭文叩拜，全城官佐生员参加，百姓围观，商贾云集。

文庙在清嘉庆最盛之后便一蹶不振，清末民初仅余中大街小学之规模。影壁墙南侧的马路口，形成了说书唱戏、占卜算命、花鸟虫鱼、特色小吃等综合性商业市场。民国年间，棂星门年久失修，改为石柱华表加铁栅栏为大门的建筑式样。

中华人民共和国成立之初，文庙改建为新海连市第一完全小学（后更名为中大街小学）。20世纪50年代初，过街牌坊和影壁墙被拆除，1959年拆除了作为中大街小学大礼堂的大成殿和作为教室的东西两庑，“文化大革命”中拆除了棂星门、状元桥，填平了泮池。

2005年2月，中大街小学迁入朐阳门外西侧新建校区，更名为海州实验小学，原校址由海州幼教中心入驻。2015年,文庙旧址内的文物仅余5间戟门和嵌在学校东围墙内的明代乡贡进士题名碑一座,均为市级文保单位。

大慈寺 大慈寺位于海州城内十字街东首,原名大悲教寺,俗称大寺,为海州历代州官远望皇都、举行朝贺典礼和四众弟子举行重大佛事活动的场所。始建于宋嘉祐三年(1058年),元至正十四年(1354年)毁于兵患,明洪武十五年(1382年)、正统十四年(1449年)两次重修。明隆庆六年(1572年)知州郑复亨捐俸米十石倡修,并改大悲教寺为大慈禅寺。清康熙六十年(1721年)毁于火灾,乾隆五十九年(1794年)知州任兆炯倡议并主持重修。

大慈寺占地4000平方米,四进三院。由南向北中轴线上,依次建有山门、天王殿、大雄宝殿和藏经阁。山门至中大街为"八"字形小广场,山门为3间,门两侧有雕刻精美的石鼓一对,卷形拱门上镶嵌着古朴遒劲的"大慈禅寺"四个碑体镏金大字。山门内东西两侧是哼哈二将的塑像。第二进是3间天王殿,殿内东西两侧是四大金刚的塑像,殿正中法台上面南的是肚大能容、笑口常开的弥勒佛坐像,其背面面北而立的是手执金刚宝杵的护法神韦陀菩萨塑像。天王殿中的塑像特别精美,据说四大天王是国内仅有的两处用吴道子的蓝图雕塑的。天王殿向北是纵20余米的丹墀和第三进大雄宝殿,殿高近20米,五开间。正中法台莲座上是释迦牟尼佛及侍者的造像,据说是建寺初期北宋造像大师雷潮夫妇的遗存,在国内亦属罕见。东西两侧高台上则是形态各异的十八罗汉造像,艺术价值较高。大殿后面第四进是藏经阁和方丈室及禅房。

20世纪50年代,大慈寺最后一任住持仁长离去后,寺内不再有僧人居住。1958年,大雄宝殿为连云港市地志文物陈列室占用,展出海州的一些文物。"文化大革命"期间,大慈寺雕塑精美的佛教造像被毁于一旦,1971年整个庙宇建筑被拆除,改建为鼓楼中学(后为海州中学宿舍)和文化馆。2000年以后,在文化馆前院内又开发建设住宅楼。除去临街的山门位置没变外,大慈寺已没有任何踪影。

园林寺 园林寺位于海州城南二里,锦屏山北麓,二道涧出山之处。始建于唐贞观年间(627~649年),明正统三年(1438年)僧正融重修,清康熙年间,知州胡芳先复修。

园林寺曾是国内佛教界知名丛林。寺址位于一片土岭上,寺门西向,二道涧水出山时如一条白龙从寺南侧经寺门前北去。寺院依山傍水,城为后援,周围苍松翠柏成片。寺院依山就势,经数百年增修扩建,面积4000余平方米,规模宏大。有山门3间、天王殿5间、大雄宝殿5间,以及藏经楼、配殿等附属建筑。其大雄宝殿仿照曲阜孔庙大成殿的形制,高大巍峨。山门前有唐朝时所植银杏两株,天王殿前有古柏两株。明代,园林寺曾是朝廷十分重视的佛教丛林。寺内曾出土过记录

锦屏山园林寺古柏

皇室颁赐某重要佛教珍品的石刻亭柱，文曰“敕赐园林禅寺永保吉祥如意。天顺六年（1462年）四月八日”。一百多年之后，明皇室又颁赐万历二十四年（1596年）春铸造的重2000斤青铜大钟一口，钟声激扬，空寂远播。寺院环境清幽，面山临水，是参禅悟道的好去处。僧众晨钟晚课之余，湖光塔影为侣，皓月清风伴修，常年不断有僧人来此“挂单”，僧众经常保持在六七十人之多，可见其在佛教界交流之广，影响之大。1935年出版的《陇海铁路旅行指南》一书，对园林寺倍加推崇，并刊登了其照片。1955年，经上海同济大学教授陈从周鉴定，园林寺的大殿是苏北保存较好的唯一明代建筑，后被公布为省级文保单位。

抗日战争期间，日本侵略军在锦屏山砍树修工事，将僧人全部赶走，庙宇无人管理，损坏严重，此后便一直没有僧人居住。新中国成立后，一度为东海县干校校址。1958年，修建园林水库，寺中建筑基本被拆毁，仅存一座孤零零的西配殿。20世纪80年代，水库扩容，西配殿也被拆毁，千年古刹彻底消失。

东海庙 东海庙是国内有记载的最早建成的道教庙宇，位于孔望山西南麓。

东海庙始建于东汉初年。建武元年（25年），东海相受朝廷之命在孔望山兴建，庙宇规模宏大，“楼起三层”，祭东海庙碑祀之日“万民麇集”，反映了当时古海州道教信奉者众多。汉代曾两次重修，后毁于宋金交战时期。其东海庙碑现保存于国家博物馆，碑文17个字：阙者，秦始皇所立，名之秦东门阙，事在《史记》。2001年，国家考古部门曾在遗址进行保护性发掘，探测其建筑结构，出土了一些东汉时的瓦片、瓦当等。

城隍庙 海州城隍庙，旧址在今海州电影院及后面的食品厂处，原址在鼓楼以东，元末毁于兵火。明洪武三年（1370年），朝廷给全国各府、州、县的城隍神逐级赐予王、公、侯、伯等封号，配制相应的官服，规定城隍庙与当地的官署规模一致，城隍的职责为代天理物、剪凶除恶、护国安邦、普降甘霖、判定生死、赐人福寿及监督地方官吏等等，每年秋季举行祭祀。其时，海州知州陈德辅在原普照寺废址上重建

城隍庙重建工程

城隍庙。弘治年间，工科都给事中林廷玉出判海州，看到城隍庙颓圮，建议知州侯镗重修。重修规模较大，除正殿3间修葺一新外，还建成3间高大的南向山门，门外为八字墙，东西配殿各12间，前后角门4座，斋宿所3间，道舍6间，形成一个颇具规模的建筑群。当时海州十字街向东，大慈禅寺、文庙、城隍庙一字展开，释、儒、道三家祭祀场所并列，形成繁华的城市中心。

清末，海州城隍庙仍是四进三院的格局。二道院正面为祭祠，内奉城隍爷和城隍娘娘的神像，为祭祀的主要场所。其院南侧为戏台，供祭祀时演出用，平时民间艺人也经常在上面演出。三道院设东角门通向庙外，院内正殿为城隍爷行坛所在的祭祠，西侧一单独小院为城隍娘娘的寝宫，内有其行坛，东西两侧配殿为道舍和斋宿所。

新中国成立初期，戏台仍在，4根红漆大柱支撑起宽阔的戏台，春节时上面仍有民间艺人演出。1956~1958年，在原址上建起了电影院和食品厂，只保留几间道舍和西配祠，供奉神像及道士居住。“文化大革命”中，神像被毁，王姓道士离去，海州城隍庙不复存在。2014年，海州区人民政府启动复兴古城工程。2015年，在原址上重建城隍庙项目启动。

蒲神庙　蒲神庙为旧时官民祈祷蝗灾不扰地方的祭祀场所，位于海州城外新南门至老南门中间一道土岭上，又称八蜡庙，海州人俗称蚂蚱庙。

史载，海州以东至西南沭阳境内的大片土地上，多河网草滩，历来是蝗虫的滋生地，每年春天蝗害发生，蝗虫遮天蔽日，所过之处，寸草不留，甚则连居民厨房内高粱秆所编的锅盖都啃食一空。百姓苦不堪言，官府束手无策，只有求能够治蝗的神灵保佑。其庙址原来不在海州城郊，而是在朐山东南石湫镇上的涟河之东。明朝成化年间，因渡河祭祀不便，改移西岸。明嘉靖三十一年（1552年），知州王宾鼎将蒲神庙再迁至海州城南作为城郭的一道土岭上，以便就近祈祷。

当时迁建的蒲神庙非常简陋，只是3间茅屋，内奉神像。明天启年间，知州刘梦松又修建祠宇3间。清顺治二年（1645年），知州陈培基发动老百姓重修，新建祠宇

3间，神台上供奉3尊神像。中间是传说中能吞蝗虫的圣明之君唐太宗，右边是传说中天上管理蝗虫的蒲神，左边是善于捕蝗的唐朝宰相姚崇。康熙末年，官府又在碧霞宫旁修建传说中善于捕蝗的刘猛将军庙，塑像春秋祭祀，配合蒲神庙祈祷蝗不为害。

乾隆二十五年（1760年），知州李永书带头捐俸，进行规模较大的重修。新建山门一座，正祠3间，东西两廊各3间，正祠后又建文稼轩5间，中间建一歌舞楼，前有露天戏台，作为百姓庆祝蝗虫不在海州境内为害之用。同时，将蒲神庙更名为蜡神庙，春秋二祭，祈祷蝗害不扰海属之地。当时在这座土岭上，蒲神庙建筑整体规模较大，北边隔护城河与海州城相望，南边面对锦屏山，视野开阔，史称"蒲神庙特宏整"，当时的漕运总督到海州校阅营伍，也以此为行馆，东侧有朐山书院和观音庵，游人络绎不绝。蒲神庙在清嘉庆年间又曾重修。民国末年，庙宇建筑大部分毁圮，露天戏台仍然存在，20世纪50年代四月初八白虎山庙会，还曾有艺人在戏台上演出。此后庙址湮没，现为居民区。

第三节　民间崇拜

一、神灵崇拜

碧霞娘娘　白虎山庙会，当地人称四月八会，其发源地是白虎山东麓的碧霞宫，当地人俗称奶奶庙、南庙。奶庙始建于元泰定元年（1324年），是一处供奉碧霞娘娘的道场。碧霞宫于清顺治年间（1644~1660年）修复，山门中轴线向北，依次建有正殿和后殿及两侧的配殿。正殿即三霄殿，是供奉碧霞娘娘的道场，神台上塑有三霄（云霄、碧霄、青霄）的造像，为并立的三个雍容华贵、端庄的青年女子。左右殿柱上有源自泰山庙宇的楹联：日照碧霞金世界，月临泰岱玉乾坤。两侧神台上供奉民间传说为民除疾、送子的痘疹、眼光、送子等八尊神像，后殿供奉佛祖释迦牟尼。碧霞宫是当时通行的道观僧住、佛道合一的道场。

清代，到碧霞宫进香的人群络绎不绝，香火相当旺盛。海州当时临海，不少渔民信奉碧霞娘娘是他们海上引航安全归来的保护神，因此出海打鱼要许愿，安全归来要还愿，都要到庙中进香；二是当时医疗条件落后，加之人们迷信，大人小孩有病，便到庙中叩拜痘疹、眼光等神灵，祈求平安；三是海州地区佛教传入较早，民间信奉佛教的人较多，每年农历四月初八是佛祖圣诞，碧霞宫要举行浴佛法会。所以当时前来拜佛进香的、求碧霞娘娘保佑航海安全的、求安祛病的各方信众汇聚碧霞宫，同时也带来了商机，官商士绅、渔樵农工、贩夫走卒云集，逐步形成了规模较大的庙会。

清代每年以碧霞宫为中心的白虎山庙会辐射范围很广，不但海属地区，甚至皖东北、徐州和鲁南地区的商贾都来赶会。庙会会期虽然定为三天，但是商贾及小贩们在农历四月初四就已经设摊售货，初九下午离去，会期实际是五天。进香的人群一般初六就开始抢“头香”，以示对神灵的虔诚；初八浴佛节当天，碧霞宫内进香的信众更是人满为患，热闹非凡。这种状况一直延续到20世纪60年代。此后，庙会改为以物资交易为主。进入新世纪，恢复庙会文化作为四月八会的重要内容。

龙王　求雨习俗始于民间，后被官府直至帝王所采用。中国古代的经济以农业为主，粮食收成的好坏，直接关系到老百姓的生活和国家的收入，乃至社会的稳定。史料记载，古海州地区经常遭遇大旱，耕地干裂，颗粒无收。人们对于支配他们的自然现象并没有科学的认识，只能以自己能够做到的方式，乞求上苍，赐雨人间。古海州地区求雨主要是祭祈龙王和城隍，方式主要有建庙、立祠、设坛，岁时祭祀、旱时行求雨仪式等。海州城郊及锦屏山周围曾经建有多处官民求雨场所：

龙神庙　位于城东网疃山坡，建于元至正二年（1342年）。

云雷雨山川坛　位于城南门外四里锦屏山北麓，建于明洪武九年（1376年）。

龙祠　亦称石庵、石泉庵，位于马耳峰东南100米处，为上下两个天然石洞，经人工加工而成，是宋、金时海州官民求雨场所。龙祠保存下来的官民求雨石刻共有12处，其中可辨认的有8处。这些石刻分别记载宋庆历六年（1046年）知州王信臣等、庆历七年知州梅挚等、皇祐五年（1053年）、绍圣四年（1097年）海州太守鲍梓等、崇宁元年（1102年）知州蔡渊等、宣和二年（1120年）、金大定九年（1169年）海州刺史耶律牙哥等、清顺治十六年（1659年）州守庞宗圣等率僚属求雨的始末。

龙洞　位于孔望山南龙洞庵西侧，为一天然海蚀洞，传说古有苍龙居其内。

雨霖庵　位于锦屏山北麓山道西侧。建筑年代不详。

雷公庙　位于白虎山西虎嘴下。建筑年代不详。

城隍庙　位于古城中大街，重建于明弘治十五年（1502年）。

二、石崇拜

石干大　海州民间有春节期间带孩子在锦屏山麓等地拜石干大的习俗（大，即海州方言中的爸爸），民间也有些人不称石干大，而称石婆婆。海州民间流行，春节期间从腊月二十三日祭灶开始，祭祀和庆祝活动不断。如除夕祭祖，初一凌晨祭天，初五财神日，初七人七日，初十石婆婆生日，十二小年，十五元宵闹花灯等。其中，人七日有三，分别是正月初七孩子节、十七成年人节、二十七老年人节。初七人七日和初十石婆婆生日，盛行家长带孩子拜石干大。其中，初十的祭祀规模较大。大部分人家的家长带着孩子，奉上米糕、红枣、果品等供品，在石干大前焚香礼拜，祀求石干大保佑孩子健康成长，学习进步，早取功名。

所谓石干大，实际是一个地区的民间选取一尊历史较长的著名吉祥物石雕，认作孩子的干爸爸，以祈求这些石制神灵在冥冥之中保佑孩子。海州地区被民间奉为石干大的有石狮、石龟、白虎山上的石馒头、孔望山的石象、白鸽涧内民间称为龟蛇二将的玄武石雕等等。拜石干大这种民间习俗历史比较悠久，始于何时已难考。时至21世纪，民间仍有少数人家沿袭拜石干大的习俗。

泰山石敢当 旧时民间认为东岳泰山横空出世，雄踞北方，俯视齐鲁，威震海疆，历代皇帝前往祭祀，泰山之石可以镇邪。于是海州民间建房时，选取泰山之石刻成“泰山石敢当”之碑，立于可挡住晦气的墙脚，以保宅第平安。

石祖 锦屏山周围，旧时民间有的妇女长期不孕，便秘密地到将军崖南侧的石祖前偷偷祭拜，祈求早日怀孕。

第六章　艺　文

第一节　著　作

第二节　专　记

第三节　诗　词

第四节　民间传说

锦屏山悠久的历史，险峻壮美的山海风光，得天独厚的地理位置和自然环境，以及大量的人文景观，吸引不少历史名人、公卿显宦、文人雅士，或偕友游览，或凭吊先贤，或访古探幽，或勒石明志。检索古海州历代保存下来的志书、著述和诗钞，著名的梁代大学者刘峻，唐代大诗人李白、刘长卿，宋代大文豪苏东坡、大诗人石延年、张耒，金代文学重臣党怀英，明代文臣林延玉，清代重臣陶澍、林则徐，以及曾任职海州的王同、唐仲冕等，都留下了大量记述锦屏山的历史与现状，讴歌其自然风光和人文景观的文章和诗篇。其中，诗词大家苏东坡对锦屏山中"芙蓉仙人旧游处"的石棚山、登乘槎亭以望海的孔望山等逐一咏赞，甚至将朐山一带"蠔浦既黏山，暑路亦飞霜"的海边渔村景象铭刻在他的永恒记忆中。锦屏山的神秘、清幽和悠久历史，以及一些古人无法解释的自然现象，也逐渐在民间形成了许多优美的神话传说，体现了民间追求和向往社会公平正义、除恶向善、风调雨顺、安居乐业和勤劳致富的美好愿望。

第一节 著 作

一、志 书

《隆庆海州志》 为现存海州最早的一部地方志书。从编修到刊刻问世，历经50年三个阶段：明嘉靖元年（1522年），知州廖世昭创修，未能成书；嘉靖四十三年（1564年），海州同知张峰重修一至八卷，志稿成，而未付梓，张峰迁去；隆庆六年（1572年），知州郑复亨组织人力对张峰稿"益肆讨论，稍加增饰"，并增修第九卷和第十卷，由光禄卿裴天佑校正，辑录成十卷本书，刊刻印行。1962年，上海古籍书店影印出版《隆庆海州志》。1992年，市粮食志编辑室整理出版《隆庆海州志》标点本。

《康熙海州志》 原名《顺治海州志》，始修于顺治十五年（1658年）。时知州庞宗圣鉴于《隆庆海州志》"其前尚有未尽，其后更有当增"，着手重修，未果。顺治十七年（1660年），知州刘兆龙广发文告，征求地志，只得旧志残本四、五卷，便与同僚、乡绅多人"因故葺新而缀读之"，志成后刘兆龙捐俸刊刻出版。康熙九年（1670年），知州毕秀又删节增改并为之序，于康熙十三年（1674年）重新出版。1994年出版标点本，按其出版年代，更名为《康熙海州志》。

《嘉庆海州直隶州志》 为知州唐仲冕于嘉庆九年（1804年）五月至嘉庆十年

十一月主修成书，嘉庆十六年（1811年）知州孙源潮捐俸补刻刊印，计十册，线装本。该志书是迄今为止所有古海州志中体裁齐全、结构严谨、内容丰富、记事翔实、品位最高的一部州志。全书40余万字。总修为海州直隶州知州、善化人唐仲冕，海州直隶州知州、陕西韩城人师承祖。

光绪三十四年（1908年），上海图书集成书局重印《嘉庆海州直隶州志》。1990年，出版《嘉庆海州直隶州志》影印本。

1983年，由连云港市历史学会仲其臻等策划组织《嘉庆海州直隶州志》标点、注释工程，于1993年出版《嘉庆海州直隶州志》标点注释本。

《古朐考略》 清嘉庆九年至十五年（1804~1810年）间，海州中正场人乔绍傅编纂，嘉庆十五年初冬由海州人许桂林作序、刊印。可视为《嘉庆海州直隶州志》续篇，对其中涉及的一些问题进行详细考证。全书约7.5万字。20世纪80年代中期，一些方志爱好者曾复印《古朐考略》。

《海州文献录》 清道光二十二年（1842年），由海州人许乔林编辑，三年后刊刻印行。该志书既补《嘉庆海州直隶州志》之遗，更增添近40年间的新史料。全书约11万字。1991年，彭云主编《海州文献丛书》第一辑第七种影印本。

《朐阳纪略》 清光绪二十二年（1896年），由海州人相才编成刊印。沈云沛作序。全书3万余字。

部分古海州志书

《连云港市志》 1986年8月，连云港市地方志编纂委员会组织编修，2000年6月，方志出版社出版发行。全书设序、凡例、总述、大事记、60分卷、附录等约400余万字，并附有100余幅彩色照片。秦光汉负责总纂，钱梅、朱殿卿、董忠、陆瑞萍等分纂。

《海州区志》 1990年7月，由海州区地方志编纂委员会组织编修。1999年7月，方志出版社出版发行。全书设28篇、134章，442节，另附大事记、概述、序、附录和后记，约79万字。周恒泰主编。

《锦屏磷矿志》 1998年7月，由《锦屏磷矿志》编纂委员会组织编纂，1999年9月，中国矿业大学出版社出版发行。全书上限起于1919年，下限止于1999年，共设十一章，另设大事记、概述、附录、后记等，约53.5万字。主编倪爱传。

《连云港市海州区志（1986~2005）》 根据国家、省、市地方志领导机构的部署，2005年12月，由海州区地方志编纂委员会组织编修。2013年12月，方志出版社出版发行。全书设36编、141章、564节，另附大事记、序、总述、附录、编纂始末、文字索引和全书检索光盘，志首彩页收录图照183幅，随文表格298张、插图46幅，约188.9万字。孙大伟主编。

二、专　著

《石室联吟》 清末海州文化名人汤国泰秋日偕友人游览石棚山，写了一首七律《秋后一日同游石棚山远眺》，之后邀请同好应以同声，联吟唱和，历时15年，收录了168位诗人的近200首诗作结成此书。该书由许乔林等人作序，刊刻于清道光九年（1829年）。

《连云港山海奇观》 李洪甫、刘洪石著，1986年，地质出版社出版发行。

《孔望山与将军崖》 李洪甫著，1988年9月，江苏人民出版社出版发行。

《孔望山造像研究》 王其泰、李洪甫主编，1990年7月，海洋出版社出版发行。

《海州石刻：将军崖岩画与孔望山摩崖造像》 李洪甫、武可荣著，1990年，文物出版社出版发行。

《连云港群山概览》 由连云港市农业区划办公室、连云港市农业区划学会编纂。全书设“综述”“山头分述”两章共23节，另设附录和地形图45幅，约30万字。1993年6月，海洋出版社出版发行。主编高凤凯、相秉瑠，主笔蔡立志。

《连云港地理与经济》 张传藻著，1999年3月，河海大学出版社出版发行。

《云台山资源大观》 由《云台山资源大观》编纂委员会编纂。全书设“山体概况”“地矿资源”“植物资源”“旅游资源”等文章，约46.7万字。2001年7月，沈阳出版社出版发行。主编李桂、杨泗秋，副主编蔡立志、张明才。

《海州石刻》 苏中保主编，2004年12月，新疆人民出版社出版发行。

《海韵山情》 骆玉宽、崔月明编注，2005年，陕西旅游出版社出版发行。

第二节　专　记

一、修城隍庙记

神之祀也，代有兴废。城隍于畿甸郡邑，振古莫之或改。盖其阛蓄闲维厥功，于人含弘广博，故其报祀尊崇，有不可后而亦有自不能后者，固也。粤自世俶洪荒，民患孔棘。圣人者作思，为防制观坎之象，知险之不可陵也，故设险以守其国。于是为之高城深隍，以保障人民而安其社稷。说者谓其制昉于黄帝，不知其义已寓于庖牺氏之卦象中矣。夫障吾民者，城与隍也。所以尸之者，谁耶？灵机妙轴，沕穆窅閴，非有非无，而不可以方所形象，必有为之者焉。是以上自畿甸，下及郡邑，咸立庙以祀之。尝考城为言盛，所以盛受人物；隍为言防，所以防御寇盗；庙为言貌，所以仿佛容貌。君天下者，有盛衰代谢，而城隍之血食于其方者，固自若也。奈何世之好事者，遂缘附会，谓某土、某郡邑、某官生前正直，上帝命为某方城隍之神，如谓真武为净乐王太子，上帝命镇北方玄帝之位之类，往往于庙或刻木，或范土像、设肖人加以弁服。至为后寝以祀其配，殊为无谓，大抵道家生于劝善戒恶，其说不经，置之不必申论。要之幽明之理，感通之妙，不疾而速，不行而至，则有不可诬者。我太祖高皇帝昭受天命，君主神主人于五岳四渎城隍，悉去前代王侯封号，直称某岳、某渎、郡邑、城隍之神，卓有至见至制。有司新官到任，谕僚属之词，则曰："朝廷设官分职，欲其敬神恤民，亲贤远奸，兴利除害，而神特居首焉。"余疏谫无似，叨官谏署十有三载。弘治乙未，滥典文衡，不虞科场事变，出判海州。窃叹世之有官，君子能体圣祖数言，则其职业亦云修且举矣。猛省驱策，不敢不尽此心。顾惟城隍庙宇颓圮，滋甚于敬恐乖爰。谋于州守、郓城侯公镗创前门三巨楹，外为八字墙，二面殿前建两廊，东西各十二楹，前后角门四座，正殿后寝二门。虽仍其旧，然缭垣等类亦悉修饬，又于殿之左偏建斋宿所三间，两厢道舍六间，颇为鲜洁完固。且其费乃稽于豪右隐匿、畴昔充官之物而不及民。民知事集固，莫知其财之所自。呜呼！予谪官来忽忽几三年，于海萍居尔，风飘波荡，寓处几时？明年又在何处？神于此地，庙祀血食，亿万斯年，吾民拂挹必呼，饮食必祭，水旱疾疫必祷。神之于民固不能忘情焉者，盖必潜浮默相，俾岁事告登，疾疢不作，吾民永有帡幪覆庇！则予虽远矣，尚有耳可闻而秘窃喜慰也！嗣是而官者，岂无知神之当敬而修葺是祠者乎？是为记。

弘治壬戌春三月既望，赐同进士出身、判海州事、前工科都给事中、侍经筵、闽人林廷玉撰。

二、重修大井记

《易》："次井以革，次革以鼎"。革，去故也；鼎，取新也。然所以革而新之者，则存乎其人。自景泰时，州守董公凿井于兹，洌寒名泉，民赖以食。岁久堤溃，行潦横流。汲者濡足其间，而洌且寒者，乃淆诸物。州守郑公命复修治，疏渠出污，决于浚原，围以厚土，甃以大石，堤防曲至，规模聿新。虽凌雨盈浍而坎口高突，浊流无从入焉。落成之日，州人往观之，咸曰："寒泉之石，鼎新之功也"。佥议当纪，爰立石以记。

嘉靖庚子仲春，知山东莱芜县事、郡人曹忠谨撰。

三、孔望亭记

孔望亭者，亭孔望山者也。山在海州，去州治东五里。州，昔为郯子国。孔子至郯，尝登山以望东海，因曰"孔望山"云。山以孔重，故人士至州者，必游焉登焉，往往有题咏之作鑱诸石。然未有亭也。亭之，自监察御史、中溪黄公始。公之按鹾法兹土也，明法剔弊，振风树声，宪纪肃然饬矣。乃览郡乘，探古绩，得兹山焉。曰："兹非孔子尝历耶？" 夫慕其人则必求其迹之遗，矧吴侪诵法孔子，于是属州守钟君建亭山巅，以表一方之胜。钟君过倪子而语之故，徵记焉。倪子曰："嘻，兹山也，亦遇矣乎。由穷壤而来山，盖历几千万年矣。而孔子始登，由孔子而来，又几千百年矣。而中溪公始亭，亭成而孔之迹益彰，孔之迹彰而山益重。则兹山也，不谓遇矣乎。夫山之滨于海也，凡登焉者，畴不海望焉，而必曰"孔望孔望"云者。孔子者，道之宗也。宗其人，故隆其迹；隆其迹，故表其山。抑孔之望也，实亦异乎人之望乎，何也？天下之水皆东，东海者，水之会也。孔也望之，其汪洋者与心之广大会，其潆回者与心之运用会，其翕受者与心之容纳会，其景物之变态者与心之神化会。不知吾心为海也，海为吾心也。彼人之望焉者，其皆同乎？否耶？是故，海惟孔子为能望，惟孔子之登可名。宗之也，亦异之也。昔之学于孔子者，有言必纪，乃望海则未有述焉。今其言之最著且要者曰"川上之叹"。夫川，学海者也，叹川则海可推矣。孟子曰："孔子登东山而小鲁，登泰山而小天下"，又曰："观于海者难为水"，言乎其高且大也。惟不息，故大；大，故高。斯孔子之道也。后之登是亭，揽孔子之迹，于孔子之道有获焉。则是亭也，不为虚作矣。黄公名国用，江西丰城人；钟君岳，楚人。皆深于道者。予故述其意为之记云。

嘉靖二十二年八月吉旦，赐进士、南京工部员外郎、淮阴倪润撰。

四、重修海州城记

海州，淮之巨镇也。接壤齐、鲁，连汛越、辽，寇警倭虞，突飘叵测，险守不可废也。故有城，筑自梁天监中，至宋而益饬，元毁于兵。我朝洪武庚辰复修之第土城尔，永乐戊戌甃以砖石，始屹然矣。岁久弥坏。嘉靖壬子春，余承乏建安道出兹郡，见是城也，垣圮池湮，径窦交穿，人或履之出之。恻然叹曰："城若此犹可弗葺耶！

岂晏安日久，上之人不戒覆隍，安常袭敝而视为不棘耶？”隆庆壬申冬，闻之乡人曰：“完而坚海之城与？”余曰：“畴之绩。”乡人曰：“郡侯郑为之。”既而，千户赵绍恩托邑学司训于君椝请记。余曰：“郑侯成城曷速也？”绍恩曰：“经营自吴侯始，嘉靖甲寅吴侯刺海时，倭犯吴、越、江、淮骚动，侯忧之曰：‘匪城曷郡，匪郡曷民，彻桑未雨之图，犹不可后，矧警焉日闻乎？’乃计费度工，藉财于官府，取力于隙民，凿山运石，满墉完啮。未几以忧去，王侯代之。谓州所共城工役讵可偏累，因调停焉，民缮其七，军缮其三。复取陶续石督省惟勤，杨侯、周侯次第修之，皆未就。迨别驾李公署篆，广区画，躬慰劳，明激劝，刻程责绪，兼举并兴。进士张君朝瑞捐修坊四十金，为有力之家倡。由是东、南、北三面，东南、东北二隅工先告完第十七。而其全工未竣者，所无储积，而军之力弱且单也。隆庆辛未，郑侯下车，首集耆众议之曰：‘书警亏篑，诗戒弃劳，是城也未完十三，及今修焉，费省而功倍。不然，前劳不既弃乎？’佥曰：‘责在军’。侯曰：‘嘻，军疲矣。以统驭计，军民异分；以利害计，军民一体。息民而罔恤其军，息军而罔卫其民。均之谓僻，是责在我。’遂捐俸八十余金，请之台院，请之道府，济以公帑。又措其财之所宜，出助以民之所愿从，仍属绍恩董其役。故人心感悦，率作忘劳。西城一面，西南、西北二偶，倾者植，缺者补，圮于积雨者，重培磌石，覆甓增卑附薄。载始壬申之二月，十阅月而告成。周环九里有奇，高一丈九尺，广一丈九尺，雉堞门庐，云连鳞次，言言翼翼，可以待暴绥民矣。是役也，相继几二十年，乃郑侯成之，无亦有异数耶？后此数百年，贻海人以永逸而无复力役之烦也。侯之绩居多，然侯之心则不自多，其绩盖卫民以城，聚民以德。凡变起不虞，岂独无城之患，无德以固结民心可患也。诚有保厘之实，则民心爱戴，生死以之，曷盗之敢窥？否则，萧墙皆奸宄矣，曷城之足恃？侯治海，方敷惠政以辑民，岂专事地利者哉!”侯名复亨，仁和人。吴侯名必学，延平人。王侯名宾，宾州人。杨侯名本俊，大理人。周侯名世臣，赵州人。李公名维东，安化人。咸备书之，以刻诸石。

隆庆六年冬十二月，赐进士出身、亚中大夫、光禄寺卿、前湖广道监察御史、赣榆裴天祐撰。

五、甲子河记

甲子河，在城东门外。嘉庆九年五月，阖州士民率钱开渠，自东门而北，径城河而东，至孔望山东，接朐山河达于板浦。知州唐仲冕为之记云：

中河旧引盐闸清流，经安东莞渎至武障、项冲，受六塘河而北汇板浦，为场河。又自板浦历卞家浦过孔望山，出州东北，为新浦。皆鹾运所经，工归纲贾。自孔望山至州城七八里，崖岸荦确，舟楫不通，城无市廛，米薪缺乏。余奉命来牧，衿耆王志鳌辈以开渠请余。惟海邦瘠苦，昨岁创建石室书院，率民钱已不资，安敢复兴工作，重劳吾民。环而请者敦迫再四，始议董劝。州凡四十八镇，渡河之兴，于东南诸镇为尤便。及建议期会，西北冈阜之乡，争先麇至，则夫濒川带阓、较称殷赈者，概可知矣。余乃躬为植，虑事庀材，而属衿耆分治方土。以前督建书院之士绅张锡琄，乙上英、王振其、王从爱综其财用，稽其功绪。东自新浦口，西达城东门，计长一千一丈六尺有奇，广以六丈为率，深者自七八尺至丈四五尺，为方三万三千五百有三。总论方、记日之夫，高高下下，堑岩、填谷、戽潴、掀淖之力，畚挶绠缶、木薄铁石之具，与夫算胥、巡隶饩廪、犒劳，凡用钱七千七百五十一缗，造桥、辟坞、立步之费皆在其中。卒不罢而财不匮，五旬而成，不愆于素。是役也，适当淮河之间，酾导纷纭，场河亦大加疏浚。方虑发征罕集，蒇事无期，而四郊农氓不呼自赴，释耒挥臿，云簇星奔，不妨麦秋之时，不忧水潦之降。命之曰“甲子河”，且以名桥者，纪天行、重民力也。夫十干、十二支相配，穷六十为一元，而始于阏逢困敦。此州十年已来，潮渐北徙。故恬风渡最险恶，已成平陆。朐山以东，郁洲以西，得沙田数千顷，更涉一纪，地尽可耕。石室诸生，蒸蒸向学。耕者丰于野，学者献于廷，其必自今河成之岁始矣。虽然，涟河塞而青伊湖乃东溢矣；六塘堤不修而大伊山南皆巨浸矣。涟通潮易淤，当设水门提阏之；六塘有南北二河堤，逶迤数百千丈，沟漱防淫，费累巨万。且盐闸迁，清流弱，中河每借润于黄水。沙停河浅，辄泛民田。民与商争蓄泄，无岁无之。凡此皆守土者所宜熟筹也，岂特兹河哉？是为记。

六、锦屏山记

仆生长海隅，足迹未历天下名山。凡泰岱之崇高，大华之山岧峣，峨眉之摩空，天台之 插汉，纸上空谈。幸故乡丘壑尚足娱情，为童丱登临、壮年游眺者，其唯锦屏山乎！

锦屏，州城南大山，名马耳。山脊东高如马后，中平如马腰，西竦双峰，尖削如马耳。仆未冠，慕而登焉。寻北麓上，无非窄径，绝少人踪。里许，小憩；再里，太息；勉及崇椒，吴牛喘矣。择其高处，箕踞云表。睥睨众山，见州城东阔西曲，锐如犀角，街市如画扇。北望，回肠曲曲，洪门河也；螺痕点点，鹰游山也。东望，城绕诸峰，凤凰城也。东南，烟火万家，板浦镇。正南，淡烟几缕，新坝镇也。西望，蛾眉隐雾，房山也。足力既倦，寻径而归。马耳峰西，壁立万仞，峰南西坡有仙人船，雨中远眺，持篙挂席，忙如真人，至其处顽石耳。马耳南岩下一涧，循山阴而西北，岩下一岭，西走涧上，岭下地如宝座，曰园林寺。滁上醉翁游人不绝，湖边灵隐诗客潜停。马耳东去，山阴石棚，石曼卿读书处，射弹种桃，名万花岩。翠微有居人。东山不起峰，唐公造塔名文笔峰。塔下凿石开道，人马可行。九折羊肠，堪叱王尊之驭；千寻鸟道，不裹邓艾之棉。塔南多藏军洞，山麓居人。西行，名塔儿湾，小山别大山，有紫竹庵。塔东北东山之麓，塔北曰朐山。东门要道名朐山头，石径左右旅邸，鸡声茅店处。路南坡张鸿胪墓、朐县旧城土址犹存。朐山东名孔望山，有墨池、龙洞、孔子登山望海处。然则马耳峰骅骝开道，东来诸山瞻其马首，骐骊，莫不绝尘而奔。

仆观天下名山，北岱南衡，多名公作记。锦屏无记，仆海滋诸生，作记谁睹？然以未作记之山，必假手不作记之人，斯山常在，斯记幸垂于不朽。

——《朐阳纪略》清光绪二十年（1894年） 海州 相才

七、白虎山麓碧霞宫

城财碧霞宫，香火胜地，浴佛进香如归市。阶下古松，数朝旧植，三十围，荫一亩，垂如盖。西院圣帝庙，大银杏。前院中殿陂陀，石洁可卧。东角门外，松柏、石桥无尘氛。青龙涧，马耳峰下来，经蜡神庙前，奔碧霞宫后。罗星石如麻，瀑布水如龙，水净沙明，可浣可浴。庙西白虎山头，东有耳如伏虎，西陡绝，余有级可登，顶坦可一亩。宫瞰城如掌纹。山腰小石棚刻石诗，东麓宋昭墓。宋时名孤山，总河杨改白璧；形如鳌，总督陶改鳌山。庙北玄武石，庙南朱雀石，与青龙、白虎合成王气。附会之词。余爱涧莹如镜，山竦如屏，山水之盛，流连不能去。

——《朐阳纪略》清光绪二十年（1894年）海州 相才

八、茶庵饯行记

长安灞桥为饯行地，城东祖道，曲唱《骊驹》，冷泪两行，孤篷万里。何地无之？州城东茶庵，亦其地也。出东郭，越重崖，庙祀啬农，清樽迎虎，坛安社稷，春藉鞭牛。或稻香溢泷，或麦秀盈坡。有亭翼然，曰“茶庵”，门对峙而通衢，窗两开而若镜。渴客买茶之地，离人饯酒之乡；秀才两案持贴而来，督学一舆送行而去。昔年入泮，故事随班，此处阅人多矣。门东龙神庙前古柳，四皮独立，万缕犹垂，本是同根，参商相背，自成两树，刑尹各驰。迤东青山在望，绿树成荫，人行沙面路，觅石心，大同蜀道之难，小样邛崃之险。噫，地似锦城，桥岂忘情于万里？人非太白，亭亦留意于双劳。

——《朐阳纪略》清光绪二十年（1894年）海州 相才

九、钟鼓楼重修暨扩建广场记

钟鼓楼海州古名楼也考其初乃改海州东城西门楼而成原名钟楼明以后称鼓楼斯楼去今千载历经沧桑几度兴废皆国运荣衰之征兆也一九八二年冬钟鼓楼城门列连云港市文物保护单位之榜当今昇平盛世改革开放民富国强为弘扬既往开创未来政府拨巨资越时四秋将楼修复一新并拓宽周围广场连接相邻街市楼台丹碧轮奂蔚为壮观既成旅游览胜佳境亦为商贾贸易闹区诚襄助于海州经济振兴与福泽子孙是举功莫大焉爰树碑勒石谨为记　乙亥年桂月海州丁义珍撰文铜山陈凤桐书

连云港市海州区人民政府

连云港市城乡建设委员会

一九九五年十月　立

十、中共东海特别支部成立纪念亭

公元一九二八年秋，李超时、惠浴宇、小叶在白虎山牛眼洞附近的翘石下秘密开会，宣告中国共产党东海特别支部成立，统辖海赣沭灌四县党的工作，李超时任书记。自此，海属地区党组织迅速壮大，东海特支相继发展为东海县委、东海中心县委。海属人民在党的领导下，为反帝、反封建、建立独立民主富强的新中国，不惜抛头颅、洒热血，义无反顾，奋勇直前，在海属大地谱写了惊天地、泣鬼神的光辉篇章。

饮水思源，继往开来，海州区全体共产党员捐资兴建此亭，以资纪念。

中共连云港市海州区委员会

一九九七年七月一日

十一、打通幸福南路和新建朐阳门广场记

建成于20世纪90年代的幸福南路是古城海州主轴线之一，它北起新建路，南至东风路，将秦东门城雕、古牌坊、钟鼓楼、百子庵、双龙井游园和朐阳门及广场等诸景点紧紧连为一体。

1990年，时任海州区委书记孙存珀经考察，提出幸福路向南打通，经钟鼓楼延伸至城南蜘蛛山北，与东风路相交，以方便城区交通，拓展古城向南发展的空间。经区委、区政府讨论同意，决定打通幸福南路。

幸福南路工程于1991年4月开工，其路基途经排水沟、地下防空工事、利汪崖大水塘、废城墙、城郭土岭，沿途北低南高，落差较大，地势相当复杂，同时要拆迁木工厂和100多户居民，施工难度较大。区委、区政府做好宣传发动，向干部群众讲清

幸福南路

打通幸福南路、改善交通、方便群众生活的意义，广大干群积极响应。朐阳乡等属地单位承包解决拆迁问题，驻海州地区有关单位积极支持，机关企事业单位职工义务劳动。经过半年奋战，基本打通、平整了幸福南路的路基，首战告捷。

鉴于财力等实际状况，区决定按照幸福南路及朐阳门广场建设总体规划，工程采取分段实施办法。1991年，幸福南路建设完成新建路至钟鼓楼段，并完成配套工程双龙立交桥。1993年8月至1994年5月，完成钟鼓楼至立交桥段。1995年上半年，二期工程双龙立交桥至朐阳门段开工，至1997年6月，完成朐阳门北侧幸福南路快慢车道、人行道建设。1998年5~10月，完成朐阳门至东风路段长130米、宽22米快慢车道工程。建成后的幸福南路，总长897米、宽22米。

1992年，区委、区政府经过反复论证，决定在幸福南路上恢复重建古海州4个城门之一的朐阳门，并在其周围建成绿地广场，结束海州一直无大型集会广场的历史，同时也给居民提供一个休闲、娱乐的场所。朐阳门重建地址选在古城原朐阳门偏东30米、再向南230米的幸福南路上。建设工程分二期：一期（1995年11月至1997年7月）建成朐阳门城楼及城墙、城门以北段广场、匝道、停车场、草坪、路灯等工程，二期（1998年5~10月）完成朐阳门南侧幸福南路及匝道、广场道板铺设、石砌排洪沟、石拱桥及汉白玉护栏、广场草坪、路灯等。整个广场占地62100平方米，其中配套建筑8921平方米、道路及环道22000平方米、道板5935平方米、绿化25244平方米。道板面积：城楼以北东侧1495平方米、西侧1500平方米，城楼以南东侧1460平方米、西侧1480平方米；绿化面积：城楼以北8500平方米，城楼以南16744平方米。该广场为全市最大的绿地广场。

朐阳门广场

建成后的朐阳门高19.5米，两侧城墙各长46.5米，城门题额为“朐阳门”，乃当代著名书法家大康的手笔。

古色古香的幸福南路，乃海州仿古城之纵轴，沿路南眺，两侧仿古建筑鳞次栉比，飞檐流丹，层台玉栏，与国槐宫灯交相辉映，令人目不暇接。巍巍朐阳门，屹立于广场正中，面对青山，马耳晴岚，满目苍翠；北依古城，雕梁画栋，尽收眼底。宏大的广场，高耸的城楼，构成古城海州最大的标志性建筑。

——《连云港市海州区志（1986~2005）》

第三节　诗　词

一、咏朐山

和陶渊明杂诗十一首其一

〔宋〕苏　轼

我昔登朐山，出日观沧凉。
欲济东海县，恨无石桥梁。
今兹黎母国，何异于公乡。
蠔浦既黏山，暑路亦飞霜。
所欣非自謟，不怨道里长。

【作者简介】 苏轼（1037–1101），字子瞻，号东坡居士，眉州眉山（今属四川）人。宋仁宗嘉祐二年（1057年）进士。英宗时为直史馆。神宗熙宁时，上书论王安石新法不便，自请出外，通判杭州。移知密州、徐州、湖州。元丰三年（1080年），因“乌台诗案”贬黄州。后移汝州，知登州。哲宗时召还，为翰林学士，端明殿侍读学士，历知杭州、颍州、扬州，官至礼部尚书。绍圣中，又贬惠州、儋州，赦还。徽宗建中靖国元年卒于常州。谥文忠。轼文章纵横奔放，为“唐宋八大家”之一；诗风飘逸清雄，词开豪放一派，书画亦有大名。与父洵、弟辙合称“三苏”。当时黄庭坚、秦观、张耒、晁补之、陈师道等皆与交往，为一代文豪。有《东坡七集》传世。

【注释】 苏轼曾两来海州。第一次是熙宁七年（1074年），由杭州移知密州时路过海州，第二次是元丰八年（1085年），苏轼被任为登州知州，5月从常州出发，暮秋再次路过海州。但这两次都未能由朐山渡海至设在南城的东海县。

黎母国：海南岛中部有黎母岭，故以黎母国称儋州（时苏轼被谪儋州）。

于公乡：汉于定国为狱吏，决狱平。传故居在今南城北于公疃。此以朐山隔海相望的于公乡比儋州。

蠔浦：牡蛎堆积的水边。黏山：相黏堆积成山。地指朐山南侧的陶湾，古称陶蛎湾，是海边的一个小渔村，海边和路旁堆满了渔民加工后的海蛎壳。

暑路亦飞霜：夏天通过朐山附近的道路，尽是盐碱，如同下霜。

謿：欺骗。

朐山驿亭阻雨

〔金〕党怀英

脱叶萧萧山木稠，连樯飘汎海蓬秋。
浪回朐岛冯夷舞，云暗苍梧帝子愁。
欲往未行淹仆马，乍来还去羡鸥鹭。
景疏楼下无边水，暂濯尘缨可自由。

【作者简介】 党怀英（1134－1211）字世杰，号竹溪。原籍冯翊（今陕西大荔），先人宦于泰安军，遂为奉符（今山东泰安）人。金世宗大定十年（1170年）擢进士甲科，官至翰林学士承旨。年少时，他与大词人辛弃疾同拜刘瞻为师，在刘瞻学生中，他与辛弃疾最为优秀，时人将他俩并称为“辛、党”，后来方分道扬镳。他的诗、文，真率自然，兼工书法，金末元好问将他列为“国朝文派”骨干。人称为“一时文学宗主”，“诗似陶谢，奄有魏晋”，是金大定年间著名的文学重臣。《金史》卷一二五有传。存诗六十余首。著有《竹溪集》。

【注释】 诗为七律，描写在海州驿亭遇雨淹留的情景。“浪回朐岛”（指锦屏山）的苍茫雨势，“景疏楼下无边水，暂濯尘缨可自由”的旷达情怀，不仅描绘出金代海州的水势浩瀚的雨景，而且流露出对于海州风光、历史古迹的钦美和赞美。

冯夷：水神。

淹：淹留，迟。

鸥鹭：水鸟。

景疏楼：基址在海州古城内原海州师范学校东北侧。明海州八景“疏楼夜月”即指此。据曹学佺《名胜志》载，楼为北宋叶祖洽建。相传海州云台山下有汉疏广、疏受墓，故名景疏楼。

朐山道中

〔金〕党怀英

二年三到水云乡，瘦马凌兢怯路长。
野雪未干春未雨，纸鸢飞起暗尘黄。

吴歌楚语海山间，织苇苫菰便自安。
已作稻塍犹未种，小沟流涩水车干。

海路东南万壑倾，青山孤起压重城。
驿亭春半余寒雪，墙角无人草自生。

【注释】 **凌兢**：战栗。《汉书·司马相如传》："入凌兢"注曰"寒凉战栗处"。

织苇：芦苇的编结物。苫菰（shān　gū）：苫，复屋；菰，茭白，生水中的植物。苫菰，是用茭白之茎编结物覆盖在屋上。此句言朐山一带民众生活简朴。

稻塍（chéng）：土埂。

第三首既写出海州东南万壑争流、青山压城的形势，又写出春回古城的生机，显示出诗人观察之细致和敏感。

紫竹庵诗会

陶昞为诗会所作的序（节录）　成化十二年岁在丙申仲春之吉，贰守胡公、节判赵公、莲幕冯公、掌教潘公、司训徐公、洪公，以予官满之年，政务闲暇，相拉游于紫竹庵。是日也，时雨新霁，和风怡融，游目舒长，幽怀洒落。乃张筵命觞，乐饮于石室之下。佥谓今日之事，不可无作也，徐公欣然举程明道先生诗："傍花随柳过前川"，人各阄一韵，赋诗以写游乐之怀。

傍字·司训洪儒

登山路险巇，入山地平旷。
老僧肃佳宾，高谈坐方丈。

尘喧杳不闻，鹤影常相傍。
散步纵游观，层峦更攀上。

花字·知州陶昞

癖性爱山水，来访道人家。
叩门惊鹤梦，系马落松花。
宾僚列尊俎，清话无喧哗。
兴尽各分散，山城日已斜。

随字·吏目冯吉

晓出城南路，纷纷冠盖随。
寻幽踏芳草，拂袖牵游丝。
石室磬初响，花阶日暂移。
萍乡难再会，杯酌不须辞。

柳字·同知胡端

胜览到山中，山中亦何有。
石臼留遗踪，相传年代久。
何人住茆庵，满地植榆柳。
古洞烟霞深，松风时一吼。

过字·学正潘伦

二月艳阳天，杏花开几个。
游赏到此山，马啼踏云坡。
因思尘世间，光阴如客过。
倾杯尽余欢，莫惜沈醉卧。

前字·司训徐贤

值此休暇日，游览南山前。
拂衣花露湿，坐石松云穿。
幽杯脱尘系，雅兴归诗联。
回首不觉晚，明月生中天。

川字·判官赵绳

步入烟霞境，山中别有天。
洞门长仙药，石壁飞琼泉。
凭虚纵游目，宇宙茫无边。
滔滔自今古，慨彼东逝川。

【作者简介】 陶昞，字文熙，江西南城人。明景泰癸酉（1453年）举人，成化二年（1466年）任海州知州。在任九年，众务俱举，以廉能称。史载其“不严刻以厉民，不厚敛以朘民；分内之事，知无不为，为无不尽”。任内借牛给籽种，劝导农桑；修堤浚河，减徭赋，赈灾饥；修孔庙，新建州学三十余间，创建乡贤祠，立《乡贡进士题名碑》，以导化后进。公务之余，与同僚游紫竹庵，留下诗刻多首。成化十三年，赣榆县教谕林岳，代表海州官民撰文并立《海州知州陶公去思碑》，怀念并颂扬了陶昺在海州的德政。

【注释】 诗题“紫竹庵诗会”，系编注者所加。

贰守：同知的习惯称呼。

节判：判官的别称。

莲幕：吏目的别称。

程明道：北宋哲学家程颢字伯淳，又称为明道先生，与其弟程颐同为理学的创始人。

咏桃花涧

〔明〕王　同

少艾平生爱种桃，朱颜白面映妖娆。
阴阳壶里乾坤老，玉人却恨归天早。

桃花乱落无人扫，飞来飞去向山岛。
门前宅第尽蓬蒿，白云片片闲飞绕。
当时美人归何处，只遗满地伤心草。

【作者简介】 王同，字一之，号中泉，郏县（今属河南）人。举人。嘉靖二十三年（1544年）知海州。岁荒民困，疏请减税粮，轻马价，民赖以苏；他如疏河渠，葺学宫，救荒赈贷，皆实政及民；凡修建碑记，亲为篆额。后迁南京都督府经历。工诗、善书，海州地区胜境多有其题刻，以花果山水帘洞前的悬崖上他所书写的“高山流水”题刻最为有名。

【注释】 **少艾**：年轻美好的女子。《孟子·万章上》：“知好色，则慕少艾。”

桃花涧

〔明〕韩逢吉

夹涧桃花树，花开满涧春。
年年花似锦，不见种桃人。
作者：生卒不详。

和林都谏邀饮园林寺韵

〔明〕乙　瑄

昔年邀我谒名山，佳景重重不等闲。
塔耸半空开佛刹，水流绕涧到禅关。
松峦杳霭晴空外，竹树参差夕照间。
多少云游方外士，于焉驻锡不思还。

【作者简介】 乙瑄，字崇璧，海州人。宪宗成化二年（1466年）进士。改授庶吉士，转吏部文选司主事，升礼部郎中。再擢山西左参议，益励清操。后年老归乡，惟图书数卷。所居不蔽风雨，时都给事中林廷玉谪为海州通判，欲为之起宅第，以劳民力止之。隆庆元年，知州高瑶申请，批允他入祀乡贤。

【注释】 **林都谏**：即林廷玉，是作者的好友，林廷玉曾以诗相邀告老还乡的乙瑄宴游园林寺，乙瑄后来追忆此事，即用其韵写了这首唱和诗。

名山:指锦屏山。

驻锡:僧人至别处庙宇停留暂住称驻锡。

游园林寺

〔明〕董 杏

望里嵌崎一径长,东风岩暖见群芳。
到门古木巢仙鹤,入院空王袅篆香。
野草披离从蝶舞,杏花历乱带禽忙。
不堪抚景怀今昔,三十年华总渺茫。

【作者简介】 董杏(1573–1656),字岁星,又字瀚与,号星为,系明代中期诗人董志毅之子,赣榆人。明天启二年(1622年)岁贡生。好学能文,工琴,善隶篆,有时誉。崇祯十三年(1640年)由休宁训导迁镇平县教谕。撰《续赣榆县志》。《嘉庆海州直隶州志》《云台山志》等录其诗。著有《遂初集》《溟海群珍稿》《海阳游稿》等。

【注释】 嵌崎:山高峻貌。

空王:指佛祖释迦牟尼。袅:袅绕。篆香:盘香的喻称。

题园林寺

〔清〕赵一琴

寺古云深木亦乔,婆娑生意说唐朝。
高山倒映低禅舍,流水斜通小石桥。
鸟不知名音自巧,花非解语态偏娇。
入林心在闲风月,何必拈髭句苦敲。

【作者简介】 赵一琴,字无弦,一字抚之,海州人。顺治六年(1649年),以岁贡生任无锡训导。性耿介,不屈于监司,归而读书著述。目涉成趣,时有吟咏。其《咏园林寺》,传诵一时。曾续《云台山志》,又撰《海州志》五卷。顺治庚子、康熙庚戌,两次修志皆采其书。《朐海诗存》亦录其诗。

【注释】 乔:高大。

生意:生机勃勃。

拈髭:髭,唇上边的胡子。拈髭,一边用手拈弄胡须,一边苦苦推敲着诗句。

由紫竹庵金蟾洞遂登朐山绝顶望海

〔清〕陈鹏年

山行不辞劳，缓步意有适。
屡沿幽涧远，渐转崩崖仄。
招提云雪盛，回亘太古色。
金蝉始何名，桃花烂岩隙。
尽日岚雾中，苍翠已欲滴。

力疾步层峦，苍旻不盈尺。
茫茫凌渤澥，浩浩涵虚日。
神山及田岛，纤悉弹丸黑。
遥青辨齐鲁，拱卫如肘腋。
由来夸壮观，山海难再觅。

砉然荡心胸，旷若生羽翼。
临深有痛哭，扶颠脱危厄。
庄士慎垂堂，尘客戒游癖。
山灵苟龃龉，奇赏原秘惜。
归途成一笑，后会安可极。

【作者简介】 陈鹏年，字北溟，别字沧州，湘潭（今属湖南）人。清康熙十四年（1675年）进士。康熙四十一年（1702年）任海州知州。累升江宁知府，以清廉著称。为总督阿山诬劾下狱，江宁人痛哭罢市。事白，起为苏州知府，官至河道总督，兼摄漕运总督。卒谥恪勤。著有《道荣堂文集》《喝月词》。

【注释】 **崩崖仄**：仄通侧，旁边。崩崖仄，危险的山崖边。

招提：佛寺的别称。

回亘：曲折绵延。

苍旻：苍天。

渤澥（xiè）：古称东海一部分为渤澥。

虚日：指广阔天空。

神山：指赣榆县东面海上的秦山岛，民间称神山。

田岛：指田横岗。

纤悉：细微详尽。

砉：形容动作迅速轻快。

临深：意面临深渊，恐惧而欲痛哭。

龃龉：意见不合。此句意是因我们打扰，山灵可能有意见。

紫竹庵题壁次韵

〔清〕陈鹏年

青冥镇日对山容，才觅丹梯已万重。
春冷云声时见雪，午晴风壑自闻钟。
攒眉客会三生石，面壁僧依六代松。
更向洞天寻果老，人传笙鹤在前峰。

【注释】 **青冥**：青天。

攒眉：愁眉不展。三生石：相传唐代李源同惠林寺和尚园观友善，两人同游三峡时，见一妇人汲水，园观对李源说："是某托生之所。更后十二年中秋月夜，杭州天竺寺外与君相见。"后李源如期到杭州访问，果遇一牧童唱《竹枝词》道："三生石上旧精魂，赏月吟花不要论；惭愧情人远相访，此身虽异性常存。"牧童就是园观的后身。后附会杭州天竺寺的后山有三生石，即李源与园观相会处。诗中以此喻有缘分。

果老：即张果老，传说中的八仙之一。紫竹庵东南有张果老洞，传说张果老曾于此修炼。

海州园林寺

〔清〕杨锡绂

海国辟灵异，搜奇力人籍。
有寺名园林，巧构营石罅。
幽寻惬素心，缓步乘休暇。
迤逦入山阿，绝涧危桥垮。
古树植何年，苍翠从天下。

修廊敞轩窗，殿角回光射。
轻轻历幽深，胜景如啖蔗。
何当住上方，飘然簪组谢。

【作者简介】 杨锡绂，字方来，号兰畹，清江（今属江西）人。雍正五年（1727年）进士。累官兵部尚书，漕运总督。历官中外三十余年，在漕督任最久，兴利革弊，漕政肃然。卒谥勤悫。诗文俱佳，擅长绝句。著有《四知堂文集》等。

【注释】 **力人籍**：即籍人力的倒装。藉，凭借之意。

石罅：石间的缝隙。比喻园林寺利用自然山石营造构架，自然而奇巧。

幽寻：即寻幽，寻访幽境。

上方：指仙界。

簪组谢：为“谢簪组”之倒装，即辞掉官职之意。簪：指士大夫的头饰。组：即绶带，均为官吏的标记。

赴朐山

〔清〕管干贞

脱鞲鹰起草犹青，雨霁山村水满汀。
输与仙人楼阁好，沧溟一片翠如屏。

蜿蜒山色不生尘，夹道清溪曲曲遵。
万顷潮平秋水绿，紫茸裘薄午凉新。

短篱野菊未霜天，路转青山在马前。
耕凿不惊秋校罢，芦花溪暖鹭鸶眠。

【作者简介】 管干贞，字阳复，号松崖，武进（今江苏常州）人。乾隆三十一年（1766年）进士。官至漕运总督，常来海州，在任七载，以清直著称。遇当纠劾，虽要人无所顾忌，终被夺职。工画花卉，亦善诗。著有《松崖集》。

【注释】 **鞲（gōu）**：草制臂衣，打猎时可停立猎鹰。

紫茸：此处指轻、薄的裘皮服装。

秋校：秋季军事演习。

冬月过黑风峪

〔清〕管干贞

飞来一山截东海，湿翠满城寒不改。
昨夜回风月送潮，空青遥辨帆痕在。
黑风峪口人不行，疑有鱼龙弄晴采。
晨炊山栗翠烟横，红蒿细爇珊瑚蕾。
住山即是郁洲仙，要入前山舣舟待。

【注释】 管干贞的这首七言古诗，作于任漕运总督时。“黑风峪”，即黑风口、黑风渡，又叫恬风渡，是由南城至朐山之间的过海处，宽十余千米（今已成平陆）。当时风浪险恶，必择日乃敢渡。此诗描写腊月过黑风峪的情景，纯是写实，不假雕饰，大笔勾勒，情景如画。

爇（ruò）：燃烧。

珊瑚蕾：形容红蒿细烧有如珊瑚蕾之状。

舣（yí）舟：船拢岸边。

初到朐山

〔清〕李　英

载笔频年踏软尘，浮槎幻作海边身。
山围野水疑残雪，夜起冲风凛暮春。
避地一隅堪山隐，问官余俗喜还淳。
相逢莫讯来时路，只算桃源洞里人。

【作者简介】 李英，直录大兴（今北京大兴县）人。乾隆年间进士。授内阁中书，官至户部吏郎。

【注释】 槎，chá，筏，浮槎：传说中来往于海上和天河之间的木筏。此处指乘船行于海上。

问官：孔望山有“问官台”题刻，传为孔子问官于郯子处。

朐山怀古

〔清〕曾　焕

东门万古旭日升，曾属嬴秦几日来。
赫赫神人鞭巨石，茫茫仙客访蓬莱。
祗言外户关长虑，谁识萧墙有祸胎。
碑字消磨陵谷变，如今表海是云台。

【作者简介】 曾焕，字蔗蕃，号宾谷，海州南城人。乾隆间进士。选庶吉士，改主事，累官两淮盐运使，与宾从赋诗为乐。后以贵州巡抚告老还乡。工诗，清婉高妙。著有《赏雨茅屋诗集》。

【注释】《述异记》：秦始皇作石桥于海上，欲过海，观日出处。有神人能驱石下海，石去不速，辄鞭之，皆流血。

萧墙：古代宫室用以分割内外的当门小墙，后以之喻内部潜在的祸害。

碑字：指秦东门石刻。

寻紫竹庵

〔清〕程宗城

翠屏霭霭势千重，野井无名带雨浓。
山径渐高人迹少，忽听风里递疏钟。

【作者简介】 程宗诚，字子维，海州人。诸生。幼即嗜吟，工诗。许桂林评其诗："妙于情胜，冰雪聪明。"著有《怡怡轩诗钞》八卷。《嘉庆海州直隶州志》《云台新志》《苍梧片影》等录其诗。

锦屏山感怀

〔清〕翁咸封

锦屏山色焕朝霞，我欲登临古迹赊。
疏村未闻巢鹤子，巉岩何处种桃花。

云台缥缈思仙仗，海国苍茫问客查。
自笑孤踪偶飘泊，茅斋安榻便为家。

【作者简介】 翁咸封（1750–1810），江苏常熟人。翁同龢祖父。乾隆癸卯（1783年）举人。嘉庆三年（1798）官海州学正。著有《潜虚诗钞》。

【注释】 赊（shē）：此处作渺茫、稀少。

望 朐 山

〔清〕许桂林

也是弯环淡翠浮，荒山宜远更宜秋。
人间尚有桃花种，只向春光多处投。

【作者简介】 许桂林（1779–1822），字百药，一字同叔，号月南，署楼云野客，又署冰天主人。海州板浦镇人，祖籍安徽歙县。为许乔林之弟。十三岁应童子试，学官称为“奇才”。嘉庆二十一年（1816年）举于乡。不求功名利禄，日以沽经为事，于诸经皆有所发明，通古韵，精术算。平生著书达四十余种，凡数百卷。阮元手书“谈天秘欲传宣夜，学海须深到郁州”句赠之，并编入《畴人传》。《清史稿》有传。他是乾嘉学派的代表人物之一。著有《味无味斋文集》《味无味斋诗集（外集）》《壹籁词》等。

朐山八景

〔清〕吴振勃

崖阴积雪

雪自何年积，崖阴势屈盘。
含飙宵散采，压磴夏生寒。
赤日不能到，玉龙长自蟠。
最宜图画障，悬向暑中看。

【作者简介】 吴振勃，字兴孟，一字容如，号筠斋。祖籍歙县，明末迁江宁，又迁海州板浦。清道光十三年（1833年）岁贡生。候选儒学训导。与许乔林、李汝珍、魏源等交好。工诗善书，专意经史，唐仲冕、凌廷堪甚重之。著有《经学考源》《音学考源》《金诗约选》《筠斋诗录》等十余种书。

【注释】 **屈盘**：山势盘旋屈绕。

飙：大风。含飙，风在山谷中回荡。散采，积雪扬起，漫天飞舞。

玉龙：飞雪。蟠，盘伏。

石室春风

我爱石夫子，官闲趣更赊。
泥丸种桃核，岩洞蒸云霞。
韵事真千古，豪情自一家。
春风读书处，胜境并乘槎。

【注释】 **石夫子**：指石曼卿。

赊：宽松广泛。

马耳晴岚

缥缈双尖起，霏微积翠连。
直疑天马耳，莫辨海山巅。
蹀躞尘寰表，超骧云汉边。
七襄烦织女，为制锦鞍鞯。

【注释】 **霏微**：朦胧。积翠连：青翠的山峰在朦胧的晴岚中连在一起。

蹀躞：小步貌。尘寰：人世间。

超骧：骏马奔驰飞跃。

七襄烦织女：到天上去烦请织女。化用《诗 · 小雅 · 大东》："跂彼织女，终日七襄"。七襄，自卯至酉为昼，共七辰，每辰更移一次，因称七襄。

锦鞍鞯：用锦绣织成的马鞍。

虎峰夕照

虎踞增形胜，孤峰秀出群。
探奇乘暇日，纵目正斜曛。
岩穴晴光满，风云变态纷。

黄昏逢射猎，谁似李将军。

【注释】 **斜曛**：西斜的落日。

黄昏句：射猎，用弓箭射取禽兽。李将军，汉代有“飞将军”之称的李广。这两句把白虎山当作一只白虎，问谁能像飞将军李广一样，将箭射到形如白虎的石头中去？

旸谷朝霞

夜色方茫昧，明霞未举先。
忽升旸谷日，俨在赤城天。
气毓山河秀，辉腾草木鲜。
九光餐可得，好拟挟飞仙。

【注释】 **茫昧**：幽暗不明。

赤城天：道教仙山。

九光：多种色彩。餐可得，秀色可餐。挟，牵拉住。意思是说：连从这里飞过的神仙都被这秀丽的景色吸引住了。

疏楼夜月

举杯邀月问，何处景疏楼？
往事谁能说，遗踪不可求。
兴还清夜发，名只古人留。
荒墓城西北，残碑又几秋。

【注释】 **荒墓城西北**：“城西北”，沿古籍之误，当为东北。即平山黄儿墓。

苍梧晚渡

一水限南北，苍梧近莫攀。
还因乘宝筏，始得到仙山。
欸乃沧波里，仰须夕照间。
旧闻传父老，想象指溪湾。

【注释】 **欸乃**：行船摇橹声。

蒙羽秋成

满目半成象，秋风禾稼齐。
淮夷看顺轨，蒙羽咏扶犁。
徂隰才千耦，连云已万畦。
欢声腾野老，不负祝豚蹄。

【注释】 **淮夷**：指古代居住在淮河流域的人群。顺轨：辛勤耕耘，遵守国家法度。

徂隰才千耦：化用《诗·周颂·载芟（shān）》："千耦其耘，徂隰徂畛"。写热烈的劳动场面，有很多人在田里拔青草。

祝豚蹄：以猪蹄敬神，祈求丰年。

双龙井

〔清〕程宗城

朐阳城外南山根，有泉甘洁清不浑。
泉源非自地底出，傍穿山骨双龙喷。
两条雪练泻不竭，泉深如许无增缺。
汲之不涸亦不盈，造物之奇叹奇绝。
济南趵突称奇观，目所未击徒闻说。
即此泉水沁诗脾，已能净我灵台穴。
城南山色亦复佳，倦觑一洗开襟怀。
拾薪煮茗意殊适，风生两腋凌虚厓。

【作者简介】 见本章。

甲子河

〔清〕王振其

东郭新开甲子河，河名甲子纪巍科。
春风吹暖桃花浪，好向龙门控鲤过。

【作者简介】 王振其，字客西，一字华亭，海州人。监生。湖海豪情、苔岑雅契，往往见之于诗。及衰龄善病，而品花题石，每日必吟，艺林目为“诗癖”。著有《华亭诗草》。

此诗选自《朐海诗存》卷十六。

甲子河道中

〔清〕孙廷玙

鸥似曾相识，桥题甲子新。
峰迎三面翠，水占七分春。
竹笋如留客，桃花是解人。
将离还小住，别意绕城闉。

【作者简介】 孙廷玙，字粟夫，海州人。诸生。居湖东口，家奇贫，负异才。嘉庆十年应童子试，为知州唐仲冕所赏，招入郡斋，许乔林授以为文义法。著有《乘槎亭学诗录》。

此诗选自《朐海诗存》卷十二。

舟泊甲子桥

〔清〕程其烜

雨馀宜散步，况乃值新秋。
蝉静树无语，水平云不流。
岸拖山影远，风送橹声柔。
次第帆樯集，唐公惠泽留。

【作者简介】 程其烜，字映池，号晓村，海州人。监生。谨守庭训，古谊和光，思诚主敬。暇以读史为日课，知人论世，诗格清妙自然，似其为人。著有《晓村诗草》。

唐公，谓前州牧唐陶山先生。

此诗选自《朐海诗存》卷八。

海州访古

丁义珍

龙飞凤舞锦屏虚，几度攀登溯古朐。
少昊嵎墟埋白虎，重华妃冢葬苍梧。
将军崖下殷人社，孔望山头汉佛图。
莫道州城如斗大，一游胜读十年书。

【作者简介】 丁义珍（1943—1997），海州人，文化学者、诗人，生前为连云港市博物馆副主任、民俗学会副会长，遗有诗词手稿。

游桃花涧

杨荷生

来游惆怅负花期，谢尽芳菲绿满陂。
荡桨波心风细细，寻幽山径步迟迟。
流泉穿石吟新曲，崖刻存真发古思。
临去回眸情眷眷，明年相约盛春时。

【作者简介】 杨荷生（1928—2008），女，海州人，主治医师、诗人，生前为江苏省诗词协会会员、海州诗词楹联协会会长，著有《履痕集》。

海州桃花涧遥望

李德身

微茫紫气中，石骨耸苍穹。
涧水凌空碧，桃花匝地红。
将军岩画古，马耳谷峰雄。
纵目郊原外，无边山海风。

【作者简介】 李德身　1937年生，连云港市人，连云港高等师范专科学校中文系教授、中国毛泽东诗词研究会常务理事、江苏省诗词协会常务理事、连云港区域文学研究所所长、连云港市诗词楹联协会第一副会长。著有《王安石诗文系年》《欧梅诗传》《困煞中原一布衣》《宋史文学史话》《历代名人题咏连云港》《诗赋海州》等。

二、咏孔望山

登东海龙兴寺高顶望海简演公

〔唐〕刘长卿

朐山压海口，永望开禅宫。
元气远相合，太阳生其中。
豁然万里余，独为百川雄。
白浪走雷电，黑雾藏鱼龙。
变化非一状，晴明分众容。
烟开秦帝桥，隐隐横残虹。
蓬岛如在眼，羽人那可逢。
偶闻真僧言，甚与静者同。
幽意颇相惬，赏心殊未穷。
花间午时梵，云外春山钟。
谁念遽成别，自怜归所从。
他时相忆处，惆怅西南峰。

【作者简介】 刘长卿（709–780），字文房，宣城（今属安徽）人，后迁河间（今属河北）。唐开元二十一年（733年）徐徵榜进士。曾任长洲县尉。至德中，历监察御史，以检校祠部员外郎出为转运使判官。大历中，知淮西，鄂岳转运留后，为观察使吴仲孺诬害，系姑苏狱久之，后贬潘州南巴尉，量移睦州司马，终随州刺史。为人性刚，多忤权门。“以诗驰名上元、宝应间”（《唐诗纪事》）其诗多写贬谪飘流的感慨和山水隐逸的闲情。擅长近体，尤工五律，权德舆说他曾自称为“五言长城”。风格清雅洗练，接近王、孟一派。尝谓：“今人称前有沈、宋、王、杜，后有钱、郎、刘、李。李嘉祐、郎士元何得与余并驱？”著有《刘随州集》。《全唐诗》卷一四七至一五一存其诗。

刘长卿为转运使判官时曾来海州，写有多篇咏赞海州山水的诗篇。这一首是他游览东海龙兴寺，登顶望海时所作。

【注释】 东海龙兴寺：海州在隋大业三年（607年）改为东海郡，唐复为海州，天宝元年（742年）又改为东海郡，乾元元年又复为海州。刘长卿不称海州而称东海，则此诗是写在乾元元年前。龙兴寺：即今龙洞庵。简：书简，此处作动词“寄”用。

演公：当时扬州禅智寺主持僧，刘有《禅智寺上方怀演和尚》诗。

海口：清康熙五十一年（1712年）前，云台山与大陆被海隔开，龙兴寺所在之孔望山下就是海口。

禅宫：佛教寺院。这里指龙兴寺。

元气：中国古代哲学概念，指产生和构成天地二气的原始物质，或指阴阳二气混沌未分的实体。

“烟开”二句：指海州湾之神“路”，即传说秦始皇鞭石所成之桥。

羽人：神话传说中的飞仙。《楚辞·远游》“仍羽人之丹丘兮，留不死之旧乡”。

真僧：德行高深的僧人。

次韵陈海州乘槎亭

〔宋〕苏　轼

人事无涯生有涯，逝将归钓汉江槎。
乘桴我欲从安石，遁世谁能识子嗟。
日上红波浮碧巘，潮来白浪卷青沙。
清谈美景双奇绝，不觉归鞍带月华。

【注释】 苏轼于熙宁七年（1074年）由杭州移知密州，十一月十五日至海州后，与陈姓海州知州饮酒赋诗，游览胜景。登上乘槎亭，陈海州赋《乘槎亭》诗，轼即次韵和之。他触景生情，自然而生宦海浮沉，人生有涯，还不如乘槎浮海，避世归钓的慨叹，同时也对海州美景表露出极度的赞赏和留念。诗中流露出诗人遁世归隐的思想和与陈海州游乘槎亭的美好回忆。

乘槎亭：原在孔望山之巅，宋人叶祖洽建。传说张骞曾乘桴槎到过天河，亭即取名于此。康熙五十一年（1712年）以前，乘槎亭是文人墨客观海的地方。

汉江：即汉水。

安石：有两种说法。一种是元丰七年（1084年），诗人有《次荆公韵》诗：“劝我试求三亩宅，从公已觉十年迟。”王安石劝苏轼“求三亩宅”从他退隐，故“从安石”

是从王安石;另一说为学谢安石乘桴归隐。

子嗟:此句承上句。《诗·王风·丘中有麻》:“丘中有麻,彼留子嗟。”

巘:大小成两截的山。

秋日登海州乘槎亭

〔宋〕张 耒

海上风高八月凉,乘槎亭外水茫茫。
人家日暖樵渔乐,山路秋晴松柏香。
隔水飞来鸿阵阔,趁潮归去橹声忙。
蓬莱方丈知何处?烟波参差在夕阳。

【作者简介】 张耒(1054—1114)字文潜,自号柯山,楚州淮阴(今属江苏)人。熙宁六年(1073年)进士。历任临淮主簿,寿安尉,兖州知州。绍圣初,知润州,因入党籍谪官。徽宗时召为太常少卿,出知颍、汝二州,复因人党籍落职。曾从苏轼游,与秦观、黄庭坚、晁补之并称“苏门四学士”。近体诗效白居易,乐府效张籍。风格平易自然,晚年越趋平淡。在“苏门”里,他的作品最富于关怀人民的内容。他是宋代著名的现实主义诗人。著有《宛丘集》。

张耒这首七律诗,是他晚年落职、秋游海州孔望山时作。张耒在这首七律中,写登亭望海,海阔天空,渔樵自乐,松柏飘香,隔水飞鸿,趁潮橹声,不禁心驰神往,想要乘槎浮海,直上仙山。其诗情画意,留给当代读者的并不仅仅是沧桑之感,更多的则是对于古海州山光水色的叹赏和忆念。

看龙洞偶成

〔明〕林廷玉

幻化起溟蒙,丹崖一洞空。
地灵呼即应,应是讶相逢。

【作者简介】 林廷玉,字粹夫,号南涧,侯官(今福建福州市)人。宪宗成化二十年(1484年)进士。官至工科都给事中。弘治十二年(1499年),因上书列论副主参程敏政场屋阅卷可疑六事,被贬海州通判。后累官至都御史。

林廷玉这首五言绝句，是他在弘治十二年的重阳节来游孔望山龙洞时所作。诗的后面，还有题记："明弘治十二年，余以工科都给事中言□□□□□□□□□事，谪判海州，重阳日登此。闽人林廷玉谨识"。至于他将题记中原已刻好的九个字磨去，当是事后他怕为这申明被谪原因的九个字而招致更大的灾祸所致。

【注释】 **龙洞**：孔望山南石壁上的天然融洞，又名"归云洞"。洞内壁光滑，内可容十数人。诗刻在龙洞东石崖上，为明林廷玉游孔望山时之题刻。诗以自然朴素之语言，写龙洞之回声，如友人相逢的"呼"与"应"，极为生动。

溟蒙：亦作"冥蒙"。模糊不清。

丹崖：传道家炼丹之水泼山崖，山崖尽赤。诗中以此赞龙洞上的山崖，使龙洞也带上了仙气。

应：回声。

龙洞良宵即兴

〔明〕王　同

龙洞良宵月照，黄花满地秋香。
此时此会文彦，一觞一咏情长。
矗矗山岩曲抱，潺潺朐海东流。
明朝分袂城市，琴尊回忆绸缪。

【注释】 **龙洞良宵即兴**：此诗用小篆镌于龙洞西侧石壁。原诗无题，为编者所加。

绸缪：情意深厚。

孔望山铭

〔明〕陈文烛

积石岩岩，东海瀰瀰。
伊谁登之，大哉孔子。
历聘列国，问官郯子。
从游之徒，断断阙里。
雅颂既厘，春秋成史。
颜渊喟然，曾子曰唯。

吾道万年，流行不已。
观海于澜，真难为水。
岂无王侯，何能似此。
当时则荣，没则已矣。
东泰在瞻，洙泗伊迩。
勒名高山，景行行止。

【作者简介】 陈文烛，字玉叔，沔阳（今属湖北）人。明嘉靖进士。授大理寺评事。隆庆初任淮安知府，与任光禄寺卿的赣榆人裴天祐交游，从裴处得裴增订张峰重修之《海州志》，并为之作序。官至南京大理寺卿致仕。著有《二酉园诗文集》。

【注释】 㳽㳽：水满貌。

龂龂（yīn）：争辩貌。阙里：孔子家所在。全句意为，孔子之徒各抒己见，争辩不已。

厘（xī）：通禧。此处指诗经中的"雅""颂"已成为祭祀神的传世之作。

春秋成史、颜渊喟然：意为赞美孔子之道不可穷尽。

曾子曰唯、吾道万年：意为完全理解孔子的一贯思想。

东泰：泰山；洙、泗：洙水和泗水；迩：近。

景：高、大。景行：崇高的德行。景行行止：有崇高德行者则仰慕之的意思。《史记·孔子世家》："高山仰止，景行行止。"

登孔望山

〔清〕倪玉田

层岩白嵯峨，上与苍云摩。
盘旋陟高巅，勒石封藤萝。
记在春秋间，苔藓蚀其蝌。
旁赖有大书，风霜护不磨。
云是我夫子，曳杖曾经过。
扶桑东寓目，瑶岛泛青螺。
浩淼难为水，观海极阳阿。
赤日腾青汉，洪流朝碧波。
往过复来速，千秋竞若何。

仰止景行止，班荆发浩歌。
沧桑几更变，陵谷几迁那。
只此车辙迹，今古镇山河。
墨汁流清砚，书香生绿莎。
草石咸沾化，遗泽云何多。

【作者简介】 倪玉田，字度如，清初桐城（今属安徽）人。顺治十六年（1659年）由岁贡生任海州训导。著有《学舍集》。

【注释】 蝌：蝌蚪文字。

阳阿：太阳巡行处。阿，水的边崖。

班荆：班，铺开；荆，落叶灌木。此处谓与朋友相遇于途中，就地铺上野生植物，共话旧情。

那：同挪，移动之意。

莎：莎草。

孔 望 山

〔清〕陈鹏年

郯子问官国，宣尼昔观海。
跻攀上峻极，辙迹复谁在？
山川仍郁盘，故都邈千载。
万水自朝宗，浩浩凌渤澥。
何况登泰山，天地一垒块。
茫茫东逝深，托足吾焉迈。
逝将游沧溟，乘槎歌欸乃。

【注释】 郯子问官国，宣尼昔观海：相传孔子问官于郯子，尝登孔望山望海。

辙迹：孔望山西山门处"石上有车辙迹"。

朝宗：《周礼》，诸侯朝见天子叫朝宗。《禹贡》，"江汉朝宗于海"。言百川归海。

欸乃：摇橹声。

龙 洞 庵

〔清〕赵昌祚

骊龙阶尺木，洞口尚云封。
过雨寻遗蜕，飞岚画远峰。
岩花如石瘦，村酒和饧浓。
骑竹登临健，壶公若个逢。

【作者简介】 赵昌祚，字太六，一字两无，海州人。明崇祯二年岁贡生，历任怀远县训导、蒲台县教谕，权知县事。入清后乐志林泉，范水模山，飧霞卧雪。举乡饮宾15次，寿踰百岁，人呼为“地仙”。著有《两无遗稿》。

【注释】 **骊龙**：黑色的龙。《文选·左思〈吴都赋〉》：“玩其碛砾而不窥玉渊者，未知骊龙之所蟠也”。传骊龙颔下有珠曰“骊珠”。

饧（xíng，又读táng）：古“糖”字，特指麦芽或谷芽熬成的糖。

壶公：传说中的仙人。晋葛洪《神仙卷》卷五：公入肆卖药，口不二价。日入之后，跳入悬于屋上的壶中。

新作乘槎亭叠东坡和陈海州韵

〔清〕唐仲冕

未能乘去到天涯，敢忘湘江旧钓槎。
树为结庐吾亦爱，亭逢喜雨众无嗟。
颇疑斤凿来修月，不倩针盘为拨沙。
玉局何须羡安石，年来两鬓已霜华。

【作者简介】 唐仲冕，字六枳，号陶山，善化（今属湖南）人。乾隆五十八年（1793年）进士。知荆溪县。嘉庆七年（1802年）知海州，十一年回任，主修《嘉庆海州直隶州志》。后移知通州。累官陕西布政使，权巡抚。所至有惠政，尤喜修治古迹。以疾归，侨居金陵，卒年七十有五。著有《岱览》《陶山诗录》《陶山文集》。

此诗为嘉庆十一年，唐仲冕遵奉官方文书再任海州知州而到海州后作。

【注释】 湘江：唐仲冕湖南善化人，故有“湘江旧钓槎”之说。

不倩针盘：此句谓不须用扶乩的方法卜以问疑。

乘槎亭夜坐同周真吾先生作寄谈观察

〔清〕许乔林

海上真宜六月凉，乘槎便欲借秋光。
对城峰近云如画，绕屋花虚月到廊。
绝胜诗情凭铁板，漫空水气接银潢。
如间人唱公无渡，鸿雁从何觅稻粱。

【作者简介】 许乔林（1775–1852）字贞仲，号石华，海州板浦人，祖籍安徽歙县。嘉庆十二年（1807年）举人。道光四年（1824年）任山东平阴县令，次年引疾返乡，主海州讲席，掌稿修志。佐知州唐仲冕成《嘉庆海州直隶州志》，与谢元淮同辑《云台新志》，主编《海州文献录》《朐海诗存》。学识渊博，治学严谨，与其姐夫李汝珍同归于乾嘉学派著名学者凌廷堪门下，并为李汝珍所著《镜花缘》作序。与其弟许桂林（著名经学家、算学家、音韵学家）并称“板浦二许”“东海州二宝”，为晚清海州地区的著名文人。

【注释】 铁板：《吹剑续录》：“东坡在玉堂日，有幕士善歌，因问：‘我词比柳耆卿何如？’对曰：‘柳郎中词，只好十七八女孩儿，按执红牙拍，歌杨柳岸晓风残月。学士词，须关西大汉，执铁绰板，唱大江东去’。公为之绝倒”。诗用此意，言诗情豪迈雄放。

银潢：银河。

公无渡：即“公无渡河”。汉乐府中最短的歌辞，四言四句。《乐府诗集》附于《相和六引·箜篌引》下。据崔豹《古今注》，朝鲜渡口守卒霍子里高早起撑船，见一白发狂夫横渡急流，其妻阻之不及，夫堕河死，妻乃弹箜篌而唱此曲，声甚悲凄。曲终，亦投河死。

朐山立石歌

〔清〕朱　黼

扶桑万丈升朝暾，长风巨浪相吐吞。

新坝冈岭如云屯，俨列城郭围乾坤。
祖龙鞭石石流血，划海作门为一室。
桂林象郡入版图，北筑长城六王毕。
咸阳一炬三月红，五丈旗倒阿房宫。
金城已失西山西，玉柱尚留东门东。
朐山山高石齿齿，上有刻字秦皇始。
载笔空劳太史书，拍囊合笑雄心侈。
凌兢驱马过朐阳，嬴氏山河汉旧疆。
更上云台望东海，蓬莱方丈正茫茫。

【作者简介】 朱鼒，字与持，号画亭，江苏江阴人。善画工诗，乾隆三十年（1765年）献赋及画，蒙恩奖赐，是年选拔贡生，乾隆三十六年官沭阳县教谕，擢四川芦山县知县。年老告归，仍寓沭阳，遂家焉。年八十余卒。山水苍润朗秀，得王翚风致。工诗，著有《画亭诗草》。

此诗选自朱鼒《画亭诗草》卷十·海沤集一，作于乾隆三十七年。

秦　东　门

〔清〕魏　源

不见秦东门，犹逢汉残石。
三千几百年，请配云台柏。

【作者简介】 魏源（1794—1857），字默深，又字墨生，邵阳（今属湖南）人。道光二十四年（1844年）进士。历任东台、兴化知县，高邮州知州。曾入两江总督陶澍幕府，参与两淮盐政改革，任淮北海州分司运判。能诗善文，风格雄浑，熟于掌故，尤精舆地之学。治经以西汉今文为宗，与龚自珍齐名，同属“经世致用”的今文学派，并称“龚魏”。他所著《圣武记》《海国图志》对后来的维新运动产生很大的影响。他是当时著名的思想家、爱国者和近代重要诗人之一。著有《古微堂文集》《古微堂诗集》《书古微》《清夜斋诗稿》等。魏源这首五绝，写于任淮北海州分司运判时。

【注释】 **秦东门：**原诗无题，系编注者所加。

汉残石：东汉永寿元年（155年），东海相桓君曾在东海郡朐筑庙，即“东海庙”。

熹平元年（172年），东海相满君为其作颂立碑，是为“东海庙碑”。碑文中有“口阙倚倾”语，指的是“秦东门阙”。后东海相任恭又在碑背刻一行十七字：“阙者，秦始皇所立，名之秦东门阙，事在《史记》。”东海庙碑，在宋时已亡佚。这里的汉残石指东海庙碑残字。

云台柏：云台山有古松，相传三代时物，宋时称“东海大松”，清陶澍称之为“蟠龙丈人松”。后毁于火。

秦东门石

〔清〕王家允

六王毕后，八荒吞，驾海飞桥号令尊。
不向扶桑穷远略，却凭拳石表东门。

【作者简介】 王家允，字承祚。海州人，诸生。此诗选自《朐海诗存》。

乘 槎 亭

〔清〕王先谦

博望门前贯月华，蓬莱山外引云车。
岁时著记从荆楚，牛斗穷源说汉家。
世事又看尘起海，我来真是客乘槎。
青盘苜蓿分明在，月与曜仙一笑夸。

【作者简介】 王先谦（1842-1917），字益吾，号葵园，湖南长沙人。同治进士。历任国子监祭酒，江苏学政，湖南岳麓书院院长，内阁学士。他是晚清著名学者和文学家，著有《虚受堂诗文集》等。王先谦为江苏学政时，曾来海州视察，于月夜登乘槎亭而作此诗。

【注释】 **乘槎亭**：清光绪十三年（1887年）王先谦曾到海州，此时孔望山的乘槎亭早已不存。他在题记中说：“东坡集有次韵陈海州乘槎亭诗。……寄题此诗，用存遗址。”

博望门：王先谦自注：“州城西门曰博望，以张骞得名，其称盖古。”

荆楚：指《荆楚岁时记》。南朝梁宗懔撰之笔记文。今存一卷。皆记荆楚岁时节令风物故事。自元旦至除夕，凡二十余条，保存了一些古代的神话和传说。有注，传为隋杜公瞻作。

牛斗：二十八宿之牛宿和斗宿。

苜蓿：植物名，豆科。一年生或多年生草本。汉武帝时（公元前140~87年）张骞出使西域，从大宛国带回紫苜蓿种子。旧时教官清苦，常以苜蓿为蔬，因用以形容教官或学馆的生活。唐庚《除凤州教授》诗："绛纱谅无有，苜蓿聊可嚼。"

曜：日、月及金、木、水、火、土七星之总称。曜仙，指七星之神。

孔望山东汉摩崖造像摄影观后题

赵朴初

海上丝绸路早开，阙文史实证摩崖。
可能孔望山头像，及见流沙白马来。

【作者简介】 赵朴初（1907–1999），安徽芜湖人。历任全国政协委员会副主席、中国佛教协会会长、民革中央副主席、中日友好协会副会长、中华诗词学会副会长等职。工诗词，曲尤佳。著有《片石集》《滴水集》《佛教知识问答》等。

【注释】 位于海州孔望山西麓南侧的山崖石壁上的大量立佛像、坐佛像、涅槃像、舍身饲虎像以及力士像、供养献花像等，经国内权威考古专家考证，乃为比敦煌莫高窟佛教图像还早二百年的东汉文物，是国内最早的摩崖佛像，被称为"九州崖佛第一尊"。1981年4月，连云港市为此在北京举办了"孔望山摩崖造像学术讨论会"。是年7月，赵朴初先生看到了该学术讨论会的有关资料和造像拓片，以其佛学大师的独特视角，挥笔题写了这首七绝。

阙文：把疑难问题留着，不下判断，"阙"同"缺"。

流沙白马："流沙"此处指西域；"白马"指东汉明帝时天竺高僧迦叶摩腾、竺法兰自西域以白马驮经而来，明帝在洛阳东郊建白马寺保存这些佛经。

咏孔望山摩崖造像

史树青

锦屏山下草萋萋，孔望岩头望欲迷。
省识佛陀浮海意，群雕汉刻复奚疑。

海上丝绸路有无，摩崖法相未模糊。
相期同上云台路，尽揽瀛洲山水图。

【作者简介】 史树青（1922–2007），河北乐亭人。当代著名学者、史学家、文物鉴定家。曾为国家文物鉴定委员会副主任委员、中国收藏家协会会长、中国中日关系史学会理事、中华诗词学会理事、全国政协教育文化委员会委员。著有《长沙仰天湖出土楚简研究》《应县木塔辽代秘藏》《楼兰文书残纸》《中国文物精华大全》《文物鉴真》《鉴古一得》等。

孔望山即句

沈　鹏

东风飒飒早春寒，鬼斧神工欲辨难。
石象千年霜与雪，农家竟夕不知闲。

【作者简介】 沈鹏，1931年出生，江苏江阴人。著名编辑出版专家、书法家、美术评论家及诗词作家，曾为全国政协委员、中国文联副主席、中国书法家协会主席。著有《书画论评》《沈鹏书画谈》《沈鹏诗词选》《三馀吟草》等。

孔 望 山

丁义珍

兹山曾是海边山，地近蓬壶一水环。
孔叟观澜名孔望，秦王立石号秦关。
胡僧布道图其上，汉相求神庙此间。
文物今犹随处见，游人谁不乐登攀？

秦东门石

丁义珍

始皇车马到朐山，立石东门镇此间。
孔望峰边遗迹在，巍峨双碣耸秦关。

醉乡春·孔望山

朱成安

傍海此山名耀，曾伫圣人东眺。任劲风，或闲云，龙洞尽窥玄奥。造像汉时风貌，佛教传来鉴照。几千载，未模糊，见儒见释兼之道。

【作者简介】 朱成安，1966年生，连云港市人，中华诗词学会会员、中国楹联学会会员、海州诗词楹联协会副会长兼秘书长。创办石室诗社，为常务社长，编著出版《石室诗存》。

三、咏石棚山

和蔡景繁海州石室

〔宋〕苏　轼

芙蓉仙人旧游处，苍藤翠壁初无路。
戏将桃核裹黄泥，石间散掷如风雨。
坐令空中出锦绣，倚天照海花无数。
花间石室可容车，流苏宝盖窥灵宇。
何年霹雳起神物，玉棺飞出王乔墓。
当年醉卧动千日，至今石缝余糟醑。
仙人一去五十年，花老石荒谁作主。
手植数松今偃盖，苍髯白甲低琼户。
我今取酒酬先生，后车乃载胡琴女。
一声冰铁散岩谷，海为澜翻松为舞。
迩来心赏复何人，持节中郎醉无伍。
独临断崖扰出日，红波碧巘相吞吐。
径寻我语觅余声，拄杖彭铿叩铜鼓。
长篇小字远相寄，一唱三叹神凄楚。
江风海语入牙颊，似听石室胡琴语。
我今老病不出门，海山岩洞知何许。

门外桃花自开落，床头酒瓮生尘土。
前年开阁放柳枝，今年洗心参佛祖。
梦中旧事一时笑，坐觉俯仰成今古。
愿君不用刻此诗，东海桑田真旦暮。

【注释】 这是苏轼的一首唱和诗。据施元之注，东坡在黄州有答蔡景繁帖云："朐山临海石室，信如所谕。前某尝携家一游，时家有胡琴婢，就室中作濩索凉州，凛然有冰车铁马之声。婢去久矣，因公复起一念，若果游此，必有新篇，当破戒奉和之。"

芙蓉仙人：传说石曼卿死后作了芙蓉城主。

桃核裹黄泥：欧阳修《六一诗话》载，"石曼卿通判海州，以山岭高峻，人路不通，了无花卉点缀映照，使人以泥裹桃核为弹，抛掷于山岭之上。一二岁间花发满山，烂如锦绣"。

王乔：神话人物，传东汉时为叶县令，有玉棺降于堂前，乃沐浴服饰卧棺中，葬于城东，土自成坟。

糟：酒渣；醑（xǔ）：美酒。

仙人：指石曼卿。从石曼卿离海州到苏轼来海州，恰相距五十年。

偃：仰卧。

琼户：指石室。

持节中郎：诗人自谓。

彭铿：即彭祖，传说中的仙人，寿八百岁。事见《列仙传》。

减字木兰花·石棚山石室

〔宋〕苏　轼

空床响琢，花上春禽冰上雹。醉梦尊前，惊起湖风入座寒。转关濩索，春水流弦霜入拨。月堕更阑，更请宫商奏独弹。

【注释】 苏轼于熙宁七年（1074年）十一月十五日到海州后，曾"携家一游"石棚山，凭吊石曼卿，侍婢胡琴女在石室中为他弹奏琵琶曲，声如冰车铁马，回荡于山海之间，使之心醉神迷，流连至夜，写下了这首绝妙辞章。

"石棚山石室"：原词无题，此题乃编者所加。

空床响琢：琢，雕刻玉石。"花上春禽冰上雹"形容琵琶声，如鸟类用嘴取食、冰上落雹的声音在空荡的石床上响起。

濩索：转关濩索的省称，古乐府琵琶曲名。

宫、商：均为古代五音之一。

朐山吊石曼卿

〔金〕党怀英

城头山色翠玲珑，尚忆清狂肆饮翁。
铁马冰车断遗响，桃花石室自春风。
平生诗价千钧重，身后仙游一梦空。
想见蓬莱水清浅，芙蓉城阙五云中。

【注释】 朐山吊石曼卿：从诗中“铁马冰车”“桃花石室”看，是在石棚山。

清狂肆饮翁：石曼卿善饮。传其友人来访，曼卿迎之于州南石闼堰，豪饮达旦，船中酒尽，有醋数斗，俱被饮尽。平时常在石棚山饮酒读书。

铁马冰车：据朱孝臧注《东坡乐府》：北宋熙宁七年（1074年），苏轼赴密州经此，携家游石棚山，胡琴婢在石室操琴，凛然有冰车铁马之声，因之而作《濩索凉州》。

芙蓉城：传说石曼卿死后作芙蓉城主。

五云：祥瑞之气，备五色。

石棚山二首

〔清〕戴　易

一片寒云覆石棚，空岩花草孰知名？
何当自有山川后，今古唯闻石曼卿。

海上青山似旧时，春来何日更花枝？
东风二月江南客，谁共题君堕泪碑。

【作者简介】 戴易，字南枝，清初山阴（今浙江绍兴）人。年少时从明末大儒刘宗周学，后与号称“海内三遗民”之一的徐枋极相得，称老友。枋死，家贫甚，易乃卖字为之营葬。易善八分〈隶书〉，诗亦佳。

这两首七绝至今仍镌刻在石棚山石室东壁上，下署“山阴南枝戴易题”，可知是作者来游石棚山留下的手迹。

【注释】 此诗无题，诗题为编者所加。

堕泪碑：《晋书·羊祜传》：“襄阳百姓，于岘山祜平生游憩之所，建碑立庙，岁时飨祭焉。望其碑者，莫不流涕。”杜预因名为堕泪碑。

石曼卿读书处二首

〔清〕杨锡绂

一

偶将桃核裹黄泥，花满青山树满蹊。
赢得诗人溯遗迹，东风日暮鹧鸪啼。

二

书声何处听孱颜，石室长年碧藓斑。
只有一轮无恨月，千秋常照石棚山。

【注释】 **石曼卿读书处**：石曼卿通判海州时，闲暇至石棚山读书。“石曼卿读书处”六个斗大隶书，传为明嘉靖年间海州知州廖世昭所书，今尚存。

石棚山怀古

〔清〕吴恒宣

南山负郭奇而秀，巨灵隐约神工就。
疏剔传闻石曼卿，摩挲生面功绩懋。
丸飞桃李蔚云霞，三春岩壑铺锦绣。
抱膝长吟石屋中，山光树色环组绶。
陡壁阴森锁冷云，苔藓斑驳古篆籀。
迄今六七百年来，鸟声犹学书声奏。
吁嗟乎！
高岸为谷谷为陵，古人已矣谁其觏。
萧条遗迹理荒翳，我来荆棘率衣袖。

今人何必让前人，有志者成讵先后。
安得重栽万本花，一新面目观如旧。

【作者简介】 吴恒宣，字来旬，号郁州山人，亦称卧云子，山阳（今江苏淮安）人。后入海州籍，居板浦。幼称奇童，长游太学，后入漕督崔应阶幕，与崔同撰《云台山志》十卷。著有《郁州山人集》。传奇有《火牛阵》《玉燕钗》《义贞记》三种传世。《嘉庆海州直隶州志》《朐海诗存》亦录其诗。

【注释】 **懋（mào）**：通茂。

籀（zhòu）：即籀书，也叫大篆。

觏（gòu）：同遘。遇见。

翳（yì）：这里指遮蔽。

讵（jù）：岂，岂在。

石棚山怀古

〔清〕刘一珍

天削悬崖复作棚，监州曾寄宦游情。
水流山寺芙城幻，鸟语花香石室清。
扪虱纵谈来快友，擎鲸高咏语前盟。
春风如梦桃何处？坐对空岩忆曼卿。

【作者简介】 刘一珍，字席儒，一字玉圃。清代海州人，诸生。著有《玉圃遗稿》。

【注释】 **监州**：石曼卿曾作海州通判。通判是知州的助手，可代行州事，也称监州。

扪虱：《晋书·王猛传》："桓温入关，猛被褐而诣之，一面谈当世之事，扪虱而言，旁若无人。"形容王猛从容、无所畏忌。石曼卿作海州通判时，常去州衙后扪虱庵与好友清谈。此处借用扪虱庵之"扪虱"，活用典故，形容石曼卿虽被贬谪，其从容、潇洒依然。

朐山石室

〔清〕许桂林

怪峰刺天立，锋棱利如劉。

旁欹势欲压，猛往仗豪胆。
枯沙深一寸，落屐声相撼。
平绳弇前荣，一屋忽中嵌。
五架仿编茅，四方类封磡。
僵石长过人，坚顽不可錾。
坡陀带槁泥，碎草细如毯。
洞扉砑中开，天光照幽窞。
苔花绣满壁，仿佛仙文览。
瀑泉屋后飞，激响何淡淡。
如闻后车人，纤手胡琴揽。

【注释】 劖(cán)：锋利。
弇(yǎn)：这里作遮蔽。
磡(gǎn)：石盖也。
錾(zàn)：凿或雕刻。
窞(kan)：深坑。
胡琴揽：见党怀英《朐山吊石曼卿》注。

朐山文峰塔

〔清〕吴 炳

屹然仙掌伸，抓云云不走。
塔作一枝笔，凌云云低首。
势超飞鸟外，峭削临谷口。
涧清砚开池，苔花盈尺厚。
峩峩千丈毫，谁试染霞手。
上天画三月，文瑞压珠斗。

【作者简介】 吴炳，字冶成，一字陶斋，海州人。兵马司吏目。义重如山，品清如竹。初为许乔林父幕宾，后佐王世臣、蔡君弼，皆以善治河显一时。其诗纵横有奇气。著有《行滕草》一卷、《河上吟》一卷、《陶斋存稿》二卷。

此诗选自《朐海诗存》卷七。

立秋后一日同游石棚山闲眺

〔清〕汤国泰

好是游人适意天，淡云疏雨湿秋烟。
石室有迹空扪碣，沧海于今已变田。
几处长林留画稿，双峰飞瀑响冰弦。
关心但觉牛山小，一点青螺到眼前。

【注释】 汤国泰（1787—？），字仁山。清海州人。师从许乔林，助编《朐海诗存》。同治六年（1867年）参加乡试，以年老赐副贡。是年，流寓南通石港。有《勤业斋诗》初集八卷、二集八卷、三集八卷（存卷一至卷六）、四集八卷。另辑刻有《石室联吟》。《清诗铎》卷十四收其《书事八劝歌》。

碣：圆顶的碑石。

冰弦：形容飞瀑溅落的响声清越如弦乐发出的声音。

作者原注：“余自道光丁亥结庐牛山之麓。”牛山：在海州西约35公里，海拔56.4米。1957年11月，东海县级机关由海州迁此。现为东海县政治、经济、文化中心。

次　韵

刘佛　莨淑

莫问峰名几洞天，古来遗迹半荒烟。
南山种豆惟多稼，东海栽桑已是田。
返照烘云张锦幕，晚蝉嘶柳叶琴弦。
万花崖畔含秋意，不似桃红石室前。

【注释】 **次韵：**依照别人作诗的韵来和。从这里开始往后的诗作，都是依汤国泰诗原韵的和诗，并且都是同题，秋游石棚山。

晚蝉：指秋天的蝉。

嘶：鸟虫叫。这里指秋蝉鸣叫。

万花崖：在石棚山西侧。因石曼卿种花得名。锦纹斑驳，如万花纷披，亦称万花岩，锦岩；陡峭险峻，势欲倾扑，故又称畏岩。西立面一巨石拔地而起，高约数丈，酷似五指并拢、仰指苍穹之巨掌，近人称其为佛手岩。

次 韵

魏宗岳 青□

石棚雨过早秋天，有约同人眺晚烟。
马耳双峰含爽气，龙窝一水涨荒田。
偏多骚客车停辙，无复胡琴女拨弦。
欲待敲诗留片刻，半规月挂海门前。

【注释】 **同人**：也作同仁。这里指有同好者。锦屏山顶有双峰，形同马耳。顾祖禹《方舆纪要》中称："上有双峰如削，俗呼马耳峰。"《云台山志》称："朐山本名马耳山。"

龙窝：即龙潭，在马耳峰旁，水甚清冽，旁有一水蚀岩洞，俗呼"青龙洞"。

无复：没有。

胡琴：胡琴古代泛指来自外族或外国的琴。

胡琴女：这里是指弹琴的女子。

敲诗：推敲、酎酌诗句。

上述三首录自《石室联吟》。

游石棚山吟成四绝

梁 璆

郊外石棚久有名，登攀且似少年行。
摩娑苍壁认勾勒，古意真书格自清。

山不在高何以名？海州通判履痕盈。
书香犹绕芙蓉洞，散发宏韬济世情。

樵叟能传石曼卿，读书高处不为名。
一朝吟得花争发，锦绣河山分外明。

天蟾独跃俯州城，日夜殷勤护石棚。
坠泪碑铭千载后，环山响遍读书声。

【作者简介】 梁璆（1913—2005），女，字颂笙，又字庸生，福建闽侯人，1939年毕业于南京中央大学中文系，业师吴梅教授等，词社《潜社》社员。后辗转于上海、重庆、南京从事教育工作。新中国成立后，先后执教南京华东水利专科学校、南师附中、海州师范。生前为江苏省诗词协会会员、海州诗词楹联协会顾问，著有《颂笙诗词集》。

游石棚山

杨荷生

登临抒发古今情，旧刻依稀辨石棚。
夕照满山人寂寂，松风似送读书声。

题石曼卿读书处

李德身

鬼斧神工一石棚，傲然横断世嚣声。
青山不老诗魂在，雨啸风惊万壑鸣。

醉桃园·石棚山

朱成安

斯山端不寻常见，多少诗心眷恋。放眼锦章一片，任是沧桑变。桃花石室春风面，遥想当年俊彦。琅琅书声浮现，千古情无限。

步党怀英〈朐山吊石曼卿〉

王成永

晓光初透碧玲珑，拾步朐山吊曼翁。
傲骨铮铮忍作土，桃花点点自临风。

诗书玉液千金黯，荣辱枯繁一笑空。
记得昨宵梦里事，芙蓉开遍此山中。

【作者简介】 王成永，1970年生于连云港市，籍贯山东滨州，江苏省诗词协会会员、海州诗词楹联协会理事，著有《抱香轩诗词稿》。

西江月·夕阳西下上石棚

杨海波

幽径柳丝拂面，远山横黛摇波。夕阳西下上南坡，花语仙桥已过。溪水流弦缥缈，鸣禽啄影婆娑。春深风泛翠帘多，难觅闲愁笔墨。

【作者简介】 杨海波，网名海不扬波，1962年生，连云港市人，江苏自学考试汉语言文学专业首届毕业，海州诗词楹联协会理事。

四、咏白虎山

庚子秋日游白璧山

〔清〕张瑞麟

佛家报应果先花，黄钺曷能护碧露。
绿柳营中时或暇，白莲台畔兴偏奢。
游人览胜皆担酒，冶女乘流悉浣纱。
更喜梨园歌未歇，钟声朗朗月将斜。
山腰古殿两三间，须想前人种福田。
鼻嗅昙花闲说偈，手携兰友静筹边。
三军不扰狮归指，万姓咸宁狼息烟。
荏苒秋光催菊散，黄花满地布金钱。

【作者简介】 清顺治七年（1650年），海州营游击。

【注释】 **钺**：古兵器。青铜制，圆刃或平刃，用以砍伐；玉石制，多为礼器或殉葬所用。诗中黄钺为礼器。

奢：过分；过多。

浣纱：青龙涧从白壁山东北流过，海州附近妇女多于此浣洗衣物。

昙花：仙人掌科，肉质植物。花生于叶状枝的边缘，大型，白色，极美，夜开，晨萎，仅数小时，故有“昙花一现”之说。

偈：梵文“偈佗”的简称，义译为颂，就是佛经中的唱词。

鳌头山并序

〔清〕陶 澍

海州城西有白虎山，其名弗驯；或称白璧，亦弗肖。余谛视之，实类鳌然。爰取晓策扶桑之意，更其名曰“鳌头”，以镇海疆，兼为多士登瀛之兆。

地接瀛洲近，山应戴巨鳌。
凭将纶五色，一钓海天高。

【作者简介】 陶澍（1779—1839），字子霖，号云汀，湖南安化人。嘉庆进士。由翰林院编修升御史，历任户部、吏部给事中。道光间官至太子少保、两江总督，兼管盐政。时盐漕积弊甚深，澍首创海运及票盐法加以改革，并数次亲临海州督办海运，整理淮北盐务。同时，他为海州的奇山异水题写了许多影响甚大的诗篇和楹联。卒谥文毅。著有《印心石屋文集》等。

陶澍于道光十二年（1832年）以宫保尚书、两江总督阅兵察吏，巡历盐政至海州。

【注释】 **鳌**：传说中海里的大龟或大鳖。

纶：古代官吏系印用的青丝带。

鳌山纪事二首

〔清〕吴振勃

海州白虎山，一名白璧山。宫保陶制府乙未岁夏四月至海州，览其形胜，改号鳌头山。义取作镇海疆，兼为多士登瀛之兆也。

一

城隅岩岫旧登攀，肇锡嘉名此日间。
快绝秦东方志上，又添胜事纪鳌山。

二

灵区得荷钜公游，海日扶桑瑞气浮。
千载人文欣蔚起，伫看多士上瀛洲。

【注释】 **肇锡嘉名**：肇，开始。锡，赐给。嘉名，美名。此句化用屈原《离骚》："皇览揆余初度兮，肇锡示以嘉名"，意思是说，陶澍赐给鳌头山这一美丽的名字。

快绝：令人特别高兴。

钜公：钜，通巨。裴骃集解引徐广曰："大、刚曰钜。"钜公，伟人，指陶澍。伫（zhù）：久立而等待。

白虎山

江　华

女娲炼石补苍天，遗下素岩东海边。
万载风霜千载雨，幻成白虎护城廛。

【作者简介】 江华，1952年生，连云港市人，曾任连云港市文化局副局长、市政协学习文史委主任、市诗词楹联协会副会长，辑注《补斋诗存》。

醉花阴·白虎山

朱成安

夕照虎峰西指顾，美景堪无数。东壁碧霞间，梵响澄心，天地来参悟。宋时石刻情尤注，叔夜题名处。千古说英雄，好汉茔中，忠义声威著。

第四节　民间传说

一、白虎山的传说

海州有一座远近驰名的白虎山，相传这是唐朝名将、征东大元帅薛仁贵被他儿子薛丁山射死而变成的。

据说，薛仁贵是天上的白虎星下界，而他的儿子薛丁山也是玉皇大帝派下来的白虎星转世，“一魂二体”。

唐朝时候，海州是对外的门户，今日的孔望山以东是一片汪洋大海。薛仁贵征东也是从海州出发的。由于玉皇大帝的安排，薛丁山生下来就没见过他的父亲。

薛仁贵征东胜利，归来时得知他的儿子丁山正在海州城里，下了海船，径奔城里来，以便父子相会。当时薛丁山正在操演兵马，听说父帅已到来不及卸甲就急匆匆地出去迎接。

薛丁山出兵营不远，猛然看见前面一只凶恶的白虎张牙舞爪地向他扑来，心中大惊，连忙搭弓射箭，正中白虎。那白虎大吼一声，跃出几十丈远，伏地而死，顿时化为一座山，就是今日的白虎山。后人说：“白虎相遇，必有一亡。”就从这留下来的。

薛丁山射死白虎后，也没接到父帅，心中十分懊恼。太白金星奉御旨托梦给他，告知详细。薛丁山备感凄惨：生未见父面，死未见父颜。他决定在海州白虎山四月初八设庙会，做道场，每年祭奠一次，以慰父亲在天之灵。年年如此，香火不绝，因而有了白虎会庙会。

二、白虎山牛眼洞和牛山

海州南门外有座白虎山。古时候，山下住着一个很穷的庄稼老汉。这年天大旱，老汉的庄稼一粒未收。一天，他坐在门口正叹气，山上下来个白眉毛老头，问道：“老人家，你为何唉声叹气？”“唉”，老汉长叹一声，把前前后后说了一遍。这位白眉毛老头皱了皱眉头，想道：这老汉真可怜，我为他下场雨吧！可又一想，我现在还得办事，没有空闲哩。他四周看了看，看到了白虎山。他对老汉说：“这样吧，我给你一粒瓜种，你把它种到地里，开花后的第七七四十九天午时三刻我会来的，那时你再把瓜摘下来，到白虎山腰的峭壁上碰三下，就会碰出一个洞。洞中有个金牛拉金磨，金牛拉出来的‘屎’都是金豆豆，你拾一点就够你一辈子小日子用的了。如果你去早了，它只好拉水晶了。一定记好啊，不然会坏事的。”原来白眉毛老头是个神仙，他走后，老汉把瓜种种了下去，开花后，过了七七四十九天，午时三刻快到了，可是神仙还没来。老汉光想发财，把神仙叮嘱的话给忘了。他忙摘下瓜向白虎山上走去，到了山腰的陡壁上，他抱起瓜向壁上碰了三下，果然出现了一个洞。望望洞里边真有个金牛在拉金磨，金光耀眼，老汉说不出的高兴，急忙走了进去。由于他走得急，脚底下有块石头被他踢到金牛身上了，牛受惊了，愣头愣脑地冲出了洞口，向西北方向跑去。老汉一见，紧跟着追了出去，牛在前面跑，老汉在后面追。说来也怪，老汉跑快牛就跑快，老汉跑慢牛就跑慢，总是隔着十步八步，怎么追也追不上。这样跑了一天一夜，金牛跑到海州西乡，现在东海县西边的一个山上不见了。它跑一路，拉一路，拉出来的全是水晶。人们后来把这洞叫牛眼洞，东海县那座金牛隐进去的小山，就起名叫牛山了。

三、奶庙的传说

早先，海州白虎山上有一座尼姑庵，叫碧霞宫，俗称奶奶庙、奶庙。庙门是用云南大理石砌成的，上头刻一副对联，叫：日照碧霞金世界，月临泰岱玉乾坤。《封神榜》上不是有云霄、碧霄、青霄三个娘娘吗？碧霞宫里敬的就是这三位娘娘，统称为碧霞娘娘。当地老百姓凡生有眼疾，到碧霞娘娘处烧香祈祷，病便能好。老百姓感激地称碧霞娘娘为神仙奶奶。这座碧霞宫，后来突然从山上跑到山下来了，怎么回事呢？传说是这样的：

宋朝时候，海州南街有个财主，姓宋，家里虽有良田千顷，可他总是不满足，想怎置呢？想当大官。有一天，他请了个阴阳先生给他看地脉，想找个好地方埋葬祖先发发官气。那阴阳先生跑到白虎山转了一圈，回来说："白虎山的东坡下面，有一块了不得的风水宝地！"

姓宋的问："怎样了不得呢？"阴阳先生说："那地方呀，左青龙，右白虎，前朱雀，后玄武，地脉直通汴梁城。在那儿安葬祖先，子孙后代能做大官哩！"姓宋的一听，正合心意，就派家丁把住在那儿的佃户统统撵走，用石灰圈了个穴位，预备修造祖坟。

后来，这事儿碧霞宫里的碧霞娘娘晓得了。她见山下的佃户被姓宋的撵走以后，房子没房子，田地没田地，家家都是老的哭、小的喊，景况实在凄惨，心里想：姓宋的好狠哪！你想当大官，竟不顾佃户的死活；要是真的当大官，老百姓可就坑了！

碧霞娘娘越想越气愤，说了声："走！"就在四月初八这天夜里，把碧霞宫搬到了白虎山下，庙基呢，一不偏、二不倚，正好压在宋家画的穴位上。

第二天，姓宋的一见山上的庙陡陡下来了，而且正好坐落在他家的祖坟穴位上，就知道坏事了。庙里的神仙不许他做大官了。可他还不死心，就偷偷地把祖先的老骨头埋在碧霞宫的西边。东西南北的"西"和吸口气的"吸"不是同音吗?他在碧霞宫的西边安祖坟，是想吸一吸宝地的地气，图个日后家业兴旺，说不定还能当大官哩。可是种田的佃户皆到外头谋生去了，没有人给他家干活了，日子一久，别说家业兴旺不起来，就连饭也紧巴巴地吃不匀称啦。姓宋的万般无奈，只好出去散混，混了好几年，嘿，还真当了大官，什么职位呢？宰相！不过这宰相是在戏台上当的，因为他已经靠唱戏糊口了。

一年一年过去了，当地的百姓为感谢碧霞娘娘，在每年农历四月初八这天，总要去奶奶庙给这位仙奶奶上供。日子久了，四月初八到奶奶庙烧香上供的人越来越多，逐步形成了庙会。庙会时间三天，但四月初八这天人最多，他们大都带着小孩先到奶庙中烧香礼拜，然后再去赶会。

四、桃花涧的来历

桃花涧位于连云港市海州区锦屏山南麓，地属海州区锦屏镇。

锦屏山在古代叫朐山，东临大海，因此山在古城之南，故名南大山。相传古代朐山有一个名医叫谢元，谢元一生中有两个女儿，个个长得如花似玉，恰似天仙下凡：长女叫谢云，聪明过人，从小就熟读医书，常随父亲为乡亲们医病；次女谢芳谦逊孝顺，邻里皆知。

这天谢元病重，唤两个女儿到床前说道："我是不行了，一生没有别的爱好，只爱桃树，爱桃木的细腻，爱桃花的鲜美，爱桃果的香甜。我死之后，你们二人要在我的坟四周多栽些桃树，这样九泉之下为父就心满意足了。"谢芳哭着说："父亲放心，我们不但要在你的坟四周栽上桃树，而且要把整个南大山都栽上，到春天会桃花映日，任父亲观赏；到夏天要鲜果满山，任父亲品尝。"谢元听罢，欣慰地含着泪水与世长辞了。

谢元死后，大女儿谢云继承父业，行医施药，普救众生，二女儿谢芳到各山各地寻找桃苗，夜以继日地在谢元坟四周栽树。为了寻找上等桃苗，她翻山越岭，荆棘撕破了她的衣裳，刺伤了她的皮肉，她全不在乎。她在谢元的坟四周栽呀，栽呀，可她人单力薄，到了杏花鼓蕾、杨柳转青的时候，还栽得不够多。

这天，谢云正在替乡民看病，看见谢芳气呼呼地闯门而入，大叫道："姐姐，你好自在！"谢云问道："妹妹为何发怒？"谢芳道："父亲在世时你满口答应在他的坟四周栽植桃树，以慰父灵，现在父死半年，你却一棵桃树没栽，怎么对得起死去的父亲啊！"谢云听罢，不由地落下泪来，她指着四周正在呻吟的病人说："自从去年秋天以来，此地瘟疫盛行，夺去了不少人的生命，我能放下病人不治，眼睁睁地看着孩子变成孤儿，新娘变成寡妇，丈夫失去妻子吗？父亲坟上的树迟迟早早都能栽上，可瘟疫不除就会死人哪！"谢云这番话，说得妹妹低头无语，病人和家属也感动万分，大家纷纷说："谢云姑娘为治好我们的病，解除我们的痛苦，眼睛熬红了，身体累瘦了，给钱不要，送礼不收，我们无以报答，谢老先生坟四周植桃树的事我们包了。”这么一说，所有被谢云治好的病人都行动起来，二月二龙抬头那天，从东边，从西边，从山上，从海上，船装的、车载的、肩挑的、手捧的，人山人海，各带着不同的桃苗，如黄桃、毛桃、油桃、蟠桃、白花桃、水蜜桃……一齐来到谢元坟的四周，来到南大山上，栽了起来。不到一天的工夫，谢元坟附近的涧成了桃花涧。谢芳看到如此盛况，心情十分激动，对谢云说：“姐姐德录南山，而我只能力植一桃，惭愧啊惭愧！今后，我一定全力帮助姐姐为乡邻看病。”从此，谢家医业更为兴旺。

不料有一年，谢云和谢芳被海盗抢走了。姐妹俩因抗拒侮辱，不幸被海盗杀死。

二谢死后，乡民们有病时就带了香烛银箔，来到桃花涧，祈求谢仙子赐以药方。有人说，谢云在世时曾经讲过：“春采桃花为药，夏摘桃果为药，即可除病消灾。”大伙一试，果然灵验，桃花涧由此远近闻名。

如今的桃花涧，一年四季涧水清澈见底，涧旁青松翠柏绿满山坡；每年春季桃花、杏花、梨花竞相开放，桃花涧的周围有紫竹庵、碓臼庵、金蟾洞、张果老洞、将军崖等名胜古迹，吸引不少游客观光，已成为一处旅游胜地。

五、小姐洞

海州城南边有座锦屏山，锦屏山东南坡有个大山洞，叫小姐洞。小姐洞里头有外洞、有内洞，外洞挺宽敞，可以在里头乘乘凉，下下棋，玩赏玩赏。内洞呢，据说早先是敞开的，后来就不知道哪朝哪代关起来了。如今看上去，内洞口严丝合缝的，委实跟门关起来一样。

小姐洞，传说以前洞里有个小姐。这个小姐容貌端正，心眼厚道，同当地的庄户人时常有些来往。什么来往呢？谁家要是办红白喜丧事，请人待客的需用碗筷，就到小姐洞口烧烧香，祷告祷告，放个篮子搁那块儿，待会来拿的时候，篮子里啊，金杯玉盏装得满满的。你说要用多少，小姐就给你装多少。只是一条规矩，用过后，要把金杯玉盏送到洞门口，烧点香就走，让小姐再把东西拿回去，好再借给别人使用。当地老百姓皆是忠厚人呢，借了小姐的金杯玉盏，用过就还，一样不缺，一件也不少，如数送回洞口。小姐很高兴，对人十分信赖，不管是谁来借东西，她皆不打拗口，总是有求必应。许多人家从小姐洞里得过济，逢年过节都给小姐送上一些香火，表示感谢。

小姐行善的事儿传得很快，四乡八镇都知道了。有一年秋天，从老远的地方来了一个姓缸的主儿，挑着两只大筐，奔到小姐洞口，把筐一放，烧烧香，祷告说：“小姐啊，小姐啊，我家娶兄媳妇要用一百一十套碗筷，请你行行好借给我用用吧”。

祷告以后，他离开洞口，找个地方转悠转悠，回来一看哪，两只大筐里玉白金黄，碗筷装得满满的，不多不少正好一百一十套。这个主儿高兴地咧嘴直笑，挑着两大筐金杯玉盏走了。

哪知道这人是个吃浮食的无赖，借是假，骗是真，把小姐金杯玉盏挑去卖钱花了。小姐的金杯玉盏总共有一百一十套呀。后来有人来借碗筷，一看，篮里空空的，就有点不高兴了。一回不高兴，两回不高兴，十回八回借不到，就议论起小姐不是来了，说小姐“王小开饭店，照客对汤”。

小姐听到人家说她的不是，也没放在心里，只是等着借去金杯玉盏的人快点把东西还来，好再借给别人。可是，一等不来，二等也不来，好些日子过去了还是不见人来还。小姐急了，便走到洞口，跺脚喊：“借东西的，快还来，快还来，别人等着用啊。”一天喊两遍，两天喊四遍，喊了九九八十一天，脚底磨出老茧，嘴里喊出青烟，也没有把金杯玉盏喊回来。当地庄户人见小姐天天站在洞口喊，皆惊心了，大伙帮助小姐四处查听，查出了实情，赶紧告诉了小姐。小姐大怒，骂道：“不还我金杯玉盏，叫你家死关门绝户。”过后，骗碗筷的姓缸家真的天天向外抬死人。姓缸家急了，找上洞门口说话，小姐答应：“要想不死人，除非姓缸改姓盆。”姓缸的无法，只好改姓盆才了事。

小姐心想：世上竟有这种昧良心的无耻小人，太可恶了！再想想，我堂堂的女神仙，竟然麻痹大意被人骗，多难为情啊！小姐越想越恼，越想越难过，把心一横“呼隆通”关闭了内洞，从此躲在内洞中修身养性，不愿意再享受人间香火了。直到现在，洞口还有两个小脚印，人们都说那是小姐跺脚跺出来的。

六、孔望山的来历

很久很久以前，孔望山那儿是一片大海，根本没有孔望山这个名字，也没有孔望山这座山。

那么，孔望山是怎么来的呢？山名又是怎么起的呢？传说有一年天气大旱雨水很少，太上老君为了解决水的问题，就带着徒弟沿着朐山北边的山坡到东海去挑水。他们每人挑了一担水，来到孔望山所在的这个地方，觉得很累，就把挑的水放下来歇一歇。太上老君坐在那儿顺手把鞋子脱下来磕一磕，正好从他鞋子里磕出来一粒小砂珠。他们在那儿歇了一会后，就各人挑着水走了。那个小砂珠因得了仙气，慢慢地长成了一座小山，但是那时还没有名字。

大约在两千多年前，圣人孔夫子带领他的弟子们周游列国，讲学传道。一天，来到这儿，忽听到一阵轰隆隆、哗啦啦的声音。孔夫子不知道是什么声音，就问他的弟子们："这是什么声音？"一个弟子对他说："老师，那是大海的声音，有一年我有事路过这儿，看过大海，所以知道是大海的声音。"

孔夫子生活在山东，周游过几个国家，都是山野平原，没见过大海，眼下听弟子说，那是大海的声音，就想看看大海是什么样子，他对弟子们说："咱们到山上逛逛，一来观赏大海，二来避避暑，好不好?"他的弟子们连连点头说："好！好！上去看看大海。"说完跟着孔夫子上了无名小山。

他们来到山上，看到大海连着天，天连着大海。孔夫子爬山爬累了，觉得很口渴，就对他的弟子们说："你们到山下去灌点海水来解解渴。"

这话正好被一个老渔夫听到了，就上前对孔夫子他们说："你们几个是外来人吧？不知道千万不要冒失，那海水又咸又腥，不能喝。"说完把自己带来的淡水给孔夫子他们喝了。孔夫子感激地对老渔夫说："谢谢你，老人家。"老渔夫对孔夫子说："你要到哪里干什么事，一定要问一问当地人，这样对你是很有好处的。"孔夫子的一个徒弟见老渔夫这样说他的老师就来了火，对老渔夫说："圣人在此，对圣人怎么能说这样的话！"孔夫子对他的徒弟们说："对老人不要无礼，老人家说的话很有道理。"老渔夫听说这人是圣人孔夫子时，对圣人这种不自以为是的行为很有好感，于是就和孔夫子他们闲谈起来，告诉他们一些有关海边的天气变化和一些打鱼的知识。

后来，孔夫子他们走后，人们为了让后人知道孔夫子他们曾来过这里，就把这座无名小山叫作孔望山了。

七、石棚山四石的传说

试剑石　传说，刘备兵败徐州，一个人流落东海，在海州遇见大富豪麋竺。麋竺见刘备两耳垂肩，双手过膝，有天子像，心想，现下兵荒马乱，人财难保，若遇到明主，不如随他去了。但心里又一想，此人现在狼狈不堪，相貌虽好，不知有无大志，我得试试。

石棚山试剑石

二人来到石棚山，麋竺旁敲侧击地问刘备对时局的看法，刘备口若悬河，发了一番议论。为了明志，他抽出剑来，对天起誓说："我若能得天下，应剑劈此石。"说完举剑向一块大石劈去，剑落石开。

可惜这一剑劈得有点歪，石头开在一边。因此，他只得三分之一天下。

落桃石　石棚山南坡有一块大石，其形像一只大桃子。不知何年何月，这块石头从中一撬两开。相传当年齐天大圣孙猴子在天宫蟠桃园偷吃仙桃，他觉得一人吃不够味，又偷了一兜，准备带下凡来，给他的猴孙尝尝。走到南天门，天兵天将出来阻拦，双方打了起来。孙猴子忙里偷闲从兜里掏出一桃，吹口仙气，将桃变成他的模样。有个天将不知是计，挥刀砍去，这桃直落在石棚山变成了一块石头。

试耙石　《西游记》书中写猪八戒在高老庄招亲，其实不是高老庄，而是卞老庄。孙悟空在卞老庄收了猪八戒，西行来到石棚山北。忽然想试试他本领，对八戒说："听说你的本领不小，落耙有万斤力量，是不是吹牛，无人知晓。"猪八戒一听急了，大声嚷道："谁说我没有本领?猴哥，你看这块石头，我一耙就把他耙开。"说完，八戒一耙真把这块石头耙开了。

这块石头飞落哪里，无人知晓。但石头上九齿钉耙印如今还在。

佛手石　海州石棚山西南麓有一块巨石，其形酷拟一只张开的左手，五指指天，掌心向西。当地人们都叫它"佛手石"。说起"佛手石"还有一段和唐僧西天取经有关的故事哩!

当年，唐太宗李世民下诏书，派唐僧去西天取经。唐僧接旨后准备西行，临行前回东海探亲。

这一日，唐僧回到家，拜见了父母，并禀告：皇上已准他去西天取经。唐僧的父母听完，心想：儿子此行路途遥远，说不定要走个三年五载，也许再也见不了面。唐僧看出父母的心思，不禁动了感情，孝心顿起，想去取经又放心不下年迈的父母。

佛祖如来算知唐僧的心思，就飘然来到唐僧家。佛祖如来对唐僧说："你安心去西天取回真经，我把你的父母送到东瀛神州苍梧山，让他们长生不老，等你取经回来，也可再见他们。"唐僧点头称是，随即告别了父母，佛祖带着唐僧来到石棚山上，如来左手一挥说："你看！"只见唐僧全家在半空中向苍梧山方向飘然飞去。如来佛祖法力无边，这一挥手不打紧，在西山麓的石头上就捺留下了一个深深的手印。这就是现在人们看到的"佛手石"。掌心朝西的原因是告诫唐僧，努力西行，克服一切困难去取回真经。

八、蜘蛛山

海州城南门外不远处有个小山头，叫蜘蛛山，为什么叫蜘蛛山？这里还有一传说呢。

很早以前，这个山头上有个蜘蛛精，时常兴妖作怪，老百姓恨透了她。也该她罪有应得，有一天她竟闹到了天宫，触犯了天条，玉皇大帝派雷公到下界来惩罚她。

蜘蛛精慌忙逃窜，吐出银丝裹住了身体，雷公打出几个响雷，都丝毫没有碰伤她。这下可触怒了雷公。雷公呼地一下打出一个火雷，烧着了蜘蛛精身上的银丝。

蜘蛛精吓得窜进村里一家产妇人家，抢过一块脏布逃进了山洞。雷公紧追不放，蜘蛛精拿着那块脏布站在山洞口使劲地摇。雷公是最洁净的，遇到脏的东西就回避了。所以打了四十八雷，都没有能打中她。七七四十九最后一雷要是还打不到她，那雷就永远打不到她了。雷公急得在洞口团团转，寻找着机会。

再说那农家产妇见蜘蛛精抢去脏布，雷公惩罚不到她，便心急火燎。想到平时蜘蛛精糟蹋百姓，更是气愤万分。她不顾自己的身体，爬进山洞，一把夺下那块脏布。与此同时，只听“咔喳”一声，雷公打响了第四十九雷，雷电将蜘蛛精拖出山洞，打翻在地，现出原形，所以，后人就将这座山叫作蜘蛛山。现在要是爬到南大山的马耳峰上，有时还会看到蜘蛛山上闪闪发光，犹如银光白雪一般，传说那就是蜘蛛精吐的丝。

第七章　周边村庄　企事业单位

秦代，在锦屏山北麓置朐县，山周围沿海地带居民聚居的村庄逐步增多。其中，桃花、夹山、陶蛎湾、董大沙、朐山、吴窑、古城、网疃、饮马池、园林等处有着上千年历史的村庄，都围绕山周围，有大海、有古城等史实而命名。它们是古海州地区数千年社会文明的重要组成元素。自20世纪20年代起，随着对锦屏山的开发利用，山周围逐步落户40多家企事业单位。中华人民共和国成立后，社会安定、经济发展、人民安居乐业，山周围的村庄迅速扩展。2015年，山周围共有10个行政村、66个自然村。

第一节　村　庄

一、西门村

出海州古城南行，锦屏山麓的第一个行政村为西门村。该村位于白虎山西麓，因地处海州古城西门外而得名。村境东至白虎山，西到蔷薇河堤，南至锦化社区，北到西大岭，占地面积1.2平方千米。新中国成立前该村属环城乡二保，归东海县管辖。1950年，组建西门乡，隶属锦屏（海州）区。1956年，组建明星农业合作社。1958年，组建海州园艺场。1964年，为西门大队。1984年，划属朐阳乡，成立西门村委员会。2001年，与丁庄村合并，成立西门村。西门村在锦屏路两侧分布着西大岭、老西门、潘园、停水坝、沙板桥、赵庄、纪庄、丁庄、杨凤庄、巴狗庄、下山虎、胡庄等12个自然村（居民小组）。2015年，西门村共有居民1265户，3930人。该村有耕地52公顷，以种植蔬菜为主。

二、园林村

园林村位于锦屏山西北麓，东风路以南，朐阳门以西，锦屏路以东，占地面积1.1平方千米。因境内有园林寺而得名。该村在1950年组建西门乡时为第八村，隶属锦屏（海州）区。1956年，组建明星农业合作社时为第七、八、九组。1958年，组建园艺场时为园林工区。1964年，为园林大队。1984年划属朐阳乡，改设园林村。2001年，与白虎山村合并，仍名园林村。2015年，该村有老南门、郑庄、小王庄、山前庄、南庙园、黄庄、白鸽涧、果园、朱涧、桃园、韩庄等11个自然村（居民小组），共有居民1080户，3736人。该村有耕地38公顷、山林面积42公顷，主要种植果品、蔬菜和花木。

三、刘顶村

民国年间刘顶居民

刘顶村地处锦屏山西部一块紧邻山体的山麓台地上，西到蔷薇河，南至锦屏磷矿西山，北邻锦化社区，面积4.1平方千米。村西侧山脚下是锦屏路，北通海州，南达新坝、张湾等地。该村是一个有千年以上历史的古老村庄。刘顶之名，顶者，巅也，说明其地势比较高。刘者，姓也，系刘顶村历代以姓氏命名。据当地人讲：清代以前，居民中苗姓居多，村庄称苗顶；后郁姓人丁兴旺，又称郁顶；民国初期，刘姓势众，再改为刘家顶，后直呼刘顶，沿用至今。中华人民共和国成立后，刘顶先后成立互助组、农业合作社。1958年，成立刘顶大队，隶属锦屏公社。1983年，改设刘顶村。2015年，有刘顶、李凤庄两个自然村，设10个居民小组。全村有居民992户，3828人。该村经济以种粮为主，农闲时大部分劳力从事采石和建筑业。

四、桃花村

桃花村位于锦屏山之南，东至新坝中路，西至新坝西路，南到八一河，面积2.4平方千米。该村因发源于桃花涧的小河穿村而过得名。中华人民共和国成立后，地属锦屏（海州）区酒店村。1958年，为锦屏公社桃花大队。1983年，改设桃花村。2015年，有桃花、顾庄两个自然村，设8个居民小组。全村有居民773户，2745人。该村是锦屏镇政府所在地，辖区内有锦屏磷矿矿业公司、锦屏高级中学、锦屏中学等多家企业、教育、文化机构和商店、超市及农贸市场。该村有耕地149.86公顷（其中果林地面积26.67公顷），是蔬菜、果品生产基地，商贸、运输业也比较兴旺。

五、酒店村

酒店村位于锦屏山南麓，西至桃花村，东到岗嘴村，北到锦屏磷矿，南到八一河，面积1.63平方千米。酒店之名缘于酒。1935年，有3户村民开设酒坊酿酒，方圆几十里的居民都到那儿买酒，因此得名。1958年，为锦屏公社酒店大队。1983年，改设酒店村。2015年，有酒店、前店、张庄、东王庄、西王庄5个自然村，设7个居民小组。全村有居民616户，2224人。该村有耕地168.8公顷，主要种植粮食和蔬菜；有占地21.33公顷的酒店工业园区，全村72%的劳力从事第二、三产业。

六、岗嘴村

岗嘴村位于锦屏山南麓，西与酒店村相接，东与狮树村相连，北至陶湾村，南到李圩村，占地面积3.25平方千米。岗嘴村之名，因山嘴伸入村庄内，故名。村后的山头亦名岗嘴峰。岗嘴村历史悠久，为古石湫镇地。《嘉庆海州直隶州志》载：石湫镇，州东南十里朐山下。建成于金代的塔山古道，从锦屏山东北侧穿山而过，沿东南麓山坡逶迤南下，出山后即经过岗嘴村境内。该村有新庄、后陈、大园、夹山、西山、山南、二涧、涧崖和岗嘴9个自然村，其地名也蕴藏着历史。夹山因东北、西北、南面皆有山，夹在当中而得名。元代这里是一个海港城镇，民间有"船泊夹山口，浪打朐山头"的传说。夹山附近有前陈、后城的自然村，即由夹山城镇衍变而来。新庄村，则是村民系1958年从石梁河水库搬迁来的移民而得名。该村1958年为锦屏公社岗嘴大队，1983年改设岗嘴村。2015年，该村有9个村民小组，共有居民717户，2461人。岗嘴村有耕地191.3公顷，主要种植粮食和蔬菜及花卉苗木。

七、陶湾村

陶湾村在古代是锦屏山脚下海岸边的一个渔村，位于九龙口山洪入海处的一个港湾，因出海打鱼的渔民将加工后的海蛎壳堆放在这个港湾处，故称淘蛎湾，后叫下陶湾、陶湾庄。1958年，锦屏磷矿建尾矿坝，将坐落于其中的上叶庄、下叶庄、前陶湾和后陶湾4个自然村迁出，集中安置于现陶湾村。是年，该村为锦屏公社陶湾大队。1983年，改设陶湾村。该村东至盐河，西到锦屏山，南至狮树小河，北与朐山村毗邻，面积3.5平方千米。2015年，该村设6个村民小组，共有居民603户，2276人。陶湾村有耕地144.2公顷，以种植粮食和葡萄为主。

八、朐山村

该村地处朐山（今锦屏山）东坡，是一处历史悠久的古村落。6000年前，该村是一个背靠朐山、东朝大海的海边渔民聚居地，后逐步发展为村庄，同时也是一个临海渔港。秦代，在今海州地区设朐县。朐县之名，取自朐山。朐山之名，见于何处？"朐山"二字，即镌刻于锦屏山东麓临海处一个不太高的独立小山头东南壁上。

“桃园山居”住宅小区

民国年间，这个独立的小山头和“朐山”刻字还在。后随着村庄发展和交通需要，这个小山头上部被逐步打掉，建为民居。“朐山”二字所在的小山头，在今朐山村下庄2组范永奎家院内地下。2008年，在位于朐山村上庄（下庄之西）境内、锦屏山北麓的现代住宅小区“桃园山居”施工中，地表1米以下出土了大量疑似城墙基础的条石。当地老人讲朐县古城就在那儿。这也是对郦道元在《水经注》中记载：“朐山西山侧有朐县故城”的最好解释。

《水经注》中关于朐县故城在朐山西侧的记载，明确地说明朐县故城就在今朐山村境内。这个地方从秦始皇嬴政二十六年（公元前221年）设县，到東魏武定七年（549年）置海州（州治在龙苴）近800年间，朐县一直是今海州地区的治所。

清光绪十九年（1893年），热心家乡实业开发的清廷重臣沈云沛，在朐山及盐河东岸的许庄、范庄一带开办海州种植试验场。通过对中外43种棉花的生长情况进行对比试验，成功地确定了蒿本碱水棉和大白毯棉是适宜本地生长的优质品种，并在朐山一带的种植试验场内推广种植。该棉品种的开发利用，受到清商部的赞誉。

中华人民共和国成立后，朐山村属朐山乡。1950年12月，为纪念境内棉花试验场那段历史，朐山乡改称棉场乡。1953年，棉场乡划归云台区。1954年，棉场乡复归海州区。1956年撤棉场乡，地属锦屏乡。1958年，为锦屏人民公社朐山大队。1983年改设朐山村，隶锦屏镇。该村东至盐河，西至锦屏山，南与陶湾村毗邻，北至孔望山，有朐山头、董大沙两个自然村，面积2.1平方千米。朐山头自然村以盐河路为界分为东西两部分，路西称上庄，即古老的朐山村，路东称下庄。全村有耕地70.67公顷，主要种植粮食、蔬菜和果品。农忙季节以外，村民主要从事开山采石和运输。2001年，朐山村建成千亩无公害蔬菜生产基地。2015年，该村设5个村民小组，共有居民590户，2132人。

九、孔望山村

孔望山村因邻近孔望山而得名，位于孔望山以南，青龙山和塔山以北，东至盐河，西与朐阳街道网疃村接壤，面积2平方千米。孔望山村有吴窑、古城、西山、后山4个自然村。1950年，属锦屏区。1958年，成立锦屏公社孔望山大队。1983年，

孔望山村吴窑队村民住宅小区

改设孔望山村。1984年，划属朐阳乡。该村历史悠久，村内的自然村古城建于唐代，宋代增修加固抗金的孔望山城。村境内地上地下文物众多。2015年，该村设5个村小组，居民650户，2400人。村内有耕地11.13公顷，种植果品和蔬菜；有村办企业5家，部分村民从事开山采石和运输。

十、网疃村

网疃村位于锦屏山北麓大片的台地上下。唐代以前村境为海滩，住户多以捕鱼为生，网疃即为渔民晒网之处而得名。该村东邻孔望山村，西接海州城区，南至锦屏山，北跨玉带河与新海、幸福路街道相邻，面积3.6平方千米。新中国成立后，地属锦屏区城东乡。1952年，属海州区棉场乡。1953年，为海州区南门乡。1958年，为海州区南门大队。1984年，为朐阳乡网疃村。2001年，与双龙村合并，仍称网疃村。2015年，该村有东门、南门、沙沟崖、城河口、小河西、网疃庄、小赵庄、果园、饮马池、刘庄、张庄、陈庄、涧西、谢小楼、王庄15个自然村，11个村民小组，有居民2450户、5600人。村内有菜田和果园48公顷，主要从事蔬菜、花卉和果品的种植以及采石、运输等行业。

十一、山间民居

锦屏山周围的吴窑、西山等自然村，都在海拔30~40米的山中，是名副其实的小山村。孔望山村吴窑以西，园林村境内园林寺至头道和白鸽涧出山之处的山坡上，岗嘴村夹山周围的山坡上，以及不少进山通道处，都散落着不少民居。这些居民在山坡上开荒种地，过着靠山吃山、自给自足的生活。改革开放后，城乡人民生活水平逐年提高，而山居由于生活不便，一些居住在老旧建筑的人家都迁走了，又有一些经济条件较好的居民在山坡上建起了别墅式住宅。

园林水库东侧山坡上的民居

第二节 住宅小区

园林村住宅小区

2000年以后，为解决人口增加导致的住宅紧张，锦屏山周围的镇和街道，将一些山坡散居住户的危旧房屋拆迁集中安置。如园林村在东风路南侧的山坡荒地上按100平方米一户的标准供给地块，由村民自己承建，形成集中住宅区。2008年以后，根据规划在秦东门大街南侧的锦屏山北麓，开始供给地块开发建设住宅小区。

锦屏山周围住宅小区情况一览表

表7-1

小区名称	建成时间（年）	建筑面积（平方米）	入住户数（户）	位　置
桃园山居	2009	50800	334	盐河南路西侧
锦顶佳苑	2010	17900	124	锦屏镇刘顶村
锦屏新村	2011	32857	386	锦屏镇桃花村
锦安新村	2011	83496	548	锦屏镇桃花村
锦兴新村	2011	70005	684	锦屏镇桃花村
朐阳雅苑	2012	18000	50	园林中心路以东，东风路以南，园林小区以北
香溢孔望	2015	190000	400	孔望山景区以南，盐河路以西，新孔南路以北
石棚名居	2015	200000	900	甲子河以东，秦东门大街以南，花园路以西
梧桐蓝山	2015	69000	200	网疃路以东，秦东门大街以南，磨盘山路以北

第三节 主要企业

一、建材企业

园林采石厂 位于锦屏路以东，园林山北坡，下山虎（自然村，原属丁庄村，

2001年并入西门村）庄南。该厂建于1974年，场地面积5.33万平方米，年产毛石、石子6.2万吨。2010年10月停产关闭。

海州采石厂　位于锦屏路以东，园林山西北角，建于1957年。该厂是较早建成的区属企业，也是区内最大的采石企业，共有6个作业区，从事石料开采和石子加工，年产量38万吨。1990年，该厂场地被锦屏化工厂兼并，停止采石作业。

锦屏采石一厂　位于锦屏路以东，石龟顶山头西北角，海州采石厂之南。该厂始建于1970年2月，原是刘顶村村办企业，1983年收归锦屏镇为镇办企业，场地面积11万平方米，年产各类石料20万吨、石子10万吨。2003年5月停产关闭。

刘顶采石厂　位于刘顶村东侧山坡上。建于1960年，为村办企业，年产各种石料、石子11万吨。2007年停产关闭。

锦屏采石二厂　建于1980年5月，为西山、岗嘴、朐山3个采石厂组成，场地面积15万平方米，年产毛石13万吨、石子6万吨。其中：

西山采石厂位于锦屏山南，锦屏磷矿西山采矿厂附近；

岗嘴采石厂位于锦屏山南岗嘴村境内山坡上；

朐山采石厂位于淮河顶山头东麓朐山村境内山坡上。

上述3厂已于2007年10月停产关闭。

酒店采石厂　位于刘志洲山南侧偏西，建于1997年5月，场地面积2.6万平方米，年产各类毛石、石子共11万吨。2004年8月停产关闭。

新坝采石厂　位于刘志洲山南侧，建于1975年，场地面积4500平方米，年产各类毛石、石子共12万吨。2004年11月停产关闭。

锦屏后山采石厂　位于锦屏磷矿中山选矿厂东侧，建于2003年，场地面积6300平方米，年产各类毛石、石子共6.2万吨。2005年1月停产关闭。

陶湾采石厂　位于锦屏山东南麓陶湾村境山坡上，建于2001年，场地面积1万平方米，年产石子4万吨。2009年停产关闭。

连云港市山石建筑管桩有限公司　位于陶湾村，建于2012年6月，主要生产水泥建筑管桩。

兵团采石厂　位于钓鱼山南侧，建于1968年，年产各类毛石1万吨。1992年停产关闭。

青龙山采石厂　位于淮河顶山头东部，紧邻朐山采石厂，系朐山村村办采石厂。

连云港融锦混凝土有限公司　位于朐山村，建于2007年3月，主要生产商品混凝土。

孔望山采石厂　位于淮河顶山头北坡，系孔望山村村办采石厂。

钓鱼山采石厂 位于钓鱼山南坡，系陶湾村村办采石厂。

南门采石厂 位于锦屏山北麓，蜘蛛山东北面山坡上，1963年由南门大队所建，后为朐阳镇办企业。场地面积10万平方米，年产各类毛石5万吨、石子6万吨。2000年7月停产关闭。

白虎山采石点 "文化大革命"中曾在白虎山南麓开山采石，东西向采石作业面达50多米，后因出现采石事故被迫停产。

磷尾矿砖厂 位于钓鱼山南坡西侧。1984年建厂，90年代初期停产。

二、锦屏化工厂

该厂1958年由化工部投资兴建，原附属于锦屏磷矿，1964年分立，以生产磷酸盐制品为主的中型化工企业，主要生产黄磷、赤磷、磷酸、甲磷等10多个产品。1988年前后，具有年产黄磷3400吨、赤磷1400吨、磷酸8000吨、甲磷3000吨、钙镁磷肥6000吨、三聚磷酸钠4000吨、环氧棉籽油300吨、次亚磷酸钠150吨的生产能力。企业先后荣获全国模范职工之家、国家节约能源二级企业、国家计量二级企业、省级先进企业、全国化工安全生产先进单位、省化工设备管理优秀单位等光荣称号。1992年，企业生产开始滑坡。1996年6月，工厂基本停产，进入破产程序。2008年6月，在厂区建成中翔钢材现货交易市场，是市区最大的钢材交易、仓储、加工、配送的物流集散中心。

三、西山粮库

该粮库隶属锦屏粮管所，担负着锦屏地区粮食收购和储存任务，建筑面积2850平方米。2010年粮库撤销，进驻一加工企业。

四、江苏锦屏矿业有限公司

该公司位于锦屏山南麓。1919年，清末农工商部右侍郎、时为国民政府著名实业家海州人沈云沛集资5万银圆合股创办锦屏公司。是年冬，经农商部工业试验所化验，矿山开采应以磷矿为主，而锰矿、铁矿则为副产矿。1920年，沈云沛之子沈蕃等人正式成立锦屏矿务股份有限公司，沈蕃为总经理，开始了当时中国唯一磷矿的开采。1922年，国民政府中央地质调查所认定此处磷矿藏量在200万吨以上。后在东山、西山、中山3处开凿探矿竖井，辟3个采场，用露天土法人工开采。日本侵略军侵华期间掠采矿石大约40万吨运送日本。1945年9月至1947年11月，开采矿石2.34万吨。

江苏锦屏矿业有限公司

1948年11月8日，华东军事管制委员会派员接管。1949年8月，称华东工业部锦屏磷矿。1950年，锦屏磷矿在西山开两个斜井，在东山开一竖井，开始大规模坑道采磷。1954年，中央人民政府地质部华东地质局304地质队勘探，查明此矿储量大、品位高。10月，划属中华人民共和国国家重工业部化学工业管理局。是年，被列为“一五”计划国家重点投资项目，投资3500万元，进行扩建。1958年，锦屏磷矿在中山建选矿厂。1959年2月，划属化工部。是年，建成当时亚洲一流的高度机械化、年产原矿112万吨、磷精矿粉30万吨的大型采选联合企业，成为中国磷肥工业原料基地之一。1966年12月，年供矿量125.4万吨，精矿产量突破30万吨，盈利170万元，年产量创历史最高。1980年后，应市政府要求，为保护矿区内古文化遗址将军崖岩画，西采场19线顶盘下下压的600万吨矿石不能开采，致使年产量压缩20万吨，老企业再次亏损。1983年，被国家列为重点化工企业单位。1985年12月，化工部矿山管理局正式公布锦屏磷矿为大型企业。锦屏磷矿在锦屏山南麓先后建成机械设备制造总厂、气体制造有限公司、建设工程有限公司、明达工程爆破有限公司、锦屏勘察设计院有限公司等分厂或配套企业。

1991年以后，磷矿开采逐年滑坡。2004年6月，经裁定破产。7月，根据《公司法》，成立江苏明达磷化工有限公司。2005年3月21日，江苏省国土资源厅颁发给陶湾矿区采矿许可证。此矿地质品位五氧化二磷含量达20%以上，预计生产年限约20年。12月，江苏明达磷化工有限公司更名为江苏锦屏矿业有限公司。

2005~2010年，江苏锦屏矿业有限公司每年生产原矿40万吨左右，2010年因原矿品位太低停止开采。陶湾矿区试采时斜井打到100米左右时，因诸多客观原因试采停止。

五、酒店工业园区

酒店工业园区位于锦屏镇酒店村境内，东起刘志洲山山脚，西到锦屏中路，北起锦屏山南麓，南至连徐高速公路。该园区于2006年启动，规划兴建的工业集中区，规划面积1平方千米，首期开发占地26.67公顷。进区企业主要是电子软件、服装加工、工艺品加工等一、二类工业项目。

六、江苏连云港石油分公司锦屏油库

该油库位于锦屏山南麓的老龙洞，岗嘴村境内。1971年按照“靠山、分散、隐蔽”的战备原则，经省燃化局批准选址建库，1975年1月建成投产，1994年进行设备更新。油库占地面积4.67万平方米，其中山林地面积3.33万平方米，库容总量10890立方米，有铁路专用线950米，16个车位，12个货位的陆路汽车钢筋混凝土结构发油棚1座及其他生产、生活设施。2000年底，经省公司批准，该油库暂时关闭，拟择机进行改造，建设国家沿海战备油库。

东海名郡大酒店

七、东海名郡大酒店

该酒店2012年建成于孔望山中波发射台西侧院内。

八、锦屏林场

锦屏林场场部位于孔望山景区西门西南侧路南的锦屏山北麓。该林场在1961年前为江苏省墟沟林场锦屏林区，属江苏省农林厅直属单位。1961年成立连云港市锦屏林场。1986年6月，该场划归海州区，为副科级全民事业单位。该林场为海州区主要林业生产和管理机构，主要经营锦屏山的森林资源，经营林场面积达1533公顷，权属为国有。其中，有林场1066.7公顷，灌木林场366.7公顷，竹林地68.4公顷。林木总蓄积量为3.7万立方米，森林覆盖率为75%。

九、锦屏磷矿炸药厂

该厂位于锦屏山北麓，蜘蛛山南坡，三面环山，一面临涧，占地3.3万平方米，厂外围建有料石、铁刺网混合围墙。该厂建于1956年8月，属锦屏磷矿主体扩建工程的配套项目，1958年正式投产。厂区由生产区、库区、辅助工段生活福利区三部分组成，等高线呈+43.5米、+53米和+34米梯式纵向分布。该厂是连云港

朐山书院

市重点防火单位，建筑物都按防火标准建成，采取了严格的防雷、防爆措施。1993年，在厂外10千米的东山防空洞内设有总储量200吨的炸药总库。该厂具备年产炸药1800吨的生产能力，其每年的生产量根据磷矿生产需求安排，一般在600~900吨，1975年生产378吨，1998年生产1166.79吨。2004年磷矿破产后，该厂生产量急剧下滑，处于半停产状态。2015年，海州区海发集团和区旅游部门利用这儿离城区较近和三面环山、一面临水的优越自然环境，启动"锦屏里·朐山书院"项目的勘察、设计和建设。

第四节　教育卫生单位

一、连云港市第四人民医院

该医院位于锦屏路2号，东靠白虎山，西临锦屏路，占地面积2.4公顷。该院原为建于1927年的美国传教士、医生明乐林、戈锐义的私人别墅。新中国成立后，先后更名为新海连市立医院、新海连市海州人民医院，1968年为结核病防治院，1988年称连云港市第四人民医院，院内含传染病医院和市精神病防治院，有门诊、病房等建筑15000多平方米。2012年后，传染病医院迁出，只余精神病防治院。

二、刘顶小学

刘顶小学原位于刘顶村北，1965年迁至刘顶村东与刘顶变电所毗邻。随着生源逐年减少，2010年，学校并入锦屏中心小学，其校园作为海州区中小学素质教育训练基地，供区内中小学生暑假开展素质教育活动。2013年，校舍内开办有2个班的刘顶教学点。

三、锦屏中学

1961年9月，海州初级中学部分师生迁入锦屏磷矿西山二斜井，组建锦屏初级中学。1962年9月，迁址蚂蟥涧西锦屏磷矿医院旧址。1970年9月，迁锦屏公社桃花大队新址。1993年，该校成为一所集初中、高中、职业班于一体的综合性中学。是年夏，学校成为创省重点职业学校，职业高中与初中分设，职业高中命名为"锦屏高级职业中学"，初中沿用"锦屏中学"校名，迁入原桃花小学。2000年，兼并连云港市锦屏磷矿中学后，学校占地面积4公顷。2015年，学校有14个班，446名学生。

四、锦屏磷矿中学

锦屏磷矿中学原名锦屏磷矿职工子弟中学，属锦屏磷矿企业办学，校址在西山二斜井东侧。1965年，经锦屏磷矿决定，职工业余学校招收初中一个班，学生40多人。1966年，正式成立锦屏磷矿职工子弟中学，招收3个班。1976年发展到28个班，学生1000多人；1988年，学校有高中4个班，初中1个班，学生650人，教职工70人。后矿专停办，学校由原址迁矿专（工人村南）。2000年，学校撤销并入锦屏中学。

五、岗嘴小学

岗嘴小学位于岗嘴村北。2003年8月，根据《海州区“十五”期间学校布局调整规划》，岗嘴小学被撤销，师生并入锦屏中心小学。

朐山中学

六、朐山中学

朐山中学前身为朐山农业中学，位于朐山村盐河路西侧锦屏山北麓，始建于1957年9月。1969年与朐山小学合并，改称“朐山五七学校”。1978年9月，中小学分开，校址迁朐山村北盐河西岸现址。2003年8月，朐山小学并入朐山中学，成为一所九年一贯制学校。学校占地面积2.38公顷，18个教学班，在校学生587人。

七、孔望山小学

孔望山小学位于孔望山南侧古城墙遗址之南，海孔路路北。2003年孔望山小学撤销，师生并入网疃中心小学。

八、网疃中心小学

网疃中心小学位于网疃村境内海孔路南侧。学校创建于1930年，前身曾名“茶庵小学”，1952年更名为网疃小学。1985年小学更名为网疃中心小学。2010年7月，更名为海州实验小学网疃分校。2013年9月，师专二附小迁入网疃村北新址，网疃小学师生并入师专二附小。

九、海州实验中学

海州实验中学的校址为建于1914年的江苏省立第八师范。该校曾是海、赣、沭、灌地区的最高学府，具有优良的办学传统和光荣的革命传统，为国家培养了大批优秀人才。2000年，连云港市对市区学校资源进行优化配置重组，决定撤销海州师范学校。海州实验中学的前身是建于20世纪90年代的连云港市蔷薇中学，2000年为海州中学分校，2001年更名为连云港市海州实验中学。2003年8月，经市、区教育布局调整，学校整体搬迁至原海州师范学校旧址。学校占地7.3公顷，校园内环境优美，教育设施齐全，有54个教学班，在校学生3000余人。

十、海州实验小学

海州实验小学的前身是20世纪初建于古城儒学内的新海连市第一完小，后更名为海州中大街小学。2003年，海州区中小学实行布局调整，整合中大街、砚池、蔷薇、园林4所小学的资源在朐阳门外西侧新建一所现代化小学，定名为海州实验小学。2005年9月，学校揭牌。该校建设标准现代化，教学及活动设施齐全，绿化覆盖率超过40%，图书馆藏书6万余册，有48个教学班，在校学生2300余人。

海州实验小学

十一、海州区人民医院

海州人民医院位于西南路13号，建于1958年，其前身是在海州区联合诊所基础上成立的海州卫生院，1977年改为现名。2015年，该院设内、外、妇产、中医、口腔、放射等16个科室和3个病区，住院床位110张，外设门诊4个。

第五节　其他事业单位

一、连云港市生活垃圾填埋场管理中心

该中心位于钓鱼山东北侧山麓。1995年4月成立，隶属市政公用局的全额拨款事业单位。主要负责市区生活垃圾、粪便无害化处理与填埋，日处理垃圾450吨。

2010年市生活垃圾焚烧发电厂运行后，钓鱼山垃圾填埋场负责全市非焚烧生活垃圾的临时性处理任务，日处理生活垃圾15吨。

二、连云港市蔬菜试验站

该站位于盐河路西侧，孔望山东北部山脚下。该试验站成立于1962年，占地面积4公顷，属市蔬菜科研单位，负责蔬菜地方品种的收集、新品种引进推广、栽培技术研究等。1981年改为市蔬菜研究所。

三、连云港人民广播电台孔望山中波发射台

该发射台位于孔望山北麓，海拔15米，位于北纬34°34′20″，东经119°09′56″，占地面积3.33公顷。1970年9月开始建设，1972年1月1日启用，主要承担连云港市广播电台无线广播任务。

四、石棚山庄

该山庄位于石棚山西侧网疃村刘庄自然村境内，为民政系统筹资兴建的养老机构，建成于1998年9月。该山庄为一组园林别墅式建筑，内有客房26套（床位60张）及餐厅、游乐室、会议室、花圃、吊桥等设施。山庄紧邻石棚山，东北为王庄水库，背山靠水，自然环境幽静，空气清新，是养生的好去处。山庄大门西向，门前辟有停车场，距公交车可直达的石棚山门广场仅200余米。

石棚山庄

五、连云港电视调频发射台

该发射台位于锦屏山马耳峰、马耳巨石西侧，占地面积9000平方米。发射台成立于1970年，1971年6月完成15米铁塔安装，10月开播2频道。2008年，83米新铁塔启用，建成机房、生活用房等配套建筑1006平方米。发射台担负着6套电视和7套调频广播节目的无线传输发射任务，覆盖市区、

马耳峰西侧的电视调频发射台

四县及苏北、鲁南邻近10个县市。

第六节　其　他

一、中国人民解放军空军连云港锦屏山某部

1986年，该部隶属于中国人民解放军南京空军部队，负责黄海海面和空中目标的搜集。2003年划属中国人民解放军济南空军部队。2005年始，主要担负黄海一线对空警戒和白塔埠机场飞行导引任务。

二、公　墓

青龙山公墓　该公墓墓区和管理处位于钓鱼山南坡。1989年11月，经江苏省民政厅批准成立、由锦屏林场兴办的自收自支事业单位。公墓的性质为经营性公墓，占地面积近30公顷，主要为连云港市市区辞世人员提供墓穴和安葬服务。截至2015年底，公墓共建有墓穴26000余座。

农村公益性公墓　锦屏山周围山坡荒地，自古以来即是海州当地逝者入土为安的首选之地。考古成果显示，山北麓存在为数不少的汉墓，此后历代墓葬都有发现。20世纪80年代，连云港市实行殡葬改革之前，锦屏山周围的散葬坟墓比比皆是，对环境造成破坏，经常引发山林火灾。90年代起，山周围乡村开始平坟返耕，清理散葬坟墓，新建村级公益性公墓安葬逝者。但由于土地性质等问题，农村公益性公墓一直得不到合法审批，加上缺乏统一规划、投入不足和管理缺失，这些农村公益性公墓仍存在土地资源浪费较大、视觉污染严重等问题。据统计，至2015年底，锦屏山周围农村公益性500穴以上较大型的公墓已达10余处，其中2000穴以上的大型村级公墓3处。

锦屏山周围农村公益性公墓情况一览表

表7-2

公墓名称	性　质	建成时间（年）	坟墓数（座）	位　置
金鸡岭公墓	村公办公益性	1991	162	酒店村
园林村墓区	村公办公益性	1992	3340	锦屏山北侧的白鸽涧西侧
孔望山村墓区	村公办公益性	1992	1105	锦屏山北侧塔山上
网疃村墓区	村公办公益性	1992	1811	焦山上西北侧

续表 7–2

公墓名称	性　质	建成时间（年）	坟墓数（座）	位　置
双龙村墓区	村公办公益性	1992	3899	焦山南侧王庄水库以东
九龙岭公墓	村公办公益性	1993	2400	陶湾村
龙凤陵公墓	村公办公益性	1996	247	刘顶村
二涧公墓	村公办公益性	1998	900	岗嘴村
桃花自留山	村公办公益性	自然形成	1400	桃花村
哑巴山墓区	村公办公益性	自然形成	200	酒店村
西乱坑	村公办公益性	自然形成	400	狮树村
陶湾墓区	村公办公益性	自然形成	700	陶湾村
朐山自留山	村公办公益性	自然形成	900	朐山村

散葬坟墓　锦屏山周围及山间，存在多处坟墓散墓点。这些散葬点大多是历史遗留下来或建在家族的承包地内，有的甚至建在交通不便的山间悬崖上。散葬点内的坟墓，大多在50座以下，少的只有几座。据2015年普查，仅园林村境内的散葬点就达14处。

三、“长城”

2005年以后，石棚山景区由市内某餐饮集团承包。2014年，承包方既未经规划论证也没有批准手续，在锦屏山白鸽顶海拔348米的山头上新建了一处长500米、宽5米、高7米的仿长城建筑。海州区锦屏山旅游开发建设管委会发现后要求其拆除，但承包方至2015年底仍拖延未动。

白鸽顶仿长城建筑

第八章　交　通

第八章　交　通

锦屏山及各独立山头5米等高线以下均为缓坡及台地，早在一万年前，先民们就在此休养生息。为生计，人们翻山越岭，拾草砍柴，狩猎采药，走出了一条条羊肠小道；为出行，人们依据山势修筑了一条条简易通道，密切了同外界的联系。秦代在今朐山北麓海边台地上置朐县，在山周围建成多处停靠船舶的码头和小海港，在境内陆地上将堤堰道路作为铺递驿道。南北朝时期，锦屏山北侧的海州统领6郡19县，成为地区的政治经济中心，锦屏山周边有多处海港开展货运。宋代建成的石湫堰和金明昌二年（1191年）修筑竣工的纵贯朐山的塔山古道，成为当时海州连接南北的一条重要通道。民国年间开发锦屏磷矿，锦屏山周围逐步修筑了几条砂石公路。中华人民共和国成立后，在开发建设锦屏山的过程中，逐步修筑了周围及通达山顶的可通行汽车的道路。改革开放后，政府加大了对境内交通的投入，锦屏山周围村村通公路。进入21世纪，海州区大力发展旅游事业，投入大量资金，先后修建东风路、花园路、新建东路，打通孔望山、石棚山、桃花涧之间的道路，将各景区串连起来。仅2004、2005两年，各景区共铺设步游道13400米，修建了孔望山西入口通达塔山古道的游览道路，将孔望山和石棚山连接起来。2009年，海州区以孔望山景区为龙头，对海州旅游资源进行整合，全长10千米的锦屏山旅游观光步游道竣工。2010年，完成全长15千米的锦屏山旅游观光车道，连接起桃花涧——石棚山两景区，增强了锦屏山地区旅游的竞争力。

第一节 锦屏山周围交通

一、古海港

秦代，在锦屏山北麓临海的台地上置朐县，朐县成为今连云港市地区最早的海港城市。锦屏山周围的网疃、孔望山、朐山、陶庵、岗嘴、夹山、刘顶、刘志洲山乃至南部的龙苴等小集镇或渔村也都先后建成临海的码头或小海港。魏晋南北朝时期中原动乱，古海州的这些港口是南北纷争中唯一的海上通道，史称“朐山险塞……水陆交凑，扬郁路冲”，锦屏山周边成为南北商品交换的重要边陲市场。唐代，海州盐运销全国十多个省，至武则天执政时，锦屏山周围的海港已成为繁华的南北货集散码头。海州港一次可停泊十数艘远洋货船，日本入唐的大使船队形容海州港“千轴万艘，交贸往返”。孔望山下的海港码头，是日本遣唐使船队的登陆地。宋代，南宋水师依据孔望山、刘志洲山的海港，抗击金兵900艘战船的进攻。

网疃因古代渔民在此晒网而得名，宋代的苏东坡在诗中曾描述过朐山这个小渔港的海边路上堆满了牡蛎壳，陶湾村古地名叫淘蛎湾，世代相传的"船泊夹山口，浪打朐山头"，刘志洲山南端东侧至今仍存有海船闸遗址……这些都印证了当年锦屏山周围小海港的繁忙。明末清初，海退陆生，锦屏山周围的港口逐渐淤塞，变为陆地，交通主要依靠陆路。

二、石湫堰

石湫堰位于锦屏山南麓，是一处集农田水利、交通要路、军事关隘于一体的复合性建筑设施。古代的锦屏山，南、东、北都是大海，先民们为了方便交通和农业生产，便兴建了一条长堰，既能阻止海潮的侵袭，又可作为道路供人、车行走。堰，即堵水的土堤。一面有水的称堤或坝，两面有水的称堰。据市内专家尤伯先生采取发掘等方法科学考证，石湫堰的走向，起于岗嘴村境内临海山坡上的塔山古道，向西南至哑巴山东南麓，过八一河，再向南沿海沭路止于新坝大穆村。石湫堰建成后，起到了外挡咸潮，内蓄山洪，以利农桑的作用，既是陆路进出海州的唯一重要通道，又是有城堑之险的重要军事关隘。如《宋史·李全传》："李全与金人战于高桥，不胜退守石湫"，《续资治通鉴》："金人数万众围海州。诏镇江都统制张子盖往援……子盖整军渡江，取涟水至石湫堰"等，都表明了石湫堰在军事史上的重要地位。

石湫堰建成于何时？史料无明确记载。但在《宋史·河渠志》中有这样一段记述："宋天禧四年（1020年）淮南劝农史王贯之，导海州石闼堰（石闼堰为石湫堰于八一河处向北的旁支，编者注）水入涟水军以溉民田。"这说明石湫堰至少在1020年前就已存在了。

南宋建炎二年（1128年）后，黄河夺淮，直至清咸丰六年（1856年）改回故道由山东入海，近730年之久。其间，黄河水携带大量泥沙流入黄海，是宋代尚地处海边的今响水、灌云等地的海岸线向东推进40~60千米的主要原因。锦屏山南麓大片成陆后，先民们围海造田，于清乾嘉年间在新坝东北经原民航机场至哑巴山沿线，造了一条新坝与石湫堰衔接，以阻咸潮。新坝的筑成使用，石湫堰渐渐就失去了昔日的繁忙和军事关隘的险要。延至清末，石湫堰在交通方面的功能，已基本被新坝这条路所取代。新中国成立后，经过大面积的水利建设和农田改造，古石湫堰虽残存一点遗址，已基本难觅踪迹。

三、公　路

锦屏路　北起海州城区新建西路，南至磷矿选矿场，总长6530米。其中新建西路至园林转盘段于2006年8月改称西门路。向阳桥至园林转盘段于1998年4至10月改建成混凝土路面，长650米，宽15米。刘顶至磷矿选矿场段于2004年将原沥青路面改建成混凝土路面，长2720米，宽7米。新建西路至向阳桥段于2006年改建成混凝土路面，长400米，宽17米。园林转盘至刘顶段于2006年将原沥青路面改建成混凝土路面，长2760米，宽9米，路基宽12米。2005年11月，投入资金450万元对锦屏路进行大修。

朐山路　朐山路起于锦屏磷矿选矿厂，向东经岗嘴、陶湾，止于朐山，全长5.4千米。原路为沙石路面，道路狭窄，行车困难。2003年10月，按二级公路标准进行改造，水泥混凝土路面，设计年限为20年。2004年建成通车。

盐河南路　自朝阳桥至孔望山景区，全长2.5千米，路基宽8米，路面宽6.1米。原为沙石路面。1978年更新为沥青路面，为二级公路。2003年，对道路进行拓宽改造，朝阳桥至新建东路段路宽60米。2012年，盐河南路续建工程开工，按路宽60米南延至朐山村。

秦东门大街　原名新建路，2010年以前西起锦屏路，东接盐河路，全长4631米。其中，新建西路为锦屏路至秦东门城雕段，长1009米。1987年3月至1988年12月，实施沙石路拓宽改造工程，上下行混凝土快车道各宽7米，沥青慢车道各宽3米，中间绿化带宽2米。新建中路为秦东门城雕至花园路段，长895米，原路面宽不足6米。1987年3月至12月，完成秦东门城雕至护城河段长628米、宽9米的沥青路面改造工程。2003年7月至2004年4月投资1200万元，进行大改造：混凝土快车道宽15米，沥青慢车道各宽6米，快、慢车道之间各有1.5米宽绿化带。新建东路花园路至盐河路段长2727米，2001年4月至2002年12月，建成双向六车道宽24米、慢车道各宽6米、两侧绿化分隔带各宽6米。2007

秦东门大街

年，将新建中路延长至盐河，修筑新建东路城市主干道（盐河南路–瀛洲南路），全长3420米，宽60米，沥青路面。2011年全路贯通，全长8051米。2012年3月，新建路更名为秦东门大街。

东风路 花园路至锦屏路，长2100米，宽12米，为沥青路面。2002年5至9月完成铺设工程。

花园路 东风路至新建路，长681米，宽10米，为沥青路面，2002年6至8月建成通车。

海孔路 花园路向东经孔望山林场接盐河南路，全长3000米，宽6米，碎石路面。原为海州古城和孔望山之间的主要交通道路，2004年改建为混凝土路面。

幸福南路 北起秦东门大街，向南经秦东门城雕、钟鼓楼、准提寺、双龙井、朐阳门广场，与东风路衔接。全长897米、宽22米，1998年10月建成通车。

公交线路 市内公交有多条线路经过锦屏山周围，方便居民和旅客出行。

2015年锦屏山周围公交线路站点一览表

表8–1

线路	起点	锦屏山周围主要停靠点	终点
3路	党校南门	市第二人民医院、市桥、西门、白虎山、园林、刘顶、西山、桃花涧景区	磷矿
4路	新浦火车站	市二院、市桥、西门、白虎山、园林、刘顶、西山、桃花涧景区、磷矿、桃花、普安	新坝
5路	龙河广场	孔望山、朐山、陶庵、岗嘴、东山	磷矿
游2	海州西门	市桥、秦东门城雕、双龙井、朐阳门广场、石棚山、秦东门大街	花果山
27路	新海新区医院	秦东门城雕、双龙井、海州实验中学	南园新村
122路	新浦客运总站	孔望山、朐山、陶庵、柿树、小荡	新坝

四、铁　路

民国9年（1920年），锦屏矿务股份有限公司修筑18磅轻便铁道长约5千米，紧靠锦屏山前，自东山矿坑经西山矿坑，直抵蔷薇河码头，用于运输矿石。民国28年，日本侵略军将磷矿轻便铁路延伸至海州车站，全长约9千米，将矿石运至连云港港口，用船运往日本。日军投降后，磷矿铁路设施遭受破坏。1956年底至1958年，沿锦屏路西侧开工建设铁路专用线，1959年下半年投入运输。1998年8月，海州火车站撤销。同年8月22日，随着东陇海线路的改建，锦屏磷矿铁路专用线也迁移延伸与国铁干线接轨。2010年磷矿停采后，该铁路主要承担矿业公司的电煤等生产物资运输任务。

五、航　道

蔷薇河　位于锦屏山以西0.5千米处，南自锦屏镇刘顶村入海州境。河道宽150米，正常水深3米，可常年通航100吨级的船舶，为六级航道。锦屏山周围的物产和蔷薇河上游的农副产品，经常通过刘顶村河段的简易码头进行交易。

盐　河　位于锦屏山以东0.5千米，南自新坝镇小荡村入海州境。河道宽约40米，水深2米，可常年通航50~100吨级船舶，为五级航道。20世纪末，新海主城区南扩，海宁路以北河道禁航。锦屏山地区出产的石子等建筑材料，主要通过朐山村河段的简易码头南运。

第二节　山间道路

一、步行道

塔山古道　古道在塔山西侧，依山地自然形势铺筑而成。地势低平处铺以块石，斜坡处凿成台阶，高岗处劈成凹槽形成路面，是海州古代直通板浦的一条重要通道。古道现存450余米，路宽2.6米，已残缺不全，但尚可行走。据古道中段所刻石碑《新筑路碑记》载，此道修筑于金明昌二年（1191年）三月，为民间集资修建，距今已有800余年历史。塔山古道是江苏省首次发现的唯一有确切纪年的古道，具有重要的历史价值和科学价值。1982年，塔山古道成为连云港市第一批文物保护单位，2015年属江苏省文物保护单位。

头道　位于锦屏山西北部。头道原为简易的人工山道，从山北的园林村向南直通锦屏山中的紫竹庵。20世纪初，沈云沛在海州兴办实业，1920年，开发锦屏磷矿，沈家将毁圮的紫竹庵改建为沈家祠堂。为方便到祠堂祭祀，出资修建

塔山古道

了这条山道。道路东侧紧邻头道涧，西侧沿着崎岖陡峭的山坡，或凿或垫，用巨石铺成台阶，向上绵延数里。到达山顶头道门后，再沿着山间曲径向东蜿蜒数里至沈家祠堂。

头道上的游客

桃花涧路 位于桃花涧右岸、磷矿选矿厂后。原为村民上山小道，崎岖难行。20世纪50年代，探明山上有铅、锌矿，为方便施工人员往返，就地取材用石块铺就一条盘山道。山道拾级而上，长数百米。山上部分道路较平坦，可直达沈家祠堂，与头道相衔接。

铅锌矿连接路 位于锦屏山中，是连接电视台路和桃花涧路的一条砂石路，东西长500米，宽4米，建成于20世纪70年代。

大戏台至茶叶地连接路 该路位于锦屏山山顶，是连接大戏台至茶叶地上部的一条砂石路，长900米，宽4米，建成于20世纪70年代。

桃花涧步游道 1996~1997年，桃花涧开发旅游业，修建东山门及桃花潭至三道坝简易步行道。2003年，桃花涧西山门及广场改造建设工程完成，开始修筑沿将军崖岩画、石刻文化艺术园、桃花潭、桃花涧直至紫竹林的砂石路。道路全长4000米，宽3米。

孔望山步游道 孔望山原来的步游道因狭小而不能适应众多旅游者的要求，2000年起开始投资改造，分别铺有东、中、西三条，总长6000多米。东线从龙洞庵东侧拾阶而至山顶；中线从山前广场向西沿山路登上飘然亭，再向东直达山顶；西线从汉代摩崖造像西侧沿山路攀登向东，经飘然亭向东登上山顶。

孔望山步游道

石棚山步游道 1997年开始建设进山道路，2001~2002年铺设山门至主景区步游道，分别从彩虹桥北、中、南三路进入山顶主景区。2004年，修建延长至塔山古道的步游道。

白虎山步游道 2005年10月，铺设上山和环山步游道，总长1500米。游客可沿着掩映在丛林中的环山石砌小道散步，也可从南、北两面沿台阶登临山顶。

白虎山步游道

锦屏山步游道　石棚山、桃花涧两个景区相距较远，但两景区沿线景色秀美，古迹众多。为打造大锦屏山旅游品牌，将沿线众多景点串连起来，方便游客观光，2008年，连接石棚山景区和桃花涧景区的锦屏山旅游观光步游道完成现场勘测、线路确定和设计工作，进入现场施工阶段。根据规划，石棚山至桃花涧步游道分为9个路段。游客从景区入口沿途可观赏石曼卿读书处、石棚、麋竺墓、风门口、塔山古道、文峰塔、藏军洞、尾矿坝、九龙涧、电视台、金蝉洞、紫竹林、桃花涧、将军崖等景点。2009年，全长15千米的锦屏山旅游观光步游道竣工，石棚山、桃花涧两景区连为一体。

二、车行道

电台路　1971年10月，市电视台在锦屏山上建立电视发射台，开始修筑电台路，用于运送人员和给养。道路从东山油库起，沿蜿蜒山脊直达山顶，全长4000米，宽4米，水泥路面，可通汽车。

桃花涧车行道　2000年5月，从锦屏磷矿选矿厂后铺设了一条进山道路，山上部分连接桃花涧路，长3000米，宽4米，水泥路面，汽车可直达紫竹林。

锦屏山旅游观光车行道

青龙山公墓路　该路为方便市民上山安葬逝者和扫墓而修，建成于20世纪90年代，起于钓鱼山垃圾场至尾矿坝南沿，水泥结构，全长2500米，宽4米，汽车可直达山上墓区。

锦屏山旅游观光车行道　2010年，建成锦屏山旅游观光车行道。该车行道连接石棚山和桃花洞两景区的主要景点，同时兼具防火功能，方便灭火人员快速赶至火场。该车行道新建部分主要位于锦屏山北部的石棚山景区，建成后与山南部电台路、桃花洞路衔接形成锦屏山旅游观光车行道路网，共有石棚山景区塔山入口、桃花洞景区入口和电台路东山入口三处进山车行道入口。车行道沿途可游览锦屏山东部的文峰塔、白鸽顶上仿长城建筑、九龙口、九龙顶、老龙涧等景点，向西可游览马耳峰、电视发射塔、龙祠摩崖石刻群和桃花洞景区各景点。

三、停车场

桃花洞景区门前广场、孔望山景区东大门广场、石棚山景区门前广场都设有停车场，可停放轿车和旅游大巴等车辆。

第九章　旅　游

从春秋时孔子登山望海开始，锦屏山及其周边的孔望山、石棚山、白虎山等就成为历代达官显贵和文人墨客访古探幽、登临吟咏的游览胜地。新中国成立后，境内孔望山、白虎山等处没有什么旅游设施，平时只有本地的零星游客，人数最多时是春天学校组织学生春游。改革开放后，连云港市利用境内山海风光形胜、风景名胜众多、历史文化遗存丰厚的有利条件，开始把发展旅游事业提上议事日程，制定规划，开发利用旅游资源，振兴旅游事业，以促进经济社会协调发展。1984年，连云港市旅游公司成立，同时成立孔望山风景管理处，归口市旅游公司。1989年，海州区开始规划发展旅游业，构建融孔望山、石棚山、白虎山、桃花涧和海州古城为一体的“三山一涧一古城”旅游格局。90年代中后期，继孔望山之后，桃花涧、石棚山风景区相继建成迎客。2000年，《海州区加快发展旅游业实施意见》出台，对各风景区及景点制定了较高的标准，规范其有序开发和建设。2001年，海州区创办并打出“连云港之春”品牌，此后十多年，“连云港之春”以市区近郊孔望山、石棚山、桃花涧的风景名胜和盛开的桃花等明媚春光为载体，吸引市内外大量游客到锦屏山地区赏花春游，访古探幽。2004年，孔望山景区被国家旅游局评定为国家AAAA级旅游景区。2006年，石棚山、桃花涧两景区也相继被评为国家AAA级旅游景区。2010年，海州区锦屏山旅游开发建设管理委员会成立，启动多项锦屏山旅游观光项目设施建设。2014年，桃花涧景区建成国家AAAA级旅游景区。锦屏山风景区的旅游档次不断提高，承办了多项市内文娱、健身活动，旅游体量进一步加大。

第一节　规　划

《1980~2000年连云港市总体规划》中“风景名胜”规划提出，海州要逐步建设好孔望山景区和锦屏山景区。孔望山景区以东汉摩崖石刻、龙洞庵为主体，逐步改造和搬迁有碍景区建设的村庄。搞好孔望山的绿化系统，其保护范围北起电厂送水渠、南至凤凰山残存的城基外5米、西至石棚山。锦屏山景区，以桃花涧、古人类遗址、将军崖岩画等为主体，开发刘志洲山，保护好刘志洲山古战场遗迹，逐步开辟白虎山居住区级公园。

《1991~2010年连云港市总体规划》提出，海州要建设包括海州古城、孔望山、石棚山、白虎山公园、将军崖岩画、桃花涧等风景旅游线。开拓旅游道路，新建旅游服务设施，保护好景区的旅游环境和地下遗存。海州要保持历史形成的东西向中轴线城镇格局，古城保护范围东至海师，西至十字街，南至中环路，北至新建路。古城内以明、清建筑形式为主，高度不超过三层，古城区外围100米为建筑控制区，新建建筑物不超过四层，高度不超过14米。古城改造坚持以重要文物古迹为点，中轴线为线，传统民居为面的点、线、面相结合的原则，突出“古”的特色。1992年，孔望山景区被国务院确定为云台山国家级风景名胜区的主要组成部分，建设部专家对孔望山进行详细规划。

2000年，海州区旅游局委托南京林业大学、市园林设计研究所编制孔望山景区及石棚山、桃花涧旅游区规划，并付诸实施。2001年3月，孔望山、石棚山、桃花涧三个景区总体规划通过市规划局批复。2002年4月，海州区委托南林大风景园林学院对景区内的朐海湖进行详细规划，并通过专家论证。6月，根据孔望山、石棚山、桃花涧景区总体规划，相继完成了孔望山景区的朐海湖、石棚山景区的文峰塔、桃花涧西山门等主要景点的单体规划。同时，邀请南京林业大学专家对海州区旅游资源进行考察后，编制包括孔望山、石棚山、桃花涧、古城在内的锦屏山景区旅游规划。

《2003~2020年连云港市总体规划》中的旅游规划，对海州旅游功能区做出如下叙述：着重挖掘深刻的历史、科学价值和文化内涵，点线面相结合，形成以海州古城为依托，以山、涧、寺、庵为内容，文化内涵丰富，自然风景优美的旅游区，构筑和优化“三山一涧一古城”为主景，其他景点补充、服务设施配套的旅游格局。其开发重点和时序分为近期与远期。近期以海州古城和石棚山公园作为开发重点，桃花涧旅游区和孔望山公园以保护为主，全局把握，合理开发。改善旅游交通，提高各游览区的可进入性。在各主要游览区和城郊公园设置公共交通车站点，开辟公交车、旅游专线车，并合理组织游线。远期开发建设白虎山公园及各游览区其他配套工程项目，形成较为完善的“三山一涧一古城”特色旅游格局。

2003年，由南京大学对海州区的旅游发展进行总体规划，对海州旅游产品、客源市场及形象宣传作了科学定位，深层次挖掘海州古文化内涵，描绘了海州旅游业发展蓝图，使海州各景区景点开发建设有了重要的科学依据和明确的发展定位。12月，《海州区旅游业发展总体规划》通过专家论证，成为全市第一家完成旅游业发展总体规划的县区。

2005年，孔望山、石棚山两个景区的规划经专家论证后，作进一步修编。与此同时，桃花涧景区也展开修编工作。

2006年，海州区邀请省旅游局副局长李明耀等有关专家到区进行实地踏勘，并在2003年《海州区旅游业发展总体规划》的基础上编制锦屏山旅游总体规划，使锦屏山各景区景点的开发建设有一个统一的蓝图。

2007年，海州区邀请中国矿业大学旅游系和徐州师范大学旅游系的规划课题组对旅游环境和景区进行跟踪调查，对海州区旅游资源进行规划和定位，着手2003年通过的《海州区旅游业发展总体规划》进行修编。

2009年，完成《海州区旅游业发展总体规划》修编工作，并通过连云港市规划局审批，印制成册。

2012年，由上海浦东新区建筑设计研究院编修的《锦屏山控制性详细规划》完成，规划总体定位为打造摩崖圣山品牌，以锦屏山为核心载体，整合摩崖造像、神话石雕、先民遗址、奇峰怪石以及众多人文景观等独具特色的旅游资源，打造国家AAAAA级景区。

第二节　旅游活动

一、桃花节

1996年4月4日，石棚山景区主办首届赏花会。会上邀请连云港市歌舞团参加演出。

1997年4月，在桃花涧景区举办首届桃花会开幕式，由锦屏镇人民政府主办，桃花涧景区管委会承办。开幕式邀请市歌舞团演出。

1998年4月，海州区举办第二届桃花会开幕式，并更名为桃花节。开幕式邀请三得利公司演出队演出。10月1~6日，孔望山景区与市锦云大厦联合举办“迎国庆万人登山中大奖”活动，市各主要媒体广泛宣传。

1999年4月，桃花涧景区与三得利公司联合举办第三届桃花节，与克立林公司联合举办牡丹节、“克立林”有奖猜谜、登山寻宝活动；区博物馆（锦屏林场筹建）举办海州中国风筝展和舞龙舞狮、儿童腰鼓、撑花船等民俗表演。孔望山景区和连云港报社联合举办“东方之龙”有奖征文活动，与市老干部局联合举办“苏果金义杯”活动。

2000年春，桃花涧景区以第四届桃花节为载体，邀请云南少数民族歌舞团到景区演出。石棚山景区举办市文学界春季赏花会，邀请市歌舞团到景区演出。“五一”期间，孔望山景区与蓝海计算机公司、江河通讯公司联合举办“宝典杯”登山健身活动。

二、“连云港之春”

2001年，海州区取“石室春风”之意，创办“连云港之春”旅游节庆活动。3月31日，第一届“连云港之春”旅游节庆活动开幕式在石棚山石曼卿读书处东南侧山坡上举行，由海州区人民政府、连云港市旅游局主办，邀请前线歌舞团著名歌唱演员朱虹等参加演出，以歌舞形式赞美了美丽的海州，吸引众多市民和游客前往。同时，与第五届桃花节融合，在桃花涧景区设立分会场，邀请南京红山动物园举办动物表演。

2002年3月30日，第二届“连云港之春”旅游节庆活动开幕式在朐阳门广场举行，海州区人民政府、连云港市旅游局主办，市电视台承办。开幕式主题为“在那桃花盛开的地方”，邀请腾格尔、万山红、林萍等著名歌唱演员加盟，规模空前，现场观众达3万余人，吸引了省市10余家媒体参与报道。连云港电视台首次在海州对开幕式进行现场直播，首次在省电视台进行全程转播，也是全市首次在广场举办旅游节庆活动。4月20~21日，举办连云港市“孔望山杯”全民健身演练表演大会暨武术比赛。5月1~7日，连云港日报社与孔望山景区联合举办“登名山、购名品”暨市名优产品展示周活动。9月20日至10月20日，承办孔望山金秋菊花名品展。该活动由区旅游局、连云港职业技术学院联合举办，连云港市音乐家协会、苍梧晚报社、孔望山风景区管委会承办。前一周为试展期，28日举行菊花展开幕式，并于10月1~3日举办三场音乐会。

第一届“连云港之春”

第二届“连云港之春”

2003年3月29日，第三届“连云港之春”旅游节庆活动开幕式在桃花涧景区西山门广场举行。由海州区人民政府、市旅游局和市广播电视局主办。演出阵容主要是省歌舞团、市体育舞蹈学校演员，还聘请眉佳、高林生等歌手参与，通过市电视转播车进行实况转播，当天观看演出的来宾和游客达2万余人。开幕式后，陆续举办风筝展、专题音乐会、摄影大赛、金秋名品花展、武术节等数十项旅游活动。

第三届“连云港之春”

2004年4月3日，中国（连云港）民族鼓乐精英赛暨第四届“连云港之春”旅游节庆活动开幕式在朐阳门广场举办。由文化部牵头，市人民政府、市委宣传部、海州区政府联合主办。以中国民族鼓乐精英赛为主题，向全市人民展示一台集中华民族鼓乐精华的表演大赛。安徽花灯鼓、甘肃兰州太平鼓、河南开封盘鼓、山西绛州鼓乐、新疆鼓吹乐、山东鼓子秧歌、北京太平鼓、赣榆锣鼓、海州威风锣鼓等8个省市的9支代表队参加比赛，参赛队员近400名。各具特色的民族鼓乐同台献艺，一展风采。大赛邀请中国文联主席、文化部原代部长周巍峙为名誉主任，原中国艺术研究院音乐研究所所长、博士生导师乔建中为评委主任，文化部、省委宣传部、市、区领导出席大赛，中央电视台三套节目、中央人民广播电台、《扬子晚报》等20家新闻媒体对此作报道。

第四届“连云港之春”

4月10~11日，由连云港市农村工作办公室、市体育局、市农民体育协会主办，在桃花涧景区广场举办连云港市第五届农民运动会，设武术、风筝、农民“三项”和龙狮比赛，全市四县三区参赛运动员有200余人。运动会被定名为连云港市第一届农民体育节。自此后，桃花涧景区主要以体育节为主题举办桃花节活动。是年，将海州传统的白虎山庙会纳入“连云港之春”活动中；各景区分别举办“春天送你一首诗”大型诗咏会。

2005年3月26日，第五届“连云港之春”旅游节庆活动在石棚山景区举办。此次活动按照区政府“依托景区、依托媒体”思路，由政府主办转为景区主办，由政府运作转为市场运作，由原来扩大宣传效应转化为扩大宣传与经济效益并重。活动由在石棚山景区举办的“相约海州 拥抱春天”大型文艺演出开始，桃花涧景区举办了第二届农民体育节、摩托车越野赛，孔望山景区举办了喊山比赛、吴桥杂技表演等系列活动。

第五届“连云港之春”

2006年，第六届“连云港之春”按照区政府提出的“依托景区、依托媒体、体现文化特色”的总体思路，通过“政府主导、景区承办、社会参与、市场运作”的方式，重在体现海州的旅游文化特色。由大型诗歌朗诵会“春天送你一首诗”拉开旅游节庆活动的开幕式，孔望山景区举办“春在海州”游孔望山书画、征文比赛，桃花涧景区举办第三届农民体育节，石棚山景区举办“春之韵”大型歌舞表演等系列活动。

第六届“连云港之春”

2007年，第七届“连云港之春”以元宵灯会为开幕式，主场活动包括美食节、民俗表演、文化旅游博览会等，孔望山景区、桃花涧景区、石棚山景区根据自身特点，举办了喊山比赛、省首届农民体育节、“春天送你一首诗”大型诗歌朗诵会等活动。“连云港之春”文化旅游系列活动以其鲜明独特的旅游形象，已成为全市重要的春季旅游推介品牌。2008年2月21日至5月12日成功举办了第八届“连云港之春”旅游节庆系列活动，元宵节焰火燃放及民俗踩街活动、连云港市

第七届“连云港之春”，中日书法家在孔望山交流书法艺术

武术节、苏北鲁南地区民俗文艺精英赛、连云港市风筝节、江苏省舞龙比赛、连云港2008全国首届连环画交流会、白虎山文化旅游庙会等，内容丰富，形式多样，吸引众多新闻媒体关注，营造了浓厚的旅游氛围，充分宣传和展示了海州秀美的自然风光和悠久厚重的人文旅游资源。仅白虎山庙会期间，海州游客量就达30余万人次，《人民日报》、新华网、网易等重要媒体报道或转载了庙会盛况，引起了较大的反响和社会效应。

2011年，第十一届“连云港之春”文化旅游活动以2月17日元宵节民俗文艺表演和焰火燃放活动拉开序幕，至5月10日白虎山文化旅游庙会顺利结束，为时近3个月。旅游节包括元宵节民俗文艺表演和焰火燃放、“相约海州”大型文艺演出、2011连云港市风筝节、连云港市民乐民歌民舞精英赛、“相约锦屏山”连云港市登山比赛、2011连云港市武术节、白虎山文化旅游庙会等系列活动。其中，锦屏山登山健身比赛，参与者达百人。登山路线：桃花涧景区东门–健身步道（桃花涧景区东门–桃花潭–紫竹林–金蟾洞–茶园–九龙顶–九龙洞–尾矿湖–塔山古道）–石棚山景区焦山，全长10千米。

第十一届“连云港之春”系列活动连云港市武术节

2012年，第十二届“连云港之春”文化旅游系列活动主要包括元宵节民俗文艺表演、“兴萌”杯桃花涧景区“桃花之约”社区文艺会演、“大金巨生实业”杯2012年连云港市武术节、第六届江苏省全民健身运动会风筝比赛、连云港市乡村旅游采摘节、白虎山文化旅游庙会、喜钓郎顶级钓王挑战赛（江苏分站赛）暨第十二届连云港之春钓鱼邀请赛等系列活动。活动从2月6日元宵节民俗文艺表演拉开序幕，至5月27日钓鱼邀请赛结束。

第十二届“连云港之春”系列活动“桃花之约”社区文艺汇演

海州建城千年庆典活动。以海州建城1500年（512~2012年）为契机，海州区于10月30日至11月1日举办海州建城1500周年庆典活动，展示海州的发展前景，推介海州的文化旅游

2012年11月1日，千年海州大型文艺晚会

优势资源。主要活动有千年海州文艺晚会、锦屏山登山比赛、海州“十大历史事件”和“十位历史名人”评选等。

千年海州大型文艺晚会于11月1日晚在连云港兴隆装饰城广场举行。市、区领导和出席千年海州经贸合作洽谈会的海内外客商及1万多名观众一起观看了文艺演出。晚会紧紧围绕“海州发展”主题，分山之魂、水之灵、人之杰、城之兴四个篇章，展现海州厚重的历史文化底蕴、多元的人文自然景致和经济社会的沧桑巨变，勾勒出一幅千年福地的绝美画卷。晚会由中央电视台主持人董卿和海州人梁国荣担任主持，孙悦、王宏伟、陈寒柏、五洲唱响乐团、朱之文、李行亮等明星登台表演，为现场观众带来震撼的视听享受。

2012年10月20日，连云港市锦屏山登山比赛在海州锦屏山成功举办。登山路线从起点桃花涧景区西门经桃花潭、紫竹林、金蟾洞、茶园、九龙顶、九龙涧、尾矿湖、塔山古道到达终点石棚山景区焦山，全长10千米。来自市登山户外运动协会各登山俱乐部和海州区的20支代表队参加了比赛。

2013年，第十三届“连云港之春”文化旅游系列活动，以春节民俗踩街活动拉开序幕，内容包括春节民俗踩街活动、元宵节文艺会演、“桃花之约”广场舞大赛、“万泉河”杯锦屏山登山比赛、市第九届农民体育节、乡村旅游采摘节等。

2013年4月27日，市第六届全民健身运动会农民部各项比赛暨第九届农民体育节在桃花涧景区隆重开幕，市、区相关领导出席开幕仪式。10月19日上午，2013年连云港市锦屏山登山节在桃花涧景区举行，市、区相关领导和连云港市登山户外运动协

2013年4月27日，第十三届“连云港之春”系列活动全市农民体育节

会会长等出席开幕式，来自市登山户外运动协会各登山俱乐部和各县区的21支代表队参加了比赛。

2014年，根据区划调整后的新形势，海州区及时调整旅游工作思路，锦屏山地区的旅游坚持以节造势，城郊休闲观光为主。全年成功举办白虎山文化旅游庙会、“情系锦屏山、牵手桃花涧”千人相亲会和锦屏山登山比赛等活动。

3月7日，由连云港市委市级机关工作委员会、连云港市体育局、连云港市妇女联合会、海州区人民政府主办的连云港市锦屏山登山比赛在海州锦屏山举办。登山路线起点为桃花涧景区西门，经健身步道、桃花潭、紫竹林、金蟾洞，终点在桃花涧景区东门，全长5千米。来自市级各机关共68个代表队400余人参加了比赛。

第三节 旅游推介

1988年1月13日，孔望山摩崖造像被国务院公布为第三批全国重点文物保护单位。中央、省、市各大新闻媒体广泛报道宣传。自1990年开始，《连云港日报》《苍梧晚报》和国家、省内外报刊经常刊有孔望山、石棚山、桃花涧等景区的报道和图片。1997年2月19日，《连云港日报》头版发表专访《春风唤醒桃花涧——桃花涧风景区开发纪事》，编辑部做了题为《实干出美景》和《非同一般的飞跃》的短评。1999年9月28日至2001年9月28日，孔望山景区与浙江省临海市雕塑厂联营历代帝王展览馆，每逢旅游旺季，均在市各大媒体进行宣传报道。

自2001年始，在历届“连云港之春”和桃花节开幕式之前，区旅游局与各景区都组织人员赴周边城市宣传推介，连云港电视台同时跟踪报道桃花节的盛况。3月，《连云港日报》发表《在那桃花盛开的地方——桃花涧风景游览区开发纪实》《品味丰富的原始文化遗存——桃花涧风景游览区景点赏析之一》等文章，向外界推介桃花涧景区。7月，区旅游局整合全区旅游资源，统一形象，强化对外促销。各景区注重向外界推介自己，积极参加市区组织的各种旅游展销会，并向周边城市的旅行社发出邀请，拓宽客源市场。2002年4月5日，《连云港日报》周末特刊推出《春意古韵齐集“连云港之春”》文章，将桃花涧景区的美景向世人作了展现。

2003年3月2~9日，孔望山景区协助龙洞庵举行“梁皇宝忏大法会”，全国佛教协会理事、江苏省佛教协会副会长果光法师与杭州、无锡、徐州等数位高僧参加。4月12~27日，孔望山景区内举办艺术品及名优产品展销会。市各大媒体对这些活动进行现场采访与报道。5月1~7日，景区举办首届孔望山文化节暨纪念孔子登山望海、“问官于郯” 2528周年盛典。邀请《扬子晚报》等省市有关媒体采访报道，并制作孔望山文化节特刊。是月，海州区加大旅游促销力度，配合中央电视台拍摄海州旅游专题片，参加全国旅游交易会、北京百家新闻媒体连云港旅游推介会。8月，区旅游局与康辉、假日等60多家旅行社签订游览协议。10月1日至11月2日，举办欢乐国庆节潍坊大型民俗艺术风筝展，连云港市电视台、《连云港日报》、《苍梧晚报》均对活动进行现场采访与报道。是年，孔望山、石棚山、桃花涧三景区在报刊上发稿达158篇。

2004年3月，区旅游局配合中央电视台拍摄反映海州山水风光、历史文化的旅游专题片。4月18日，组织庆贺孔望山景区被评为国家AAAA级景区揭牌仪式和演出活动，江苏卫视及连云港电视台现场直播揭牌仪式和演出活动盛况。5月，以市旅游局悬赏百万破译 “东方天书” 为契机，大力宣传造势。国内外近30家媒体对此作宣传报道。区旅游局为考察将军崖岩画的有关人士提供讲解服务，桃花涧景区对外知名度大大提高。5月下旬，在上海举办连云港–孔望山景区上海旅游推介会。7月，连云港电视台中国连云港对外宣传部以《老顾的风景》为题，宣传报道桃花涧风景游览区开发与建设纪实专题片，片长45分钟。10月1~7日，举行“2004中国连云港孔望山文化旅游节”，并通过省、市各大新闻媒体进行广泛报道宣传。同月，通过洽谈联系，各景区分别与国际、青年、友好、蓝天、康辉、假日、山海等70多家旅行社建立长期合作关系。组织海州旅游促销团，参加杭州全国旅游交易会、上海连云港旅游推介会，两会共散发宣传资料5000余份，与沪、宁、常等地近20家旅行社达成合作意向。上海连云港旅游推介会，36家旅行社、8家新闻媒体参加。

2005年5~9月，区旅游局分别组织各景区参加在北京、上海、云南、南京等地举办的旅游资源合作与推介会，散发宣传材料1万余份，分别与当地十多家旅行社建立长期合作关系。8月，区旅游局组织景区赴韩宣传推介海州区旅游资源，当年吸引大批韩国游客。10月1~7日，孔望山景区举办首届孔望山吴桥国际杂技艺术周活动，省市各大媒体均进行宣传报道。据统计，全区每年集中、分散组织旅游促销活动达10次以上。

2006~2010年，各景区印刷宣传画册，积极参加国内各地的旅游交易会，先后与100多家知名旅行社签订了观光游览协议。

2011年，借助媒体，充分利用电视、电影、报纸杂志等传媒积极宣传海州旅游资源；并实行网络促销，在网上办好海州旅游资源风光、古海州文化积淀等，以吸引更多的游客。针对山东、西安、云南、河南等市场10余个全国重点旅游城市组织大规模促销活动。同时，区旅游局组织各景区、旅游饭店等参加4月15~17日在西安曲江国际会展中心举办的中国国内旅游交易会。

2012年9月20日，桃花涧景区举办"东方天书颂"篝火晚会

2012年，通过报纸、电台、电视、网络等宣传媒介，大容量、多角度、深层次、全方位地宣传海州"一山一城一镇一会"的丰富旅游资源，共有近50篇（条）有关"连云港之春"活动内容的新闻稿件在省市媒体刊播。4月30日，《新华日报》文章《我省城乡举行多种文化娱乐活动》报道了白虎山庙会开幕情况；2月3日，《扬子晚报》文章《连云港之春开幕　最惹眼的是踩街》报道了连云港之春开幕情况；4月17日，《现代快报》文章《3500米长风筝惊艳亮相》报道了风筝节活动情况。组织景区负责人前往广东、洛阳、西安、山东等地开展宣传促销活动，参加全国文化博览会、西游记文化节、连云港旅游市场调研活动。区旅游局利用10月1日快速公交系统（BRT）开通庆典活动，散发海州旅游宣传单，让更多的游客了解海州传统历史文化，宣传展示海州秀美的自然风光和悠久厚重的人文资源。

2013~2014年，在立足市内两报（日报、晚报）、两台（电台、电视台）和一网（联网）的基础上，区旅游局加强和《新华日报》《扬子晚报》《现代快报》等省级媒体联络，通过宣传媒介，大容量、多角度、深层次、全方位地宣传海州"一山一湖一镇一带一园"丰富旅游资源及海州良好的投资发展环境。区旅游局组织各景区参加2013中国（南京）国际度假旅游展览会、"美好江苏"宁杭高铁旅游促销暨夏季旅游产品发布会、第十届上海世界旅游博览会等旅游推介活动；组织辖区内30余家旅游企业参加中国国际旅交会、国内旅交会、5·19中国旅游日、连云港市旅游产品博览会等各项旅游产品展销活动，提高海州的知名度和影响力。

2015年5月，"中国旅游日"江苏省分会场活动在海州区举办，孔望山景区、桃花涧景区在会上现场开展旅游促销活动。8月，全市文明旅游广场宣传活动在孔望山景区广场开展。9月，孔望山景区赴苏州参加"2015年中国江苏旅行商交易大会暨新浪金足迹旅游网络盛典"。10月，经过评选，桃花涧景区入选"连云港新十景"。

第四节　管理与服务

一、机　构

海州区旅游局

1986年6月至1996年6月，海州区旅游工作由区计划经济委员会负责。1996年8月成立海州区计划局，设第三产业办公室，负责全区旅游工作。2001年10月，成立区旅游局，为区政府正科级事业单位，行使海州区旅游业开发和管理职能。

海州区锦屏山旅游开发建设管理委员会

2010年1月成立，为海州区人民政府直属事业机构。其主要职能是统一管理大锦屏山的旅游规划、开发、建设，指导、协调锦屏山各风景旅游区的大型旅游活动等。

风景区管理机构

孔望山风景区管理处　1986年6月，孔望山风景区管理处由市园林局划属海州区城乡建设环境保护局。2001年10月，划属区旅游局。

石棚山旅游开发公司　1996年3月，朐阳镇双龙村成立石棚山景区。2001年1月，石棚山景区成立石棚山旅游开发公司，隶属朐阳街道。2003年7月1日，开发公司经营权转让给连云港市明珠大酒店。

桃花涧旅游开发有限公司　1997年4月18日，成立锦屏镇桃花涧风景游览区管理委员会。8月20日，桃花涧旅游开发有限公司成立。2005年7月1日，桃花涧风景游览区经营权转让给新疆汇金房地产有限公司，成立连云港中汇旅游开发有限公司，负责桃花涧景区经营管理。锦屏镇桃花涧风景旅游区管理委员会自行撤销，保留连云港市桃花涧旅游开发有限公司，行使对连云港中汇旅游开发有限公司的监督权。2014年，桃花涧旅游开发有限公司上划归海州区锦屏山旅游开发建设管委会管辖。

二、旅游区创建

2003年，各景区扎实做好创国家AAAA级旅游景区准备工作，重点完善基础设施建设和提高接待服务能力。2004年1月8日，孔望山风景区被国家旅游局评定为国家AAAA级旅游景区；桃花涧景区、石棚山景区通过国家AAA级旅游区验收。是年，区旅游局制定实施旅游高峰期安全预案、森林防火预案，落实各项安全制度，以创造良好的旅游治安环境。加强旅游行业的管理与调控，实施综合管理，打击欺诈宰客等违法违规行为，强化治安管理。净化旅游市场，改善软环境，对游客的投诉做到“有诉必受，有受必查，有查必果，有果必复”。同时，对各景区工作人员进行岗位培训，重点培养一批具有较高素质的导游、讲解员。孔望山、桃花涧两景区分别派人参加ISO9000质量管理体系认证内审员培训班，为进一步做好景区的ISO9000质量管理体系认证工作奠定基础。自2005年起，开展创建“平安景区”活动，将其作为“平安海州”活动的重要组成部分。孔望山景区努力打造安全有序的旅游环境，通过办好节庆活动，规范旅游市场管理，强化市场运作，扩大景区知名度，大搞旅游促销，实现签约旅行社90余家。8月，孔望山、桃花涧景区通过ISO9000质量管理体系认证。

2006年，桃花涧景区、石棚山景区分别获国家旅游局颁发的国家AAA级旅游景区称号。2008年，孔望山景区顺利通过国家旅游局国家AAAA级景区复核。2014年，桃花涧景区获评国家AAAA级旅游景区。

三、游客接待与服务

游客　1999年之前，未作游客接待量和客源地分析统计。2000~2005年，境内接待海内外游客150万余人，实现旅游收入370多万元，分别占全市旅游总量约25%和0.7%。

2000~2005年海州区各景区接待游客情况一览表

表9-1

年　度	国内游客（万人次）			境外游客（万人次）			门票收入（万元）		
	孔望山	石棚山	桃花涧	孔望山	石棚山	桃花涧	孔望山	石棚山	桃花涧
2000	9.2	0.13	6.8	0.0156	0.07	0.01	28	1.1	13.6
2001	12.1	0.29	7.2	0.0234	0.05	0.03	31	2.6	14.8
2002	14.86	0.8	7.8	0.0316	0.02	0.04	35.6	1.9	16.6
2003	8.2	0.26	6.63	0.0348	0.01	0.02	22	2.4	14.7
2004	21	4.56	10.14	0.0438	0.02	0.06	39	24.45	22.7
2005	28	2.6	12.17	0.0356	0.01	0.08	49	22.25	30.2

随着锦屏山各景区交通等设施的逐步完善，特别是2009年连接石棚山、桃花涧两个景区的步游道和车行道建成使用，游客逐年增加。2009年孔望山、石棚山、

桃花涧3个景区的游客首次突破100万人次，2011、2012年分别达到125和136万人次，2012年3个景区的门票收入达234万元。2015年，孔望山景区共接待游客71.25万人次，其中春节7天小长假接待1.74万人次，国庆黄金周接待1.86万人次；桃花涧景区共接待游客62.38万人次，其中清明小长假接待3万人次，国庆黄金周接待2万人次。是年，孔望山景区日最大游客承载量1万人次，桃花涧景区日最大游客承载量5.5万人次。

服务 2000年开始，各景区逐步完善经营、促销、安全、卫生、员工管理等各项规章制度，配备导游人员，持证上岗。区旅游局协调规范了旅游定点饭店、公交等保障性工作。区内建成海州府大酒店和大光明酒店两家二星级酒店，食宿比较方便。同时，开发出独具海州特色的古安梨、过寒菜、吴窑山芋、刘顶狗肉和凉粉等一系列土特产和小吃，方便游客享用。各旅行社与市内明珠大酒店等餐饮企业联网，接待游客。

2002年，石棚山、孔望山两个景区先后建成游客服务中心。2003年春，区旅游局培训一批讲解员，提高其业务能力，规范其服务行为。2010~2015年，锦屏山旅游观光车行道建成通车，不少家庭在节假日到锦屏山各景区度假和健身。孔望山、石棚山、桃花涧各景区及时在观光步行道和车行道沿途增设休息广场、旅游座椅、旅游公厕和垃圾箱、指示和介绍标志牌及语音导游等设施，提高随团导游的业务水平，力图使游客在游览的同时享受到优质的服务。

第十章　开发与管理

第一节　开　发

第二节　管　护

锦屏山地上地下资源丰富。19世纪末，溥利树艺公司在锦屏山植树造林。20世纪20年代初，山南侧地下埋藏的磷矿开始开采。50年代始，政府对锦屏山的开发做了三件事：山周围开始大规模开山采石，在满足本市经济建设需要的同时，也对山体和环境造成了很大的破坏；在山周围山麓地带兴建了十多处水库和塘坝，雨季拦蓄山洪用于菜田灌溉，减少山洪暴发对人民生命财产和周围环境造成的破坏；实施封山育林，使新中国成立前屡遭毁灭性破坏的山林资源得以逐步恢复。80年代以后，政府对锦屏山实行保护、改造与开发并重的方针。保护的重点是大量的名胜古迹和人文景观，良好的生态环境及山林资源等，在90年代大部分采石作业基本停止；改造，以锦屏林场管护的国有山林为主，改造低产林为针阔叶混交林，进行生态育林，确保种伐平衡，对病虫害进行化学防治，积极推行“预防为主，积极消灭”的森林防火方针，实施严格的森林防火措施等科学管护办法，确保山区的生态公益林资源和风景名胜区资源更好地服务于人民和社会；开发，主要是对旅游资源和潜力以及山麓宜林地段的果树、苗木花卉种植进行开发。

第一节　开　发

一、植树造林

19世纪末，清廷重臣、海州士绅沈云沛热心在家乡兴办实业，注重对锦屏山的开发利用。清光绪二十三年（1897年），经沈云沛申报、江苏总督魏光焘批准，注册成立了海州溥利树艺公司，筹资投入80万银两，在锦屏山人工栽植各种松树、橡树及其他树种。该公司在山上设置了海州溥利树艺公司的界碑，实施封山育林，雇用佃户看管，不准人随意上山砍伐。7年后的1904年，沈云沛在向清廷商部呈送的报告中，清楚地说明所植树种“近已成林，可期发达”。10年后，锦屏山的幼林遍布山野，满山郁郁葱葱。

1951年土地改革后，锦屏山山林收归国有，人民政府实施封山育林政策，并以集股方式发动锦屏山周围的东门、西门、磷矿、棉场4乡农民自愿入股筹资出工开发山林。入股农户每股出资0.5元，出工2人次；共集1600余股，集资800余元。1952年，从山东购来赤松籽和黑松籽近1000千克，遍山撒播，并用人工耙土盖种。1953年春，出苗齐全，长势良好。其间，一些濒临灭绝的当地树种也开始繁衍生长。截至

造林责任单位

20世纪60年代，锦屏山的宜林山地，赤松、黑松及少量阔叶树种都已成林。鉴于锦屏山林经常受到山火和病虫的侵害，特别是1996年松干蚧的侵害，区政府特别重视对锦屏山林的绿化工作。2004年，区政府公布“锦屏山植被恢复实施方案”，以建设生态海州为目标，加快植被恢复工作。2011~2013年，海州区实施“锦屏山植绿复绿方案”，打造多林种、多树种、多功能、多效益综合林业体系，以每年绿化造林1000亩的进度，将任务落实到沿山的镇和街道，纳入区目标管理，年终考核。

二、采　矿

民国7年（1918年），在锦屏山南麓酒店庄附近发现黑色沉重似铁的矿石数块。民国9年（1920年），经化验，认定矿石是品位在38%左右的高品质磷灰石。是年，沈云沛之子沈蕃等人成立“锦屏矿务股份有限公司”。民国11年（1922年），经勘察，锦屏山周围地下埋藏着丰富的磷矿，藏量在200万吨以上。矿山的开采以采磷为主，先后在西山（刘顶村之南）、中山（桃花涧）、东山（夹山口以西）三处开凿探矿竖井探得矿体后，采用露天土法进行人工开采。中华人民共和国成立后，于1950年分别在西山开斜井、在东山开竖井，开始大规模坑道深采。此后，采矿机械化程度逐年提高并建成选矿厂。1966年，年产原矿125.4万吨，精矿粉30万吨，生产超出原设计规模，年产量创历史最高水平。1980年，为保护将军崖岩画，其下储藏的600万吨矿石停止开采。1991年以后，磷矿开采量逐年下降。2010年以后，因矿石品位越来越低停止开采。

三、建筑石料开采

农闲时，刘顶、岗嘴、朐山等村的村民开山采石已有多年历史。解放前，都是一家一户小规模作业。1952年以后，在锦屏山周围陆续建成十多家采石企业，生产石料、石子等建筑材料，供应市场。20世纪60至90年代，由于市区建筑市场的大量需求，这些采石企业达到历史上最大的生产量，每年生产各种石料、石子150万吨左右。大量开山采石的同时，给锦屏山山体、植被、环境和文物古迹都造成巨大的破坏。2004年10月，连云港市人民政府发布《关于禁止违法开山采石的通告》，对采石厂的个数和开采量进行规划和限制，对被停止和废弃的采石塘口填土压实，恢复植被。

四、山丘地开发利用

蓄水灌溉 锦屏山有十多条较大的山涧，涧内被千百年的山洪冲刷，植被稀少，每至夏秋暴雨时节，经常山洪暴发，造成灾害。中华人民共和国成立后，自1957年始，山周围山麓地带陆续新建了岗嘴村境内的二涧水库，园林村境内的园林水库、双龙村境内的双龙水库、王庄水库和张庄水库，网疃村境内的凤凰山水库和白鸽涧、网疃、三八、项顶、吴窑、塔山、陈庄7座塘坝，总集水面积达8.04平方千米，雨季可拦蓄山洪218.55万立方米。旱季，可利用水库蓄水的高程对下游农田进行自流灌溉。

果树种植 锦屏山周围山坡荒地土质优良，光照充足，昼夜温差较大，适宜发展果品生产。山麓村民的家前屋后，都种有桃、杏、梨等果树，但数量少，品种也比较差。自1958年起，在孔望山北麓新建了孔望山果园，果树面积达32.5公顷，年产梨等各类果品达55万千克。山周围也陆续开发了村级集体果园，其中山西麓刘顶村果园面积13.5公顷，山北麓园林园艺场果园面积33.5公顷，桃花、朐山、孔望山、双龙、网疃等村级果园，面积大的45~55公顷，小的6.7~13.5公顷。1992年以后，山周围各村，村村都有在山坡上开发的果园，园林、孔望山二村发展成为果品专业村。进入21世纪，孔望山村、陶湾村等村的果树品种都进行了更新，引进香妃、紫珍香等葡萄和源东白、香艳等桃树新品种。

花卉种植 锦屏山周围的山坡地土壤质地偏砂、pH值7.6左右，适宜花卉种植。20世纪20年代，双龙村庞姓花农就在谢小楼为谢氏家族种植花卉。改革开放后，这项传统产业发展迅速，孔望山、网疃、双龙、白虎山、园林等村的村民种植杜鹃、茶花、栀子等花卉和绿化苗木，双龙村的杜鹃园面积达5公顷。2012年以后，孔望山、园林等村交通方便的山坡地，大部分被铁丝网分割成1~3公顷的种植园承包出去，发展花卉苗木。

锦屏山坡地上的花卉盆景园

五、建设需要落户山区的项目

1956年，为保证社会安全，锦屏磷矿于远离居民区的蜘蛛山南坡建设炸药厂。1958年，炸药厂建成投产。

1957年，驻军部队开始在锦屏山（孔望山、白虎山）地区进行国防工程施工。

1958年，陶湾村上下叶庄、前后陶湾4个自然村迁出，在原址新建尾矿坝，储存锦屏磷矿选矿厂的尾矿砂。

1970年9月，连云港市广播电视局开始在锦屏山马耳峰上开工建设电视转播台。是月，连云港人民广播电台在孔望山北麓建设中波发射台。两项工程于1972年1月竣工并投入使用。

1971年，于锦屏山南麓岗嘴村境，兴建连云港石油分公司锦屏油库。

1973年9月，中国人民解放军空军某部在锦屏山马耳峰兴建雷达站。

六、景区新项目开发

2015年，樱桃谷项目启动建设。该项目由海发集团投资建设，占地约60公顷，拟在蜘蛛山南侧野趣天成的自然景观基础上，深度挖掘锦屏磷矿文化内涵，打造集观光、文化鉴赏、健身疗养于一体的旅游新景点。

第二节　管　护

一、依法治林

自古以来，锦屏山地区就生长着茂密的森林，但经常遭到兵火的毁坏。民国年间的经数次兵乱、侵华日军的破坏以及官伐、民刨，山林几乎全部被毁。至民国37年（1948年），只剩一片秃山荒沟。

经过20世纪50年代初的封山造林，新植以赤松、黑松和少量阔叶树种为主的幼林给锦屏山披上了绿装。1956年，锦屏山划归国营新海连市墟沟林场代管。1959年春，林场发动海州郊区农民到锦屏山对树木间伐、整枝。1962年，连云港市人民政府批准建立国有锦屏林场，加强对锦屏山的山林建设和管理。1986年12月，海州公安分局设立锦屏林场森林派出所，加强对森林的治安管理和保护。1991年年底，锦屏山有山林1168.5公顷，苗圃3 公顷，除裸岩外，全部绿化。据当年测算，活立木储量为18825立方米。树种结构是以赤松、黑松为主体的针阔混交林，针阔比 例为9∶1；阔叶树种主体为刺槐、板栗、檀树、麻栎、山槐、野柿、毛桃、黄连、棠梨等。

1992年2月，海州区出台《关于进一步推进林业建设若干问题的决定》，引导山麓有林地的农户实行多种形式的联合护林、联合造林、联合封山育林，稳定林地、林木权属，维护林权所有者和经营者的合法权益，对乡（镇）村集体所有的林地实行承包到户。决定明确提出“坚持依法治林，对乱砍滥伐，乱买乱卖，违章外运等责任者，要严肃处理，触犯刑律的坚决依法惩处”。加强林政管理，严格执行采伐限额，制止乱砍滥伐。加强“森林法”宣传，提高护林意识，发动群众管好护好森林资源。加大对管理混乱的打击力度，全年查处以搞好村组集体经济名义乱砍滥伐森林的违法行为12起，林区秩序基本稳定。

2001年，成立林业行政执法队，对林木实行采伐限额管理和森林生态保护，坚守“有效保护，积极发展，合理利用”的林业建设方针，严格执行采伐限额，保证年采伐量绝对低于生长量。2002~2004年，每年查处乱砍滥伐林木案件8~10起。2005年，执法队发现并查处3起，居民保护林木资源意识明显提高。2011~2015年，锦屏镇、朐阳街道、区住建局和各景区都增设专人每天不定时到所属山林地段巡查，对违反国家有关政策、规划的违章建设、违法占地、滥伐树木及非法狩猎、开山采石、污染水体、损毁文物古迹等影响或破坏风景名胜资源的行为，一经发现，坚决予以制止并上报有关部门。

二、山林改造与生态保护

1984年，海州区建立林业技术指导站，并在锦屏林场建立病虫害中心测报站，下设4个测报点。通过对山林林木的系统观察，掌握林木病虫害发生的时期、范围和危害程度，提出防治意见。锦屏林场的国有山林，注重针阔混植以控制虫源。1986年以后，锦屏林场实施综合防治，采取捕杀、阻隔、诱杀、高温处理等方法，平均每年防治森林病虫害约1万公顷。锦屏山松毛虫害年年发生，危害严重，防治上将单一树种赤松改为混交林，利用天敌昆虫进行生物防治，同时引进灰喜鹊，使大面积松毛虫危害得到抑制，并逐步消灭。1986~1996年，锦屏山赤松、黑松发生枯枝病，麻栎出现天牛危害。根据不同病虫，林场有针对性地进行化学防治，每年防治300公顷以上。

1996年，日本毁灭性害虫松干蚧侵入锦屏山，大片松林受害，区政府十分重视，无偿提供防治药物氧化乐果，并动员社会力量参与防治。截至2000年，用4年时间，区政府投入资金10万余元，用工1万余个，防治面积达1300多公顷，虽经抢救，赤松林仍大片死亡。2001~2003年，林场采用常规化学防治方法保住了山上植被。截至2005年，锦屏山生态林面积达1533.3公顷。2006年11月30日，江苏省十届人大常务委员会第27次会议通过了《江苏省生态公益林条例》。2007年，锦屏林场贯彻执行条例，并制定了《连云港市锦屏林场生态公益林管护实施办法》，对幼林抚育

防治美国第三代白蛾

及补植造林、次生林改造、低产林改造、中幼林抚育、成林抚育等实施管理的项目和实施的地点、时间、规模、主要工作内容列表公布，责任到班组，并签订重点公益林管护合同。这些办法的实施，为锦屏山生态公益林的可持续利用和发展打下了坚实的基础。

三、禁止违法开山采石

1998年3月，社会闲杂人员在锦屏磷矿东山塌陷区内非法大量取土、采石，严重危及国家矿山的安全，锦屏磷矿发现后立即进行制止。11月23日，海州区安全委员会下发《关于禁止在锦屏磷矿塌陷区内采挖渣土的通知》。海州国土局立即进行调查取证，并严厉制止，非法取土基本停止。经调查，所取的土、采的石都被运送到连徐高速公路工地。12月28日，非法取土者在塌陷区内再次取土、采石。海州国土局下达停工通知书，非法取土者拒不配合政府工作，引起市政府高度重视。1999年1月6日，市政府召集有关部门专题会议，要求坚决制止在锦屏磷矿东山塌陷区内违章取土、采石，并形成会议纪要。8月5日至9月8日，海州国土局在区政府领导下，会同矿产局、安全委员会、公安分局、林场派出所多次联合执法，严厉打击塌陷区内非法取土、卖土的行为，并最终制止了非法取土、卖土。

截至2003年5月，海州采石厂、锦屏采石一厂、南门采石厂先后关闭或停产。2004年3月，海州国土分局对停止开采的露天采石塘口进行绿化，改善周边生态环境。先对原锦屏二采厂废弃塘口植被恢复进行试点，将废弃塘口填土压实，种植意杨、爬山虎等植物，经一段时间，意杨挺拔，绿色满坡。市委领导对该项工作表示肯定，并提出要在全市推广植被恢复工作。随后，其他废弃塘口也逐步开展植被恢复工作。10月，市政府发布《关于禁止违法开山采石的通告》，对采石厂个数和开采量进行规划和限制。对海州园林采石厂、白鸽涧采石厂、锦屏镇刘顶采石厂、海州南门采石厂、海州酒店采石厂等废弃采石塘口加强巡视，严禁非法开山采石。对锦屏镇岗嘴采石厂、锦屏镇陶湾采石厂、岗嘴采石厂小姐洞塘口、锦屏林场黄石崖塘口，锦屏采石一厂、云台农场海州综合厂等废弃采石塘口加强监督，严格按排险整治方案实施，严禁超限越界开采。10月21日，海州区建立开山采石综合整治联席会议制度，严厉打击非法开山采石行为。2005年9月，对私挖滥采刘志洲山土突击检查。

现场查扣挖掘机2台，扒除碎石机的皮带、拆除电力设施，对业主进行批评教育。11月，市政府下发《关于严禁在刘志洲山非法加工石料、采石、取土的通告》，各镇、部门、单位积极行动，支持配合对刘志洲山开山采石的综合整治，全面彻底清理在刘志洲山区域内非法从事采挖矿、石、砂、土等行为。

四、森林防火

锦屏山四周为厂矿和居民区，植被丰茂但山势险峻，历来是全市森林防火的重点。1980年，海州区成立护林防火指挥部，下设办公室。指挥部根据“预防为主，积极消灭”的森林防火方针，对山林范围内的坟墓实行定点安葬，并划定防火隔离带。指挥部配备防火专用车3辆，灭火器23台，对讲机5部等设备。1986年，区护林防火指挥部用专职护林员8名。1987年，有集体山林的锦屏镇、朐阳乡成立乡级防火指挥部。1990年之前，森林火灾主要依靠当地驻军救护。2000年，实行目标管理，区护林防火指挥部与锦屏镇、朐阳街道及孔望山、石棚山、桃花涧三个景区管委会签订护林防火目标责任状，明确分管领导负责制和护林人员责任制。在秋冬和早春森林防火季节，广泛发动宣传，加强火源管理和森林防火知识教育，严禁带火种进山。同时，烧制森林防火隔离带。加强森林防火网络建设，建立400人森林灭火队和16人救火专业队各1支。完善护林防火设施，建立公安通讯差转台，配置风力灭火机、灭火弹等工具，实施防火封山。虽然出现4起火警，过火面积0.4公顷，但没有造成大的损失。

2001~2003年，区护林防火指挥部与景区继续签订护林防火责任状，编制防火手册，聘18名专职护林员，在上山道路建防火警示墙10堵，警示牌30个，路卡设障20处，森林火警瞭望哨7处。添置对讲机、灭火水袋、灭火桶、风力灭火机、灭火弹等设备。三年共发生火警17起，过火面积1.2公顷。园林村80公顷集体山林，发生过火山林20公顷。

2004~2005年，制订森林防火预案和防火实施办法，绘制救火图，开展林区散坟调查，制定“十一五”森林防火规划和防火责任追究制度。重新划定6个防火责任区，落实领导负责制和护林员责任制，责任区分工包片，定人、定岗、定责，24小时全天候值班。两年共发生火警9起，过火面积0.69公顷。

海州区森林防火专业队

2006年，海州区护林防火指挥部发布《海州区护林防火通告》。锦屏林场完成2750米、朐阳街道完成800米、锦屏镇完成300米防火隔离带工程。截至2007年，锦屏山无重大火灾事故，护林防火工作受到市政府表彰。

2008~2009年，在锦屏山进山道口实施“六有”（有护林房、有护林员、有祭奠堂、有灭火器、有宣传牌、有管理制度）、建设和防火单位“三有”（有固定房间、有足够防火器材、有管理制度）防火器材库工程，打通小焦山至文峰塔、白鸽顶、九龙顶、托山涧、大虎礁沿线的防火车行道，从源头上预防山林火灾的发生。两年共发生火警6起，无人员伤亡事故。

2010~2011年，在山顶和山间有利地带建设防火蓄水池、水坝25个，构建山顶有水池、山涧有水坝、山路有水车的立体式防火水源体系。2011年打通桃花涧至电台路、紫竹林至石龟顶防火车行道，当年共发生森林火情4次，过火面积58.2公顷。2012年，锦屏山未发生森林火情，当年获市防火先进区称号。2013年，新修水泥路防火通道4千米，新建100立方米钢筋混凝土水池3座、12立方米不锈钢水箱5个，当年无火情发生。2014年新建以水灭火森林消防系统1套，覆盖大虎礁附近2000亩林地。全年无森林火灾发生。2015年，新建森林防火数字短波无线电对讲通信基站1个、森林火险气象等级监测点1个，森林以水灭火系统增至2套，全年锦屏山森林火灾零纪录，森林消防专业队在2015年全省森林防火技能竞赛中获优秀奖。

锦屏山中的防火蓄水池

五、规划实施和资源保护状况年度报告

2011~2015年，海州区锦屏山旅游开发建设管理委员会要求锦屏镇、朐阳街道、区住建局（白虎山公园）、风景区和青龙山公墓管理处等涉锦屏山单位，每年就本年度风景区规划范围内各类开发项目的报批与建设，规划确定的搬迁、拆除和改造各类影响景观与环境的建筑和设施的落实，旅客量及游人容量调控措施，重要景观资源的保护，土地资源保护，森林资源保护，保护资金投入与使用、资源保护性设施的建设使用、资源与环境变化的动态监测、风景名胜区资源保护的科学研究，各类开发利用活动的监督管理等规划实施和资源保护状况向锦屏山管委会做出年度报告，作为区政府对其考核的主要内容。

附　录

关于同意恢复紫竹庵佛教活动场所的批复

（海政发〔2000〕2号）

锦屏镇人民政府：

你镇《关于申请批准紫竹庵佛教活动场所的报告》（锦政〔2000〕11号文）收悉，根据省委办公厅、省政府办公厅《转发省委统战部、省宗教事务管理局〈关于制止乱建庙宇、依法加强寺庙管理的请示〉的通知》（苏办〔1999〕50号），连云港市民族宗教事务局《关于同意恢复紫竹庵佛教活动场所的函》的精神（连民宗〔2000〕8号文），现批复如下：

一、同意恢复紫竹庵佛教活动场所。经区民族宗教管理部门依法登记后，在做好准备工作的基础上可择日向社会开放。

二、该佛教活动场所定为首堂庙宇，根据历史和佛教传统，其名称定为“紫竹林”。

三、由区民族宗教管理部门依法对该庙宇行使管理权，物色聘请教职人员，指导庙宇内部加强管理，帮助建立健全各项规章制度。

四、该场所为独立法人单位，庙宇收入由该场所支配，用于庙宇建设、僧人生活及社会公益事业。

五、该场所的规划建设要接受区规划、建设、文物管理等部门及锦屏镇政府、锦屏林场所、桃花涧景区的指导。

此复。

连云港市海州区人民政府

二〇〇〇年八月三十日

关于印发
《海州区二〇〇二年锦屏山绿化造林工作意见》的通知

（海政发〔2002〕1号）

各镇人民政府、街道办事处，开发区，区各办、局，区各直单位：

现将《海州区二〇〇二年锦屏山绿化造林工作意见》印发给你们，希认真贯彻执行。

连云港市海州区人民政府

二〇〇二年一月二十三日

海州区二〇〇二年锦屏山绿化造林工作意见

为进一步加快锦屏山林相改造步伐，切实提高锦屏山森林植被覆盖率、改变海州城郊生态环境，根据市政府《锦屏山封山育林规划实施方案》要求，结合我区实际，对锦屏山绿化造林工作提出如下意见：

一、指导思想

以党的十五届六中全会精神和邓小平理论为指导，抓住机遇，明确目标，坚持以法治林，增强绿化意识，加强林政管理，促进锦屏山绿化工作再上新台阶。

二、基本思路

通过合理安排树种结构，加大造林、抚育管理力度，保证锦屏山周年常青，进一步优化城郊生态环境。

三、任务安排

绿化任务：2002年锦屏山计划造林2000亩。

具体安排：

1、朐阳门南沿波涧两侧1000亩，由锦屏林场负责；

2、锦屏山香炉顶330亩，由区属机关、事企单位负责。

3、锦屏山石屁涧山南山，北670亩，由海州地区的省、市属单位负责（见市政府文件）。

四、具体措施

1、宣传发动，提高认识。

绿化造林是每个公民应尽的义务，各单位要通过会议、标语、广播、板报、宣传车等形式，大力宣传植树造林的重要意义，认真宣传贯彻《中华人民共和国森林法》及其实施细则、《关于开展全民义务植树运动的决定》和《江苏省实施〈中华人民共和国森林法〉办法》等法律、法规，普及绿化知识，提高绿化意识。

2、多种形式，保证绿化。

为动员广大干群投工投资，广泛开展义务植树造林运动。今年采取在全区机关事业单位人均认领两棵树（每棵树10元钱）的办法筹措绿化资金（见附表一）。在此基础上，全区大力提倡植友谊树、夕阳树、入党、入团纪念树。

3、加强领导，狠抓落实。

今年绿化工作时间紧、任务重，各单位要在进一步统一思想，提高认识的同时，切实加强领导，做到组织、任务、资金、责任“四落实”，各单位筹集的资金必须在2002年1月30日前足额上缴区预算外资金管理办公室绿化基金专户，以便区农水局及时购苗，安排各单位人员上山植树。

4、明确责任，保证进度。

为确保绿化进度，按照早规划、早安排、早挖塘要求，区农水局要具体负责安排落实以下事项：

一是组织人员在1月底完成33000个树塘任务；

二是在2月10日前完成3.3万棵树苗购买任务；

三是在2月20日至2月28日期间，组织、指导全区各有关单位植树（具体绿化地点及任务见附表二）；

四是在3月1日后，安排人员对新植树苗进行抚育管理。

附表一：各单位人数、应酬资金分配表（略）

附表二：各单位义务植树地点及任务（略）

关于批转2004年锦屏山植被恢复实施方案的通知

（海政发〔2004〕3号）

区各有关单位：

现将区农水局制订的《2004年锦屏山植被恢复实施方案》批转给你们，请认真贯彻实施。

连云港市海州区人民政府

二〇〇四年一月十四日

2004年锦屏山植被恢复实施方案

为认真贯彻落实市云台山封山育林工作要求，进一步推进锦屏山封山育林工作，打造绿色生态海州，现就2004年海州区锦屏山植被恢复工作提出如下意见。

一、指导思想

以“三个代表”重要思想为指导，以建设生态海州为目标，加快植被恢复进度，合理调整林种、树种结构，将锦屏山建设成为多林种、多树种、多功能、多效益的综合林业体系，为海州区经济建设和社会发展提供良好生态环境。

二、目标任务

通过加快人工造林进度和实施常年封山、抚育管理、病虫害防治等，促进植被及早恢复，使锦屏山森林覆盖率达66%以上。

2004年，锦屏山绿化造林计划完成成片造林3130亩，其中：锦屏林场2000亩，具体造林地点在九龙口林班、大虎焦林班、园林头道林班，造林树种：火炬树、火炬松、侧柏、三角枫、五角枫、栾树等。市属挂钩单位750亩，造林地点在大虎焦林班，造林树种：火炬树、火炬松等。锦屏镇100亩，造林地点在桃湾集体山场，造林树种：国外松、火炬松等。朐阳办事处280亩，造林地点在朐阳集体山场（小焦山、蜘蛛山），造林树种：火炬松、五角枫、火炬树等。造林方式以植苗造林为主，采用鱼鳞坑的整地方式，造林密度为2×2.2×3m。

三、时间安排

1月25日开始打塘，2月20日完成打塘任务并开始栽植，2月下旬至3月初全面完成栽植任务。

四、经费筹集

坚持走多元化筹资道路，逐步形成财政出一点，单位负责一点，社会筹集一点的多元投入机制。2004年，锦屏山造林经费计划由区财政在预算内安排10万元；财政拨款的行政事业单位每人筹资50元，市属单位造林经费按市政府有关文件执行，锦屏镇、朐阳办事处造林经费自筹解决。

五、主要措施

（一）加强宣传

各单位要通过媒体、会议、标语等形式，大力宣传锦屏山生态林建设的重要性，广泛宣传绿化造林是每个公民应尽的义务，宣传贯彻《森林法》及其实施规则和全国人大《关于开展全民义务植树运动的决定》等法律、法规，进一步普及绿化知识，提高绿化意识和守法的自觉性。要积极动员社会各方面的力量参加植树造林活动，在全社会形成“争先植树、人人护树”的浓厚氛围。

（二）科学规划

按照《云台山封山育林实施方案》的总体要求，坚持“因地制宜、适地适树、科学造林”原则，充分考虑不同山头的特点，根据其海拔、坡位、坡向的土壤和小气候条件，建造生态林、经济林和用材林，选择适宜的树种、品种及造林方式，因地制宜营造常绿与落叶，针叶与阔叶，乔木与灌木，绿化与色叶混交林，将锦屏山建设成为一个集生态、经济、景观等多种效益于一体的稳定的生态体系。

（三）提前准备

要抢抓时机，积极开展整地挖塘工作。严把苗木的品种规格关，按照适地适树就近调苗的原则，搞好品种选择、种苗供应，杜绝使用不合格苗木造林。具体要求为火炬树树高80~100cm的，地径要在0.8cm以上，树高15~35cm的，地径要在0.5cm以上；侧柏树高要65~120cm之间，地径要达到0.5cm 以上；五角枫树高要在60cm以上，地径要在0.5cm以上；三角枫树高60cm以上。同时，要做好由造林所需各类物质的准备工作，确保造林工作顺利进行。

（四）强化督查

区农水局要组织专人对锦屏山造林资金的使用情况，打塘工作的进展和完成情况，树苗的品种和规格，植树造林各类物质的准备情况，造林面积和造林质量等进行全方位全过程的检查。要采用定期检查和不定期抽查相结合的方式深入重点工程、山头、地块，开展针对性指导，解决实际问题。要严格落实责任制，根据工作质量，兑现奖惩。

（五）狠抓管护

坚持谁栽植谁管护的原则，加强林木管理，做好林地松土除草和灌水工作，对风倒的幼树及时扶正、培土、踩实。要认真落实管护责任制，切实将林木管护责任制落实到山头、地块、苗木和个人。要加大封山力度，严肃查处各种破坏林木的行为，确保栽植林木的效果，做到栽一片，活一片，成一片。

二〇〇二年一月十二日

关于下达区开山采石综合整治任务的通知

（海委办发〔2004〕36号）

各镇、街道党委，镇人民政府、街道办事处、开发区，区各部委办局（公司）院社、群众团体、直属单位，驻海省市属单位：

为切实加强区开山采石综合整治，严厉打击非法采石和石料加工，全面关停非法采石塘口，逐步改善废弃塘口生态环境和城市景观，经区委、区政府研究，决定按照“条块结合、以块为主、各负其责、齐抓共管”的综合整治原则，明确各责任单位的综合整治任务。现将《区采石塘口综合整治任务表》印发给你们，请各单位、各部门结合各自实际，进一步明确工作职责和任务，认真研究落实推进措施，确保圆满完成综合整治任务。区委、区政府将定期组织相关部门进行检查、考核和验收。

中共海州区委办公室

海州区人民政府办公室

2004年10月21日

转发区农水局《关于加快锦屏山封山育林工作的实施意见》的通知

（海委办发〔2005〕21号）

锦屏镇人民政府、朐阳街道办事处，区各有关单位：

经区领导同意，现将区农水局制订的《关于加快锦屏山封山育林工作的实施意见》转发给你们，请认真贯彻落实。

中共海州区委办公室

海州区人民政府办公室

二〇〇五年三月十五日

关于加快锦屏山封山育林工作的实施意见

锦屏山实施封山育林四年来，在区委、区政府的正确领导下，经全区广大干群及市属单位的共同努力，采取挂钩造林承包责任，林权制度改革、封山育林专项整治等一系列措施，锦屏山封山育林工作取得了一定成效。四年共累计完成植被恢复10740亩，其中封育更新3000亩，人工造林7740亩。林木自然更新速度加快，水土流失程度明显减弱，森林植被覆盖率明显提高。为进一步贯彻落实市第十届人大常委会第21次会议《关于（对加快恢复云台山森林植被）议案的决定》和《连云港市人民政府关于对云台山实施封山育林的通告》（连政发〔2001〕44号），加快锦屏山封山育林进程，进一步改善生态环境，推动全区经济社会协调发展，确保到2005年末，锦屏山森林植被得到初步恢复，特提出如下实施意见：

一、提高认识，增强锦屏山封山育林工作使命感

锦屏山是省级森林公园，其独特的地理位置，丰富的动植物资源、优美的自然、人文、历史景观，对我区的社会、经济起着主要的作用。按照《连云港市人民关于对云台山实施封山育林的通告》（连政发〔2001〕44号）要求，今年是五年封山育林工作的最后冲刺阶段，也是锦屏山封山育林工程的最后一年。各部门、各单位必须充分认识锦屏山封山育林是改善我区社会、生态、投资环境、保证社会经济、经济可持续发展的重要内容。各有关单位深入宣传封山育林、植树造林的深远意义，使广大群众充分认识到封山育林是全社会每个阶层，每个公民应尽的责任和义务，足其牢固树立爱我海州、兴我家园、绿化美化的责任意识。

二、落实责任，全面加快锦屏山封山育林进程

根据锦屏山需植被面积和地点，依据各挂钩里位的实施情况和去年挂钩制度落实情况，对今年封山育林任务重新分解，各有关单位要根据目标任务，落实责任，加快进度，全面推进封山育林进程。

（一）目标任务。2005年封山育林总面积1630亩，其中国有林场封山5公里，集体林场200亩，市属挂钩单位1430亩。

（二）造林主体。整个封山育林工作按照属地管理原则，对辖区内的封山育林工程，落实三个方面的责任主体：一是国有林场以封主，封山3公里，由林场组织专业队实施。二是辖区锦屏镇、朐阳办事处承担200亩集体山场的绿化任务。继续实行市直单位挂钩造林责任制度。实践证明，推行挂钩单位造林方式是切实可行的，效果也是十分明显的。在实施封山育林四年中，新海电厂、三得利食品有限公司、海通、二院、海州中学等单位参与锦屏山封山育林工作，特别是在去年的封山育林工作中，顺利通过了市封山育林指挥部的检查验收，受到市政府、市人大及市相关部门的充分肯定，为锦屏山封山育林工作做出了积极的贡献。今年又新增连云港供电公司、华威电子、石油公司、移动、联通、康缘、天晴制药7个单位，进一步壮大了锦屏山植被恢复队伍。各造林挂钩单位原则上要自行组织单位职工完成相应的造林任务，确需委托造林的应与被委托单位签订委托合同，在指定地点按要求完成造林任务，并保证造林成活率。

（三）技术要求。在林种配植上要做到多树种合理配置，因地制宜的营造常绿与落叶，针叶与阔叶、乔木与灌木等混交林。在树种上要坚持适地适树，充分考虑不同山头地块的特点，考虑不同海拔、坡位、坡向的土壤、小气候条件，选择适宜的树种，生态林树种选择侧柏、楸树、麻栎、良种刺槐、火炬松等乔木，在造林方式及造林密度上要因地制宜，对立地条件较好的地段采用植苗造林，苗木要达到一定的规格，造林密度要适中，侧柏、松树等针叶林的造林密度为1m×2m、2m×2m；火炬树、麻栎等阔叶树的造林密度为2m×3m、3m×3m。造林时，要严格按照造林技术操作、合理开开挖造林塘口，一般塘口最低宽50cm，深40 cm；造林后，要及时进行管理，提高苗木成活率。

三、强化管理，加大森林资源保护力度

全区按照每1000~1500亩林地配备一名专职护林员的标准，建立一支责任到位、管护范围明确的护林员队伍。国土、林业、公安、工商、民政等部门要相互配合，相互合作，严厉打击在锦屏山开荒、乱砍滥伐、乱葬坟墓、猎杀野生动物等毁坏森林资源的行为；禁止在林区野外用火；对违反森林保护法律法规的行为依法严惩，触犯刑法的依法追究其刑事责任。

在主要进山路道口，设置路卡、路障，安排专人看守；在醒目地段、进山路口、重点区域、景区，张贴《通告》、设立固定警示墙（牌）；在封育小区内设立固定的标志牌，标明封育地段、面积、主要树种及封育责任单位。

四、加强领导，全面完成封山育林工作任务

全区各单位、市属有关挂钩单位要高度重视，认真总结前四年的工作经验和教训，安排专人负责此项工作，各单位，各部门要密切配合，相互支持。由人大代表、政协委员、群众代表等组成的封山育林督查组，将对各单位的造林质量、进度等进行督查，对完成好、进度快的给予表扬，对于完成不好、进度慢的要坚决予以通报批评，对拒不尽到责任和义务的要坚决公开曝光，从而确保完成市委、市政府下达给我区的封山育林工作任务。

二〇〇五年三月十五日

海州区护林防火通告

全区广大市民，每年的11月1日至翌年的5月10日是海州区的森林防火期。海州区是连云港市的重点开发建设地区之一，生态环境的保护将直接影响到全区的发展和客商的投资。目前，全区林业用地面积2670公顷，其中有林地面积不足2000公顷，属于少林地区，森林的保护更显重要。

区内很多城乡居民住宅依山而建，分布在林区周围或林区内，同时进山道路多、旅游景点多，进入林区人员正逐年增加。另外，由于近年的封山育林，林地内的乔木、灌木、藤刺、杂草生长茂盛，很容易引发森林火灾，这给全区护林防火工作带来较多的困难。为了严防森林火灾的发生，保护我区生态环境和生活环境，提高居民的生活质量，依据中华人民共和国《森林防火条例》和《江苏省〈森林防火条例〉实施办法》等法律、法规，现通告如下：

1.全区护林防火工作由海州区人民政府和区护林防火指挥部统一指挥，全区各单位和全区广大居民要服从统一指挥，积极参与护林防火工作。护林防火、人人有责。

2.全区各乡镇人民政府、街道办事处、林场及有关单位具体负责防火责任区内的护林防火工作，发生火情及时上报，快速组织扑救。

3.全区各单位要积极组织，联防联动，严格控制森林火灾的发生率。

4.加大责任制的落实力度，封山把口，死看死守，在林区关键地段加派专职护林员进行看护，加强巡逻，严格控制和检查进入林区的闲杂人员，严禁携带火种进山。在防火期内，禁止在林区内吸烟、野炊、烧香、焚纸等非生产性用火，严禁进山刨根、挖树桩，一经发现严肃处理。区森林派出所要严格执法，恪尽职守。

5.全区各单位要积极有效地开展森林防火宣传教育工作，全面提高我区广大居民的森林防火意识和护林防火基本知识，形成全民防火的舆论氛围，提高全区人民森林防火的自觉性。

6.全区各有关单位要及时做好护林防火的各项准备工作，在人力、资金、物质等方面做好准备。做到一手抓预防、一手抓扑救，克服松懈麻痹思想，对防火专业队伍要加强培训，提高其扑救森林火灾的业务水平。

7.依法治火，加大火灾案件的查处力度，全区公安机关和森林派出所要加大对森林火灾肇事者的打击力度，严格执法，决不姑息迁就。

8.全区各有关单位要加强领导，认真落实护林防火责任制，切实做到一级抓一级，一级对一级负责，严格执行各项护林防火制度。要坚持24小时值班，确保森林防火信息的畅通，把护林防火工作抓实做好。

9.根据《森林防火条例》第32条之规定，有下列第一项至四项行为之一的处10元至50元的罚款或者警告；有第五项行为的处50元至100元的罚款或者警告；有第六项行为的，责令限期更新造林、赔偿损失，可以并处50元至500元的罚款。

（1）森林防火期内，在野外吸烟、随意用火，但未造成损失的；

（2）违反本条例规定，擅自进入林区的；

（3）违反本条例规定使用自动车辆或机械设备的；

（4）有森林火灾隐患，经森林防火指挥部或林业主管部门通知，不加消除的；

（5）不服从扑火指挥机构的指挥或者延误扑火时机，影响扑救火灾的；

（6）过失引起森林火灾尚未造成重大损失的。

对有前款所列行为之一的或者在森林防火工作中有失职行为的人员，还可以视情节或危害后果，由其所在单位或者主管机关给予行政处分。

海州区护林防火指挥部

二〇〇六年三月十七日

关于成立锦屏山风景区管委会的通知

（海委办发〔2006〕22号）

各镇党委，街道、开发区党工委，镇人民政府、街道办事处、开发区管委会，区各部委办局院社、群众团体、直属单位：

为推动全区旅游产业快速发展，促进旅游资源的优化整合，进一步创新旅游产业管理体制，加强旅游产品开发，不断完善景区设施功能，提高景区的管理层次和服务水准，努力把旅游业打造成为全区的特色产业，成为现代服务业发展的新亮点。经研究，决定成立锦屏山风景区管理委员会。组成人员名单如下：

主　　任：王　波　区委常委

常务副主任：董洪欢　区旅游局局长

副　主　任：仲新生　区建设局局长

张炽昌　区农林水利局局长

金凤勇　区宗教局局长

张宜奎　海州国土分局局长

崔士清　海州规划分局局长

许开树　区文教局副局长

蒋庆山　锦屏镇副镇长

李晓光　朐阳办事处副主任

管委会下设办公室，设在区旅游局，颜金娥同志任办公室主任。

中共海州区委办公室

海州区人民政府办公室

2006年6月26日

连云港市锦屏林场生态公益林管护实施办法

（二〇〇七年）

一、项目背景

加强生态建设，维护生态安全，是21世纪人类面临的共同主题，是实现社会经济可持续发展的重要基础。森林是陆地生态系统的主体，对维护陆地生态系统的平衡起着不可或缺的支撑作用。《中共中央国务院关于加快林业发展的决定》明确指出："在贯彻可持续发展战略中，要赋予林业以重要地位；在生态建设中，要赋予林业以首要地位。在西部大开发中，要赋予林业以基础地位。"要求对林业实行分类经营管理体制，在充分发挥森林多方面功能的前提下，将全国林业区分为生态公益型林业和商品型林业两大类，分别采取不同的管理体制、经营机制和政策措施。重点生态公益林是指生态区位极为重要或生态状况极为脆弱，对国土生态安全、生物多样性保护和经济社会可持续发展具有重要作用，以提供森林生态和社会服务产品为主要经营目的的重点防护林和特种用途林。包括水源涵养林、水土保持林、防风固沙林和护岸林；自然保护区的森林和国防林等。作为林业资源培育和管理主力军的国营林场，通过深化改革，逐步将其分别界定为生态公益型林场和商品经营型林场。

根据《决定》精神，江苏省林业局于2001年在全省统一实施分类经营界定，锦屏林场的22999.5亩山林已界定为国家级重点生态公益林，并于2004年获国家批准，于2006年进行重新核实调整，最后确认9021亩为国家级森林生态效益补偿范围，锦屏林场已成为以生态公益型林业为主导的生态型林场。这也是基本明确锦屏林场是生态公益型林场，同时也赋予锦屏林场的首要职责就是保护和培育国有森林资源。因此，制定生态公益林管护实施办法，是锦屏林场贯彻《决定》、深化林业改革的必然和需要。

二、基本概况

（一）自然地理

1.地理区位

连云港市锦屏林场施业区为锦屏山系大部，东经119度8分北纬34度32分，总面积1992公顷，其中林地面积1547公顷。场部位于锦屏山系的孔望山西南山脚下。

锦屏山是江苏省连云港市云台山山脉最西端的一支山系，位于海州古城之南，由9座独立山体、36座山头组成，以锦屏山山体为主体，最高海拔427.7米。山地面积2159公顷，东西宽约5.4千米，南北长约4.5千米。自然风景秀丽，古迹名胜颇多，为连云港市主要旅游地之一。

2.水系、气候

施业区处亚热带与暖温带的交界，紧临黄海，受海风影响很大，因此为典型的季风型气候，气候温和，光照充沛，雨量适中，雨热同季，四季分明。年光照时数2630小时，年平均13.2~14.0℃，极端最低气温为-10℃，无霜期220天，年均降雨1030毫米，主要集中在7–9月份，春旱突出，秋季冬季以旱为主。水系为淮河流域水系。

3.地貌、土壤

云台山为泰山余脉，呈西北至东南走向。在震旦纪初期，受吕梁运动影响，地壳褶皱上升。在以后受郯庐断裂和海泗断裂等地壳剧烈运动形成云台山西北坡陡峭，东南坡平缓的地形地貌。锦屏山为云台山山脉的一支山系，山区土壤为片麻岩分化而成的山地棕壤，可分为粗骨棕壤、酸性棕壤和潮棕壤三个亚类，土层一般厚度在30~60厘米。酥石砂岭土层浅薄，多含砾石和粗砂，分布于山脊或陡坡。

4.植被、野生动物

由于锦屏山地处暖温带和北亚热带过渡区域，受海洋气候影响，又形成了类似亚热带的小气候区域。因此，植物资源十分丰富，有木本植物69科、140属240种。竹类2属、12种（变种），栽培果树8科、19属、32个品种，野生果树15科、27属、45种，药物1190种。阔叶树种主要有赤松、侧柏、国外松为主，杂生有刺槐、火炬树、楸树、黄檀、白檀、黄连木、檬古栎等。

锦屏山野生动物资源丰富，目前分布有野生动物300多种，鸟类有20目、28科、302种，主要有百灵、白鹭、丽班麻蜥、乌梢蛇、苍鹰、猫头鹰、刺猬、山斑鸠、中杜鹃、画眉、云雀、喜鹊、貉、黄鼬等。

（二）社会经济

1.隶属变迁

锦屏林场1961年前为江苏省墟沟林场锦屏林区，属江苏省农林厅直属单位。

连云港市锦屏林场于1961年成立，第一任场长为黄勋；1964年第二任场长殷彭祥；1980年第三任场长胡继荣；1983年第四任场长朱立标；1998年第五任场长武佳华；2007年第六任场长樊继锦。

隶属关系虽几度变更，但事业单位性质始终未变，造林、护林的主要职责未变，现在由连云港市海州区人民政府直接管理，全称“连云港市锦屏林场”。

2.人口、经济状况

锦屏林场现总人口46人，职工在册数46人，在编职工人数9人。属自收自支的事业单位，无其他经济来源，主要是靠国家、省公益林补贴。

3.交通

交通比较便利，场部距市区仅3.5千米。

（三）林业情况

1.森林资源

锦屏林场经营林地面积1547公顷，权属为国有。其中，有林地面积1067公顷，灌木林地367公顷，竹林地68公顷，以及无林地近70公顷。林木总蓄积量为3.7万立方米，森林覆盖率为75%。

森林植被类型主要有黑松林、杉木林、麻栎林、国外松林、赤松林、枫树林、针阔混交林及竹林等。

2.旅游资源

锦屏山因山色锦绣，美如画屏，而被康熙皇帝命名为锦屏山。这里古迹众多，是古海州文明的发祥地。景区内有孔望山摩崖石刻、桃花涧旧石器时代遗址和新石器时代的将军崖岩画。孔望山因孔子曾在此登山望海而得名，蕴含着丰富的历史文化内涵，为历代游客所景仰。2500多年前，著名的“孔子问官”（当年孔子曾在此山头向郯子请教官职制度方面的学问）故事就发生在这里。摩崖石刻中的“舍身饲虎图”“汉代宴饮图”“叠罗汉图”等，具有较高的考古价值。

3.森林分类经营区划

锦屏林场林区因遍布有野生动物资源、人工树种资源、历史文化古迹（孔望山摩崖石刻、将军崖岩画），山体分布有著名AAAA级风景旅游区孔望山风景区，桃花涧和石棚山风景区，历史悠久，名人古迹胜多及文化中心边缘，其森林生态环境优劣直接影响到连云港市的对外形象和发展。因此，锦屏林场的森林资源按照国家实施分类经营界定的要求大部纳入生态公益林管理。

4.森林经营情况

长期以来，锦屏林场一直以培育生态公益林为主，60年代开始大力营造赤松纯林，兼以栎类杂阔混交林，经几代林场职工的艰苦奋斗，及多年大力开展植树造林和封山育林，已基本消灭荒山。20世纪90年代，由于林业地位和功能错位，管护一直处于低水平状态，加之林相结构不好、非目的树种较多、抵抗自然灾害的能力差及日本松干蚧的侵害，导致锦屏山赤松纯林大面积死亡。2000年以后在政府及社会的支持下，对锦屏山进行大面积林相改造，营造了大量有利于生物防治病虫害的乡土树种为主的针阔混交，现已基本成林，形成了以侧柏、国外松、火炬树、楸树、枫树等多树种的林相。

随着连云港市社会经济的快速发展，以及城区建设的加快，对沿城区的生态环境提出了更高的要求，作为城区的城市型林场，现有的森林资源已经在连云港市的发展中，特别是主城区的发展中占据了首要的生态地位。作为连云港市的国营城市型的生态公益型林场，如何科学、高效地管护好目前的国有森林资源，已是摆在我们面前的一项十分紧迫的任务。

今后将继续加强生态林管护，加强森林防火和森林病虫害防治，不断引进适合在云台山生长的优良树种，加大营造林力度，逐渐使管辖山场形成多树种的林相结构。

三、指导思想和原则

作为城市型生态型林场，其林业发展的指导思想是：坚持可持续发展为目标，突出重点生态公益林的培育和保护，着力加强林地、林权保护与管理。实施森林资源消长与生态状况综合监测，加强森林资源的利用管理工作，实现生态资源的综合利用和长期、有效管理，全面提高森林资源管理水平，逐步建设和培育稳定的森林生态系统。

实施生态公益林管理，必须坚持以下原则，即：生态可持续利用与发展的原则；生态优先的原则；科教兴林的原则；依法治林的原则。

四、总体目标

通过加大投入力度和管理力度，科学布设护林网点和监测点，建立健全护林员队伍、林业科技队伍，建立和规范公益林管理制度和操作规程，围绕制定目标实施科学化管理。管护责任由原来单一的护林转化成以资源培育为主，管护、林政管理、森林防火、病虫害防治等多项职责共担，实行科学、合理的、多项职能综合的系统管理，从而全面提高林场森林资源的管理水平。

五、总体实施方案

依据以林为主、因地制宜、突出重点、科学合理的原则，为全面提升生态林管理水平，迅速改变目前林业基础设施薄弱、管理水平低下的不利局面，切实加强生态公益林的建设和保护，改善生态状况，维护生态平衡，确保生态安全，锦屏林场根据自身的实际情况，制定如下实施方案：

（一）加大宣传力度，形成生态公益林管理良好氛围

随着我市经济的快速发展，生态需求的快速提升，生态保护已成为社会对林业的第一需求。中共中央、国务院确立了新世纪林业以生态建设为主的指导思想，实现了林业以木材为主向生态建设为主的历史性转变。对生态公益林进行培育、管护是这一转变的重要方面。通过对规划的国家生态公益林的界定、公示和立法保护，及通过报纸、电视等宣传媒体向社会公布和宣传保护生态公益林的意义，提高广大群众的生态意识，为管护生态公益林创造一个良好氛围。

（二）建立保障机构，确保生态公益林管理正常化

作为城市型生态公益型林场，对生态公益林的管理更要有其独特之处，要适应城市化的需要，在管理制度上也要有所不同。林场将形成以场长、副场长等组成的一个管理集体，组成管理机构，实行场长负责制和副场长分工负责制，成立以场长

为组长，副场长为副组长、办公室主任、技术干部、财务股长为成员的生态林管理领导小组，全面负责生态公益林的管理。建好二支队伍，一是选拔、聘用责任心强、具有奉献敬业精神的职工或当地居民组成专职护林员队伍，实行巡山护林，做到责任到人，奖罚分明。二是招聘2~3名林业专业技术人员组成技术股，负责对全场所有生态林实施长期监测、林业有害生物的预测预报与防治，制定生态林短期管护规划和方案，探索高效生态公益林的管理模式和进行生产管理的技术指导。同时，加强与上级主管部门及森林派出所的联系，加强林政管理，加大林业法律法规宣传和林业科技培训，全面落实依法治林和科教兴林政策。

（三）制订管理制度，确保生态公益林管理规范化

要切实管护好现有生态公益林，逐步提高生态林的功能和扩大生态林面积，必须建立和规范相应的管理规章制度和操作规程，通过制订护林员岗位考核制度，明确护林员岗位责任，细化护林工作内容和考核指标。强化护林员巡查制、情况首报制、责任追究制等，增强护林员管护森林的责任心。制定生态资金管理制度，以保障资金的合法、有效使用。细化护林员的管理制度，聘用专职护林员，月工资500元左右，每个护林员管护47~67公顷山场，常年负责辖区的护林、防火造林管理、候鸟的监管等工作。制定相应的奖惩措施。如抽查时发现护林员脱岗、漏岗一次扣除当月工资，并给予警告；脱岗、漏岗2次以上给予除名，缺员及时补充；发生盗伐林木或毁林案件不及时提供线索和报告的每次扣发半月至1月工资；发生森林火警火灾不报告或不在火场的给予除名；对及时发现违法嫌疑人并对管区发生火警、火灾及时报告，扑救措施得力的，奖励1~2月工资并在下年度优先聘用。形成了山顶有人瞭望，山坡有防护网，山下有流动岗的立体护林和防火体系，真正做到了护林、防火工作责任无盲区。

（四）完善档案管理，确保生态公益林管理系统化、科学化

加强对生态公益林管理档案标准化管理，在原有分类经营区划界定的基础上，逐步建立生态公益林管理档案，并实施对生态林经营管理单独建档，增加公益林小班档案、护林员个人档案、管理人员、护林员管理业绩档案等内容，通过对档案的系统化、数字化管理，实现公益林管理责任明确到管护人员、小班，管护状况一目了然。切实解决管理上家底不清、责任不明的缺陷。

（五）强化督促，确保生态公益林管理措施落实

护林员队伍通过签订《重点公益林管护合同》，划定管护区域，明确管护责任，并建档上图；林场技术股通过设立林业有害生物监测点、林分试验样地来摸索建设高效生态公益林的模式，并对护林工作进行具体的技术指导。林场则按照巡查督岗制

度，定期或不定期到各护林点进行巡查，及时掌握管护动态，协调处理国有山林与周边镇村关系，并依照《森林法》《江苏省生态公益林条例》等有关法律法规，实现生态公益林的建设、保护再上一个新台阶。

（六）加强林相改造，促进森林健康发展

林场所辖山林自造林至今已50多年，还有很多林相单一地块，加之立地条件较差，目前林木生长不齐，分化现象严重，自然枯损木、弱势木较多，存在着严重的火灾及爆发森林病虫害等隐患。针对目前林木生长衰退的状况，林场将采取分期分批进行林相改造的措施，以改造林木的生存空间，调整林分组成，从而促进森林的健康生长，进一步发挥森林的多种效益。今后几年将根据地块的情况采取分期分批进行抚育、补植等措施，改善林分状况，提高森林质量。准备选取立地条件较好的地块作为试点，营造针阔混交林，栽植充分体现季相变化、适宜本地生长的落叶阔叶树，以优化林分结构，丰富森林景观。

生态林管理具体实施明细表

单位：公顷

管理项目名称	实施地点	项目实施时间	项目实施规模	主要开展内容
幼林抚育及补植造林	大虎焦林班	2008年	112	除草、清除小杂灌木、补植
次生林改造	桃花涧林班	2009年	124.67	抚育、保留目的树种、品种更新等
低产林改造	九龙口林班	2010~2011年	90.67	复壮或更新、更换品种，培养目的树种或抚育促壮等
中幼林抚育	园林头道林班	2012年	213.33	抚育间伐、修枝
成林抚育	塔山路林班	2014~2015年	233.33	适当间伐、通风透光伐等
合 计			774	

海州区旅游业发展总体规划

（2010年　市旅游局、云台山风景区管委会组织的评审）

序　言

海州区是连云港市的一个市辖区，位于市区西南部，东与云台区相望，西与东海县交界，南与灌云县相接。海州区曾于2002年请南京大学的潘知常教授主持做了一个旅游业发展总体规划，但规划制订五年来，由于种种原因，旅游业发展基本未能按规划的要求实施。在全省、全市经济大发展的今天，许多地区都面临着产业结构的调整，海州也不例外，仅仅依靠工业发展带动全区经济的观念已显得较为落后，而且海州历史上又曾经是苏北鲁南一方名郡，大量的历史古迹，深厚的文化底蕴是其突出的地域特色。旅游发展有着许多其他地方不可比拟的资源优势，值得大力挖掘，尽快开发。海州旅游的开发，还需要观念的转变。旅游开发绝不仅仅是多赚些钱的问题，不仅仅是让旅游收入在海州国民经济中多占几个百分点的问题。通过发展旅游业，可以大大提高海州在全国的知名度，会有一连串的知名度效应；大量外地游客的到来，会引致当地干部群众思想观念的大转变；旅游开发会改善当地的自然与人文环境，既能优化市民生活质量，又能吸引外来投资；旅游开发会改善交通状况，使交通更快捷，信息流、物流、人员流动更为方便。

本乎此，海州旅游要有一个大的发展。而旅游发展，规划先行，原有的规划需要重新进行修编。规划修编一方面依托原有的规划，原有规划中提出的一些观点构思，一些今天依然可以利用。另一方面，五年来，全国、全省的旅游形势发生了较大的变化，必须有新的理念、新的思路、新的构思、新的创意来面对海州今后数年的旅游。为此，规划组首先进行较为详尽的资源调查，在此基础上，邀请当地的相关领导、知名人士、热心市民、来海游客进行座谈，广泛听取他们对海州旅游的意见和建议。然后，深入游客之中，做好市场营销等方面的调查问卷。在提出海州旅游形象策划后，充分听取区领导意见，确定一个主题鲜明的海州形象，以便对外宣传、对外营销。

旅游是一个综合性最强、关联性最强的产业，旅游的发展，需要其他许多部门的积极配合，如交通、城建、市政、环境、通讯、农业、计划、文化、宣传等诸多部门的协调。而旅游搞好了，又反过来大大有利于这些行业或部门工作的开展。

海州交通便利，有三条高速公路在自家门前穿过，陇海铁路中段紧靠城区，与连云港港口咫尺之遥。海州历史积淀丰厚，可利用的自然和人文资源较多。我们相信，在区政府领导的关怀下，在整个连云港市旅游迅速发展的大格局下，海州旅游将在未来几年有一个突飞猛进的发展。我们预言，几年之后，一个城区风光优美、人民安居乐业、游客纷至沓来、旅游收入连年递增的新海州将会出现在我们面前，让我们就从新的海州规划修编做起。

本次规划修编的主题是：优化海州整体旅游环境，提升旅游知名度和美誉度，打造集古老文化与现代山水为一体的苏北休闲旅游区，树立苏北知名旅游区形象，培育第三产业的支柱产业。

海州旅游规划地形象概念为："沧桑古韵，神秘海州"

本规划期限：至2020年，共分3个阶段

近期：2008—2010年（全面调整）

中期：2011—2015年（完善提升）

远期：2016—2020年（可持续发展）

规划领导小组：由海州区区委、区政府、区文化旅游局及全区各相关部门领导组成。

规划编制小组：由中国矿业大学应用技术学院旅游管理系和海州区文化旅游局联合组成，并聘请中国矿业大学、徐州师范大学专家为规划编制顾问

目　录

(二)旅游资源分类与赋存状况
(三)旅游资源的数量分析
(四)旅游资源的质量分析
(五)旅游资源开发利用的现状分析
(六)旅游资源的总体分析

五、旅游客源市场分析

(一)旅游客源市场现状分析
(二)旅游客源市场动态定位

六、整体旅游形象策划与定位

(一)整体旅游形象分析
(二)整体旅游形象定位
(三)视觉识别系统

七、旅游功能区划分

(一)基本原则与总体思路
(二)功能区空间布局模式
(三)功能区划分

八、旅游产品开发与空间布局

(一)旅游产品开发原则
(二)开发策略
(三)旅游产品谱系

九、产品营销及推广

(一)营销理念
(二)营销策略
(三)营销主客体

十、旅游服务体系建设

(一)旅游交通
(二)住宿业
(三)旅行社
(四)旅游餐饮
(五)文化娱乐活动
(六)旅游购物
(七)旅游服务和信息中心建设

十一、海州区旅游业发展保障措施

（一）旅游业管理体制

（二）旅游业政策与法规体系

（三）旅游从业人员教育与培训

（四）旅游环境保护

（以下具体内容略）

关于印发《2011–2013年海州区锦屏山植绿复绿实施方案》的通知

（海委办发〔2011〕9号）

各乡镇党委，街道、开发区党工委，乡镇人民政府、街道办事处、开发区管委会，区各部委办局（公司）院社、群众团体、直属单位，驻海省市属单位：

现将《2011–2013年海州区锦屏山植绿复绿实施方案》印发给你们，请认真贯彻执行。

中共海州区委办公室

海州区人民政府办公室

2011年3月28日

2011–2013年海州区锦屏山植绿复绿实施方案

为进一步推进锦屏山植绿复绿工作，打造绿色生态海州，现就2011–2013年海州区锦屏山植绿复绿工作提出如下方案。

一、指导思想

以建设生态海州为目标，加快植绿复绿进度，合理调整林种、树种结构，将锦屏山建设成为多林种、多树种、多功能、多效益的综合林业体系，为海州区经济建设和社会发展提供良好生态环境。

二、目标任务

每年实施锦屏山绿化造林1000亩，三年完成3000亩植树任务。通过加快人工造林进度和实施常年封山、抚育管理、病虫害防治等措施，促进植被及早恢复，使锦屏山森林覆盖率到2013年达70%以上。

三、实施时间

每年3月份开始打塘，3月中旬开始栽植，4月中旬基本完成栽植任务并辅助雨季造林。

四、经费筹集

锦屏山植绿复绿工程实行多元化筹资，区财政每年安排预算资金；机关、企事业单位干部、职工捐助资金，区委办、区政府办、区委组织部、区委宣传部、总工会、团区委联合发出倡议，号召全区广大干部、职工积极行动起来，开展"我为绿色海州做贡献"活动；海州辖区内企业筹措资金，由区委办、区政府办、区总工会、区绿委办、区财政局等单位组织，号召企业在锦屏山栽种企业纪念林、冠名林；争取绿色江苏补助资金等。

五、实施地点

区农林水利局造林地点：第一年黑涧区；第二年张果老洞林区；第三年石龟顶林区。锦屏镇造林地点：村级公墓、桃花涧景区、集体林区。朐阳办事处造林地点：村级公墓、石棚山景区、集体林区。孔望山景区、青龙山公墓造林地点：在本辖区内宜林荒山荒地实施植绿复绿工程。

六、实施方式

区农林水利局承担的植绿复绿工程，要组织对外公开招投标，参加投标单位必须具备绿化施工三级以上资质，工程严格坚持项目招标制，施工合同制，工程监理制，竣工验收制，资金报账制。锦屏镇、朐阳办事处、孔望山景区、青龙山公墓承担的植绿复绿工程，要按照规划自行组织实施。

七、技术要求

严把苗木的品种规格关，按照适地适树就近调苗的原则，做好品和选择、种苗供应，杜绝使用不合格苗木造林。

造林榜种：侧柏、国外松、槐树、女贞、银杏等为主，乌桕、杉树、枫香、黑松、杉木、玉兰、楸树、红枫、火炬树、火炬松、三角极、五角枫、栾树、金银木、三角枫、鸡爪槭、化香、枫香、元宝枫、爬山虎、扶桑藤、梓树、鹅掌楸等为辅。

具体要求树高80cm以上，地径要在1.0cm以上；造林方式以植苗造林为主，采用鱼鳞坑的整地方式；造林密度为2 m×2 m 或 2 m×3m；挖塘大小为 40cm×40cm×30cm。

八、主要措施

（一）加强宣传

各单位要通过媒体、会议、标语等形式，大力宣传锦屏山生态林建设的重要性，广泛宣传绿化造林是每个公民应尽的义务，宣传贯彻《森林法》及其实施规则和全国人大《关于开展全民义务植树运动的决定》等法律、法规，进一步普及绿化知识，提高绿化意识和守法的自觉性。要积极动员社会各方面的力量参加植树造林活动，在全社会形成“争先植树、人人护树”的浓厚氛围。

（二）科学规划

区农林水利局负责锦屏山植绿复绿工程的规划与技术指导。坚持“因地制宜、适地适树、科学造林”原则，充分考虑不同山头的特点，根据其海拔、坡位、坡向的土壤和小气候条件，建造生态林、经济林和用材林，选择适宜的树种、品种及造林方式，因地制宜营造常绿与落叶、针叶与阔叶、乔木与灌木、绿化与色叶混交林，将锦屏山建设成为一个集生态、经济、景观等多种效益于一体的稳定的生态体系。

（三）狠抓管护

认真落实管护责任制，加强林木管理，做好防病治虫，除草灌水，培土踩实工作，切实将林木管护责任制落实到山头、地块、苗木和个人。加大封山力度，严肃查处各种破坏林木的行为，确保栽植林木的效果，做到栽一片，活一片，成一片。

（四）强化督查

区委办、区政府办、区监察局等部门组织专人采用定期检查和不定期抽查相结合的方式，对锦屏山造林资金的使用、树苗的品科和规格、造林面积和造林质量等进行全方位全过程的检查。

（五）加强领导

区委、区政府成立锦屏山植绿复绿建设领导小组，由常务副区长任组长，分管农林工作副区长任副组长，区委办、区政 府办、区农林水利局、区财政局、区住建局、区民政局、区文化旅游局、锦屏镇、朐阳办事处、锦屏林场等为成员，对本项目实施过程实行全面管理，实行项目建设会办制。

附：2011-2013年锦屏山造林计划一览表

2011-2013年锦屏山造林计划一览表

单位：亩

造林单位	造林时间	造林面积	造林地点	造林树种
区农林水利局	2011	500	黑涧林区	侧柏、国外松、槐树、女贞、银杏等为主，乌柏、杉树、枫香、黑松、杉木、玉兰、楸树、红枫、火炬树、火炬松、三角枫、五角枫、栾树、金银木、鸡爪槭、化香、枫香、元宝枫、爬山虎、扶桑藤、梓树、鹅掌楸等为辅
	2012	500	张果老洞林区	
	2013	500	石龟顶林区	
锦屏镇	2011	200	村级公墓	
	2012	200	桃花涧景区	
	2013	200	集体林区	
朐阳办事处	2011	200	村级公墓	
	2012	200	石棚山景区	
	2013	200	集体林区	
孔望山景区	2011	50	辖区宜林地	
	2012	50	辖区宜林地	
	2013	50	辖区宜林地	
青龙山公墓	2.011	50	辖区宜林地	
	2012	50	辖区宜林地	
	2013	50	辖区宜林地	

编纂始末

2012年，在主编《海州区志（1986~2005）》的过程中，积累了较多有关锦屏山的历史、人文和现状的资料。这些资料显示，锦屏山是国内东部沿海地区人类最早的发祥地之一，是今连云港市的城市之根、人文之源、山水之魂，是蕴藏着丰富自然资源的宝山和风景优美、古文化遗存丰富的游览胜地……古往今来，锦屏山悠久的历史、地理人文和社会发展诸多方面的丰富史料，是《嘉庆海州直隶州志》等历代志书的重要元素。

但是，迄今为止，还没有一部专门记述锦屏山的地情书。编者当时反复斟酌，认为现在已经具备了编纂锦屏山地情书的条件。首先，2012年以后，海州区的旅游业有了较大发展，区委、区政府整合旅游资源，建成了包括孔望山、桃花涧等景区在内的大锦屏山旅游格局，亟需一部全面记述锦屏山历史与现状、丰富的历史和人文景观、优美的风景和良好的生态环境的地情资料，为发展全区的旅游业、传承和弘扬地区文化、促进锦屏山的保护与开发提供支持。其次，修志过程中积累的许多锦屏山详细资料，因限于区志的结构和篇幅而没有收录，弃之可惜。第三，编者生长于锦屏山麓，熟悉这里的山山水水。自孩童时起，白虎山、园林山等处就是经常游玩的地方；成年后，锦屏山北坡的山麓是散步去的最多的地方；工作中曾先后在山麓修建水库和防空工事的工地上参加劳动，参与森林防火和松干蚧防治工作；锦屏山周围的几个寺庙，既是经常去游玩的地方，又是工作中曾经主管过的单位；1997年以后，编者是区旅游领导小组成员，直接参与了海州区发展旅游业及建设桃花涧和石棚山风景区等工作的规划和组织实施；几十年来，编者是锦屏山地区许多重大事件的亲历亲见者，有责任把家乡的这部地情书编好。

2013年，区级二轮修志工作已近尾声。区志办经过研究，决定在丰富史料的基础上，编修一部《锦屏山志》。这个计划得到了海州区地方志编纂委员会的支持和批准，并决定由编者任主编，相机组织实施。

《锦屏山志》的具体编纂工作始于2013年下半年，成书过程大致分为三个阶段。

第一阶段，拟定凡例和目录，初步确定志书的框架结构，并据此着手资料收集工作。副主编谷胜玉领衔对锦屏山周围的山头、村庄、企事业单位及地情等进行调查，其间，锦屏磷矿、锦屏山旅游开发建设管理委员会、区旅游局、锦屏镇及各村、锦屏林场等单位积极协助并提供了各自相关的第一手资料。

第二阶段，2014年11月至2016年10月，编纂、形成送审稿并通过评审。2014年11月，原新浦、海州两区志办合并为新的海州区地方志办公室，编纂工作主要利用编纂年鉴的空档和业余时间进行。经过紧张的编纂，于2016年7月形成送审稿，并分送应邀参与评审的方志专家审阅。送审稿详细记述了锦屏山悠久的历史、良好的生态环境、丰富的自然资源，山上山下的文物瑰宝、风景名胜，历代的人文景观、诗词咏唱和民间传说，新兴的旅游业以及对锦屏山的开发和保护。全稿设章节目三个层次，节、目作为叙事主体，志首设凡例、总述和大事记。

2016年10月27日，《锦屏山志》专家评审会在区政府会议室召开。区委常委、区政府常务副区长卢平参加会议，市地方志办公室副主任陆瑞萍等各位方志专家到会进行评审。与会各位专家对送审稿进行了认真的评审，并带来了中肯的文字评审意见。综合意见认为，志稿内容全面，结构科学，内容涵盖全面广泛，各章顺序按照先古后今、先静态后动态、先主观后客观排序，具有内在的逻辑联系性；志稿中历史沿革、文物古迹、风景名胜、崇拜传说等章节的内容，为锦屏山志所独有，为这部山志增添了浓郁的地域色彩；将锦屏山的美丽风光和传说故事，通过诗词和民间文学的形式呈现给世人，增强了志稿的可读性；志稿内容丰富，资料翔实，向人们推介了锦屏山的沧桑历史、深厚的文化底蕴和今日的繁荣景象，对20世纪60~70年代在锦屏山麓大力发展采石业的得与失，能秉笔直书，对政府在80年代以后实行“保护、改造和开发”并重情况的记述，具有鲜明的时代特色，同时也很有资政价值。各位专家同时认为，由于这是有史以来的第一部锦屏山志，必须用更高的标准、更严的要求，全方位、多角度、大视野来审视这部山志，进一步修改润色，以期达到“名山出名志，名志配名山”的效果；就框架结构的调整，严格遵守体例规范，如何处理好交叉重复，史实等内容的准确表述等方面提出很好的意见；建议增设宗教、艺文两章，补记一些历史上曾长期存在的码头、堰等交通设施以及锦屏山周围的实业开发等内容，为今后旅游景点的开发提供更多的线索和由头，实现志书为经济发展服务提供更大的利用空间，等等。

与会专家一致通过对《锦屏山志》送审稿的评审，并要求参照评审意见修改后，由海州区地方志编纂委员会批准出版发行。

第三阶段，定稿付梓。2016年11月始，主编根据评审会意见，逐条对号入座，进行部分章节的结构调整，增补或删除一些内容，对文字进行修改润色，在志首增设彩页，在正文中根据内容配置部分插图，以达到图文并茂的效果。定稿后，报市地方志办公室备案，经区志编纂委员会批准出版。《锦屏山志》全书共设10章、42节、174目，约34万字，志首彩页图照92幅，随文插图160余幅。

《锦屏山志》的问世，得到了区主要领导、相关部门和部分专家的关心、支持和积极协助。原海州区区志编纂委员会同意立项并积极支持该书编纂工作，新的海州区区志编纂委员会将其纳入“十三五”期间海州地情书编纂出版任务，编纂委员会前后几位分管副主任，都热情支持和关心该书的编纂工作。中共连云港市委常委、中共海州区委书记王立斌在百忙之中为志书作序，肯定这本志书“不仅填补了海州区山志编写的空白，更承载着千年的文化、人民的期盼和时代的召唤”。区锦屏山旅游开发建设管委会、区旅游局等部门积极提供资料，协助上山调查，对编纂工作给予了大力支持。市地方志办公室副主任陆瑞萍，市志办志鉴处处长姜龙才，《新浦区新志》主编、本书顾问韩世泳，《连云区志》主编张树庄，《群山概览》主笔蔡立志，区锦屏山旅游开发建设管委会原主任、锦屏林场原场长樊继锦等多位专家，对志稿进行了认真的阅读，提出了不少中肯的意见。海州区民族宗教局局长张玉梅、锦屏山旅游开发建设管委会副主任周锦松和原副主任高峰、锦屏磷矿原地质工程师武学传、石室诗社常务副社长朱成安等提供了宝贵的资料，社会上一些知情人士也对本书的编纂提出了一些宝贵的意见和建议。

《锦屏山志》的成功编纂和出版，给海州区的地情资料家族增加了新的成员。在此，谨向为这部志书的编纂和出版给予过鼎力支持、辛勤劳动和热情帮助的人士，致以衷心的感谢。另外，限于编者的水平，志书中可能存在一些不足或讹误之处，敬希读者给予批评指正。

主编　孙大伟

索 引

说　明

本索引采用主题索引方法编制，按标引词第一个字的汉语拼音字母顺序排列（同音按音调），音调相同的按第二个字音序排列，依次类推；索引标目后的数字表示内容所在页码。

A

B

C

D

J

K

L

M

N

P

Q

S

X

Y

Z